"十三五" 职业教育新能源汽车专业"互联网+"创新教材

电动汽车结构与原理
（配实训工单）

主　编　杨效军　朱小菊
参　编　赵卫健　郭化超　房伟萍　刘本超　孙春玲　陈　波
　　　　吴国霞　罗庆文　周泽天　李　琼　冉成科　赵永磊
　　　　王铁成　刘浩丰　吴志强　何文锋

机械工业出版社

本书是"十三五"职业教育新能源汽车专业"互联网+"创新教材。本书是理实一体化教材，包括理论知识和实训工单两部分，分别单独装订成册，方便使用。理论知识包括电动汽车概述、动力蓄电池系统、驱动电机系统、充电系统、电动辅助系统、总线系统结构与原理、电动汽车基础设施七个项目。实训工单配套对应每个项目，每个实训工单以接收工作任务、信息收集、制订计划、计划实施、质量检查、评价反馈六个环节为主线，结合理论知识内容进行实践操作，形成理实一体化的教学模式。

本书彩色印刷、图片清晰美观、内容新颖全面，同时运用了"互联网+"形式，在理论知识部分以二维码的形式配以视频、动画等多媒体资源，方便读者理解相关知识，以便更深入地学习。

本书可作为职业院校新能源汽车、汽车维修等相关专业的教学用书，也可作为汽车维修企业内部培训资料，还可作为汽车维修技术人员和4S店工作人员的参考书。

图书在版编目（CIP）数据

电动汽车结构与原理：配实训工单/杨效军，朱小菊主编.—北京：机械工业出版社，2018.3（2025.6重印）

"十三五"职业教育新能源汽车专业"互联网+"创新教材

ISBN 978-7-111-59017-0

Ⅰ.①电… Ⅱ.①杨… ②朱… Ⅲ.①电动汽车－职业教育－教材 Ⅳ.①U469.72

中国版本图书馆CIP数据核字（2018）第016037号

机械工业出版社（北京市百万庄大街22号　邮政编码100037）
策划编辑：师　哲　责任编辑：师　哲
责任校对：陈　越　封面设计：张　静
责任印制：常天培
北京瑞禾彩色印刷有限公司 印刷
2025年6月第1版第16次印刷
184mm×260mm·15.75 印张·371千字
标准书号：ISBN 978-7-111-59017-0
定价：54.90元

凡购本书，如有缺页、倒页、脱页，由本社发行部调换

电话服务　　　　　　　　　网络服务
服务咨询热线：010-88379833　机 工 官 网：www.cmpbook.com
读者购书热线：010-68326294　机 工 官 博：weibo.com/cmp1952
　　　　　　　　　　　　　　教育服务网：www.cmpedu.com
封面无防伪标均为盗版　　金　书　网：www.golden-book.com

"十三五"职业教育新能源汽车专业"互联网+"创新教材

编审委员会

顾　问：
　　李一秀　北京新能源汽车股份有限公司
　　赵志群　北京师范大学职业与成人教育研究所
　　王凯明　博世中国
　　魏俊强　北京汽车修理公司
　　李东江　《汽车维护与修理》杂志社

主　任
　　杨加彪　北京新能源汽车股份有限公司

副主任
　　李春明　长春汽车工业高等专科学校
　　简玉麟　武汉交通学校
　　李玉明　德州交通职业中等专业学校
　　陈圣景　北京新能源汽车股份有限公司
　　吴宗保　天津交通职业学院
　　尹万建　湖南汽车工程职业学院
　　王福忠　山东交通职业学院

委　员

廖　明	罗　旭	张珠让	李玉吉	杨效军	费丽东	张潇月	李　娟	闫　力
沈有福	朱小菊	尤元婷	窦银忠	曹向红	贾启阳	赵全胜	吴中斌	林俊标
王爱国	姚道如	宋晓敏	冉成科	杨正荣	何孟星	刘冬生	朱　岸	施明香
官英伟	陈文钧	陈社会	周乐山	占百春	尹爱华	谢永东	祝良荣	陈　宁
王胜旭								

特 别 鸣 谢

新能源汽车技术对于职业教育来说是个全新的领域，北京新能源汽车股份有限公司十分关注我国职业教育的发展，充分体现了国有企业的社会责任。目前，职业教育新能源汽车专业教材相对较少，为响应国家培养大国工匠的号召，北京新能源汽车股份有限公司组织编写了职业教育新能源汽车专业系列教材，并由北京运华科技发展有限公司负责开发了课程体系。在编写过程中，北京新能源汽车股份有限公司提供了大量的技术资料，给予了专业技能指导，保证了本书成为专业针对性强、适用读者群体范围广的职业教育新能源汽车专业的实用教材，尤其是杨加彪、窦银忠、陈圣景、张国敏、李春洪等提出了大量的意见和建议。在此，对北京新能源汽车股份有限公司及北京运华科技发展有限公司在本书编写过程给予的所有支持和帮助表示由衷的感谢！

机械工业出版社

二维码索引

序号	名称	二维码	页码
1	电动汽车概念与分类		2
2	动力蓄电池包各部件介绍		39
3	驱动电机系统结构组成		53
4	交流异步电机结构与原理		62
5	永磁同步电机结构与原理		67
6	开关磁阻电机结构与原理		72
7	轮毂电机结构及技术应用介绍		75

（续）

序　号	名　　称	二维码	页　码
8	充电系统结构组成		97
9	车载充电机基本介绍		100
10	电动助力制动系统的工作原理		119
11	制冷工作原理		132
12	车载总线系统简介		136
13	纯电动汽车充电作业注意事项		175

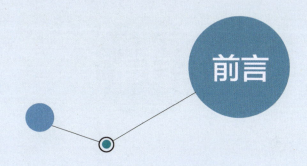

前言

随着汽车产业的高速发展，汽车带来的环境污染、能源短缺等问题日益突出。为了保持国民经济的可持续发展，我国2009年已将新能源汽车作为国家战略性新兴产业之一。新能源汽车产业已经连续数年得到了国家政策和资金的大力扶持，因此发展十分迅速。目前，潜力巨大的新能源汽车市场已经形成，新模式必然产生新市场，新市场需要大量的新技术人员，新能源汽车技术人员人才培养任重道远。

新能源汽车技术对于职业教育来说是个全新的领域，为满足新能源汽车市场对新能源汽车人才的需求以及职业院校新能源汽车专业的教学要求，突出职业教育的特点，北京新能源汽车股份有限公司牵头组织编写了本系列教材，对应的课程体系由北京运华科技发展有限公司组织开发。本系列教材采用"基于工作过程"的方法进行组织。在对新能源汽车技术技能人才岗位进行调研的基础上，分析出岗位典型工作任务，然后根据典型工作任务提炼行动领域，在此基础上构建了工作过程系统化的课程体系。为方便职业院校开展一体化教学和信息化教学，本系列教材中每一本教材都包括理论知识和实训工单两部分，理论知识以项目任务引领，每个任务以知识储备为主线，辅以知识拓展来丰富课堂教学。实训工单配套对应每个项目，每个实训工单以接收工作任务、信息收集、制订计划、计划实施、质量检查、评价反馈六个环节为主线，结合理论知识内容进行实践操作，形成理实一体化的教学模式。同时在理论知识部分运用了"互联网+"技术，在部分知识点附近设置了二维码，使用者可以用智能手机进行扫描，便可在手机屏幕上显示和教学资料相关的多媒体内容，方便读者理解相关知识，以便更深入地学习。

本书包括理论知识和实训工单两部分，两部分内容单独成册构成一个整体。本书理论知识主要包括电动汽车概述、动力蓄电池系统、驱动电机系统、充电系统、电动辅助系统、总线系统结构与原理、电动汽车基础设施。实训工单配套对应理论知识的每个项目，以实践操作为依托，同时对教学内容进行了巩固，使学习者达到理论实践一体化的目的。

本书由杨效军、朱小菊任主编，其他参与编写的还有赵卫健、郭化超、房伟萍、刘本超、孙春玲、陈波、吴国霞、罗庆文、周泽天、李琼、冉成科、赵永磊、王铁成、刘浩丰、吴志强、何文锋。

在本书编写过程中，北京新能源汽车股份有限公司提供了大力的支持，北京运华科技发展有限公司开发了配套的实训项目和设备，并制作了配套的视频、动画以二维码嵌入书中。在此表示衷心的感谢。

由于编者水平有限，书中难免有错漏之处，敬请读者批评指正。

编者

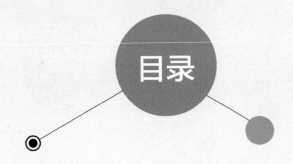

目录

二维码索引
前言

项目一　电动汽车概述 ⋯⋯⋯⋯⋯⋯⋯⋯⋯⋯⋯⋯⋯⋯⋯⋯⋯⋯⋯⋯⋯⋯⋯⋯⋯⋯⋯⋯ 1
　　任务一　电动汽车概念与分类 ⋯⋯⋯⋯⋯⋯⋯⋯⋯⋯⋯⋯⋯⋯⋯⋯⋯⋯⋯⋯⋯ 2
　　任务二　电动汽车基本构成 ⋯⋯⋯⋯⋯⋯⋯⋯⋯⋯⋯⋯⋯⋯⋯⋯⋯⋯⋯⋯⋯⋯ 4
　　任务三　电动汽车发展现状及趋势 ⋯⋯⋯⋯⋯⋯⋯⋯⋯⋯⋯⋯⋯⋯⋯⋯⋯⋯ 17
项目二　动力蓄电池系统 ⋯⋯⋯⋯⋯⋯⋯⋯⋯⋯⋯⋯⋯⋯⋯⋯⋯⋯⋯⋯⋯⋯⋯⋯ 23
　　任务一　动力蓄电池概述 ⋯⋯⋯⋯⋯⋯⋯⋯⋯⋯⋯⋯⋯⋯⋯⋯⋯⋯⋯⋯⋯⋯ 24
　　任务二　动力蓄电池组结构组成 ⋯⋯⋯⋯⋯⋯⋯⋯⋯⋯⋯⋯⋯⋯⋯⋯⋯⋯⋯ 35
　　任务三　蓄电池管理系统（BMS） ⋯⋯⋯⋯⋯⋯⋯⋯⋯⋯⋯⋯⋯⋯⋯⋯⋯⋯ 41
项目三　驱动电机系统 ⋯⋯⋯⋯⋯⋯⋯⋯⋯⋯⋯⋯⋯⋯⋯⋯⋯⋯⋯⋯⋯⋯⋯⋯⋯ 52
　　任务一　驱动电机系统概述 ⋯⋯⋯⋯⋯⋯⋯⋯⋯⋯⋯⋯⋯⋯⋯⋯⋯⋯⋯⋯⋯ 53
　　任务二　驱动电机结构与原理 ⋯⋯⋯⋯⋯⋯⋯⋯⋯⋯⋯⋯⋯⋯⋯⋯⋯⋯⋯⋯ 58
　　任务三　电机控制器构成与功能 ⋯⋯⋯⋯⋯⋯⋯⋯⋯⋯⋯⋯⋯⋯⋯⋯⋯⋯⋯ 76
　　任务四　驱动电机冷却系统 ⋯⋯⋯⋯⋯⋯⋯⋯⋯⋯⋯⋯⋯⋯⋯⋯⋯⋯⋯⋯⋯ 87
项目四　充电系统 ⋯⋯⋯⋯⋯⋯⋯⋯⋯⋯⋯⋯⋯⋯⋯⋯⋯⋯⋯⋯⋯⋯⋯⋯⋯⋯⋯ 90
　　任务一　充电系统概述 ⋯⋯⋯⋯⋯⋯⋯⋯⋯⋯⋯⋯⋯⋯⋯⋯⋯⋯⋯⋯⋯⋯⋯ 91
　　任务二　充电系统关键部件 ⋯⋯⋯⋯⋯⋯⋯⋯⋯⋯⋯⋯⋯⋯⋯⋯⋯⋯⋯⋯⋯ 96
项目五　电动辅助系统 ⋯⋯⋯⋯⋯⋯⋯⋯⋯⋯⋯⋯⋯⋯⋯⋯⋯⋯⋯⋯⋯⋯⋯⋯⋯ 108
　　任务一　电动助力转向系统 ⋯⋯⋯⋯⋯⋯⋯⋯⋯⋯⋯⋯⋯⋯⋯⋯⋯⋯⋯⋯⋯ 109
　　任务二　电动制动系统 ⋯⋯⋯⋯⋯⋯⋯⋯⋯⋯⋯⋯⋯⋯⋯⋯⋯⋯⋯⋯⋯⋯⋯ 115
　　任务三　空调系统 ⋯⋯⋯⋯⋯⋯⋯⋯⋯⋯⋯⋯⋯⋯⋯⋯⋯⋯⋯⋯⋯⋯⋯⋯⋯ 122
项目六　总线系统结构与原理 ⋯⋯⋯⋯⋯⋯⋯⋯⋯⋯⋯⋯⋯⋯⋯⋯⋯⋯⋯⋯⋯⋯ 135
　　任务一　车载总线系统基础知识 ⋯⋯⋯⋯⋯⋯⋯⋯⋯⋯⋯⋯⋯⋯⋯⋯⋯⋯⋯ 136
　　任务二　CAN 总线系统的结构与原理 ⋯⋯⋯⋯⋯⋯⋯⋯⋯⋯⋯⋯⋯⋯⋯⋯⋯ 143
　　任务三　LIN 总线系统的结构与原理 ⋯⋯⋯⋯⋯⋯⋯⋯⋯⋯⋯⋯⋯⋯⋯⋯⋯ 159
项目七　电动汽车基础设施 ⋯⋯⋯⋯⋯⋯⋯⋯⋯⋯⋯⋯⋯⋯⋯⋯⋯⋯⋯⋯⋯⋯⋯ 165
　　任务一　家庭充电设施 ⋯⋯⋯⋯⋯⋯⋯⋯⋯⋯⋯⋯⋯⋯⋯⋯⋯⋯⋯⋯⋯⋯⋯ 166
　　任务二　公共充电设施 ⋯⋯⋯⋯⋯⋯⋯⋯⋯⋯⋯⋯⋯⋯⋯⋯⋯⋯⋯⋯⋯⋯⋯ 169
　　任务三　动力蓄电池更换站 ⋯⋯⋯⋯⋯⋯⋯⋯⋯⋯⋯⋯⋯⋯⋯⋯⋯⋯⋯⋯⋯ 177
参考文献 ⋯⋯⋯⋯⋯⋯⋯⋯⋯⋯⋯⋯⋯⋯⋯⋯⋯⋯⋯⋯⋯⋯⋯⋯⋯⋯⋯⋯⋯⋯⋯ 181

Project 1

电动汽车概述

任务一 电动汽车概念与分类

学习目标

1. 掌握电动汽车的定义。
2. 掌握混合动力汽车的分类。
3. 了解燃料电池电动汽车的定义。

知识储备

一、电动汽车的概念

电动汽车是指由车载电源提供全部或部分动力,用电机驱动车轮行驶,符合道路交通、安全法规等各项要求的汽车。电动汽车具有内燃机汽车的性能,只是动力线路与内燃机汽车的动力线路不同,且具有电动车辆的基本特征。电动汽车的车载电源一般采用高效充电电池或燃料电池,其驱动电机相当于传统内燃机汽车的发动机,动力蓄电池或燃料电池相当于传统内燃机汽车的油箱,是涉及机械、电子、电力、微机控制等多学科的高科技技术产品。

二、电动汽车的分类

在国家标准 GB/T 19596—2017《电动汽车术语》中按照汽车行驶动力来源的不同,将电动汽车划分为纯电动汽车(Battery Electric Vehicle,BEV)、混合动力电动汽车(Hybrid Electric Vehicle,HEV)、燃料电池电动汽车(Fuel Cell Electric Vehicle,FCEV)三种基本类型。

电动汽车概念与分类

1. 纯电动汽车(BEV)

纯电动汽车是驱动能量完全由电能提供的、由电机驱动的汽车。电机的驱动电能来源于车载可充电储能系统或其他能量储存装置。代表车型有特斯拉 S、北汽新能源 EV200(见图 1-1)、比亚迪 e6、江淮和悦和荣威 E50 等。

2. 混合动力电动汽车(HEV)

混合动力电动汽车是指能够至少从下述两类车载储存的能量中获得动力的汽车:一是可消耗的燃料,二是可再充电能/能量储存装置。混合动力电动汽车具有至少一条内燃机动力传动系统和一条电机动力传动系统,可以简单理解为常规内燃机汽车与纯电动汽车的动力传动系统在动力传递过程中经变速传动总成实现了某种程度上的叠加。混合动力电动汽车可以采用更小排量的发动机，通过驱动电机系统的动力补偿以及"削峰填谷"的功率调节，发动机可以经常工作在高效低排放区。因此，与普通内燃机汽车相比，提高了能量转化效率，降低了燃油消耗和排放。而与纯电动汽车相比，由于混合动力电动汽车可以利用现有的加油设施，因此具有传统内燃机汽车相同的续驶里程，便于克服目前纯电动汽车一次充电续驶里程短的缺陷。

3. 燃料电池电动汽车（FCEV）

燃料电池电动汽车以燃料电池系统作为单一动力源或者是以燃料电池系统与可充电储能系统作为混合动力源的电动汽车。因此，燃料电池电动汽车的关键是燃料电池。近年来，奔驰、通用、福特、戴姆勒、克莱斯勒、丰田（丰田普锐斯燃料电池电动汽车如图1-2所示）、本田、日产等汽车公司都相继开发了燃料电池电动汽车。可以说，燃料电池电动汽车是汽车工业的一大革命，是最具实际意义、真正环保的车辆。

图1-1　北汽新能源EV200

图1-2　丰田普锐斯燃料电池电动汽车

新能源汽车的定义

中国新能源汽车定义是一个不断变化的过程，定义及定义所包括的车辆类型逐渐由模糊变得清晰，同时也越来越科学规范。按照定义范围的大小，可以分为广义新能源汽车和狭义新能源汽车两种。

1）广义新能源汽车，又称代用燃料汽车，是指使用了除汽油和柴油等石油能源作为动力来源的汽车。这种定义涵盖了目前的新型动力汽车，主要可以分为混合动力电动汽车、纯电动汽车、燃料电池电动汽车、氢发动机汽车、二甲醚汽车、甲醇汽车、天然气汽车和乙醇燃料汽车等。

2）狭义新能源汽车的定义缩小了汽车动力来源范围。根据工业和信息化部制定的《新能源汽车生产企业及产品准入管理规则》（工业和信息化部令第39号），新能源汽车是指采用新型动力系统，完全或者主要依靠新型能源驱动的汽车，包括插电式混合动力（含增程式）汽车、纯电动汽车和燃料电池汽车等。

任务二　电动汽车基本构成

学习目标

1. 掌握纯电动汽车的主要构成、部件功能及其特色。
2. 掌握串联式、并联式、混联式混合动力汽车主要构成、工作模式及其特点。
3. 了解燃料电池汽车的主要构成及特点。

一、纯电动汽车（BEV）

纯电动汽车是驱动能量完全由电能提供的、由电机驱动的汽车。其动力系统主要由动力蓄电池、驱动电机组成，从电网取电或更换蓄电池获得电力。纯电动汽车的特点是结构相对简单，生产工艺相对成熟，缺点是充电速度慢，续驶里程短。

1. 纯电动汽车基本构成

纯电动汽车主要由驱动电机系统、车载能源系统、辅助系统等部分组成，如图1-3所示。

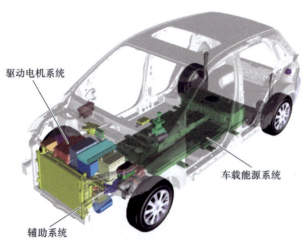

图1-3　纯电动汽车的结构

除了驱动电机系统，其他部分的功能及结构与传统汽车基本相同，不过有些部件已被简化或省去了，如离合器等。典型纯电动汽车组成框图如图1-4所示。当汽车行驶时，由动力蓄电池输出电能（电流）通过控制器驱动电机运转，驱动电机输出的转矩经传动系统带动车轮前进或后退。

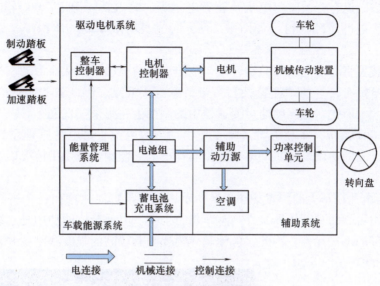

图1-4 典型电动汽车组成框图

（1）驱动电机系统　驱动电机系统主要由整车控制器（VCU）、电机控制器（MCU）、驱动电机和机械传动装置等构成。它的功用是将存储在动力蓄电池中的电能高效地转化为车轮的动能，并能够在汽车减速制动时，将车轮的动能转化为电能充入动力蓄电池。MCU是"电动汽车的心脏"，作为动力来源，决定了电动汽车的动力性能及乘坐舒适性。而VCU则是"电动汽车的大脑"，接受、处理系统各部件的信号，发出控制指令，实现整车闭环控制。

1）VCU根据驾驶员意图发出各种指令，MCU响应并反馈，实时调整驱动电机的输出，以实现整车的怠速、前行、倒车、停车、能量回收以及驻坡等功能。VCU作为纯电动汽车控制系统最核心的部件，同时承担了数据交换、安全管理、驾驶员意图解释、能量流管理的任务。北汽新能源EV200 VCU如图1-5所示。

2）MCU是驱动电机系统的控制中心，通过控制驱动电机电流实现电动汽车的前进、倒退，维持电动汽车的正常运转，保证能够按照驾驶员的意愿输出合适的电流参数，北汽新能源EV200 MCU如图1-6所示。MCU以绝缘栅双极型晶体管（IGBT）模块为核心，辅以驱动集成电路、主控集成电路。对所有的输入信号进行处理，并将驱动电机控制系统运行状态的信息通过CAN2.0网络发送给VCU。

图1-5 北汽新能源EV200 VCU

图1-6 北汽新能源EV200 MCU

驱动电机是把电能转化为机械能的执行机构。电动汽车应用较多的驱动电机有交流感应电机、永磁同步电机、开关磁阻电机及轮毂电机等。北汽新能源 EV200 纯电动汽车驱动电机采用永磁同步电机（PMSM），如图 1-7 所示，它具有效率高、体积小、重量轻及可靠性高等优点。

机械传动装置将驱动电机的驱动转矩传输给汽车的驱动轴，从而带动汽车车轮行驶。由于驱动电机本身具有较好的调速特性且可带负载直接起动，因此省去了内燃机汽车的离合器，变速机构大大简化，也无须通过变速器中的倒档齿轮组来实现倒车。

（2）车载能源系统　车载能源系统主要由动力蓄电池、蓄电池管理系统（BMS）和充电系统等组成。它的功用是向驱动电机提供驱动电能、监测电源使用情况以及控制充电机向动力蓄电池充电。

1）动力蓄电池在车上的位置如图 1-8 所示，动力蓄电池放置在一个密封并且屏蔽的电池箱里面，使用可靠的高低压插接件与整车进行连接。电池箱体的功用是承载并保护动力蓄电池组及其内部的电气元件，因此，电池箱体需要具有较高的强度和刚度并且防尘防水。

图 1-7　北汽新能源 EV200
永磁同步电机（PMSM）

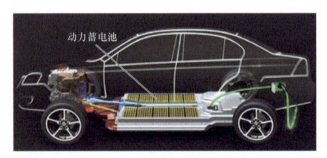

图 1-8　动力蓄电池在车上的位置

2）BMS 是动力蓄电池保护和管理的核心部件。在动力蓄电池系统中，其作用相当于人的大脑。它不仅要保证动力蓄电池安全可靠地使用，而且要充分发挥动力蓄电池的能力并延长使用寿命，作为动力蓄电池与 VCU 以及驾驶员沟通的桥梁，通过控制接触器控制动力蓄电池组的充放电，并向 VCU 上报动力蓄电池系统的基本参数及故障信息，北汽新能源 EV200 BMS 如图 1-9 所示。

图 1-9　北汽新能源 EV200 BMS

3) 充电系统将商用交流电源转换为电动汽车动力蓄电池充电所需的高压直流电源，它包括快速充电系统与慢速充电系统。快速充电系统将充电桩输出的高压直流电源经过快充接口、高压控制盒连接到动力蓄电池，为动力蓄电池提供充电所必需的高压直流电源；慢速充电系统则是将交流充电桩输出的220V工频正弦交流电经过车载充电机整流、滤波和升压变成高压直流电后再通过高压控制盒连接到动力蓄电池，北汽新能源EV200的快充与慢充接口如图1-10所示。

图1-10　北汽新能源EV200充电接口
a) 快充接口　b) 慢充接口

车载充电机固定安装在电动汽车上，具有为电动汽车动力蓄电池安全、自动充满电的能力。无论快速充电系统还是慢速充电系统，均依据BMS提供的数据，能动态调节充电电流、电压等参数，执行相应的动作，完成充电过程，北汽新能源EV200车载充电机如图1-11所示。

图1-11　北汽新能源EV200车载充电机

（3）辅助系统　辅助系统主要包括辅助动力源、空调器、动力转向系统、刮水器、照明和除霜装置、冷却系统、加热系统等。辅助动力源主要由DC/DC变换器和辅助电源组成，其功用是向动力转向系统、空调器及其他辅助设备提供动力。在传统汽车上，制动系统真空助力器所需要的真空度来自于发动机进气歧管，这在电动汽车上无法实现，因此需要配备电动真空泵。北汽新能源EV200电动真空助力系统布置如图1-12所示，它布置在左侧纵梁内侧，散热器后方，固定在集成层支架上。

驱动电机、MCU、OBC以及DC/DC变换器在工作时均会产生热量。驱动电机工作时电流流过定子绕组产生的铜损耗、铁心中磁通变化产生的铁损耗、轴承摩擦产生的机械损耗及其他附加损耗最终转化为热能。驱动电机的冷却情况决定了驱动电机的温升，温升又直接影响驱动电机的使用寿命和额定容量。MCU 中大功率 IGBT 的发热决定于本身换流损耗，频率越高损耗越大。OBC 工作时也会有大量热量产生，如果不能及时冷却将导致损坏。北汽新能源 EV200 冷却系统结构框图如图 1-13 所示。

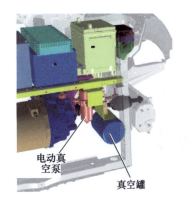

图 1-12 北汽新能源 EV200 电动真空助力系统布置

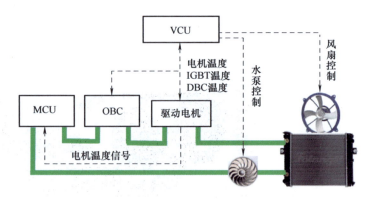

图 1-13 北汽新能源 EV200 冷却系统结构图

2. 整车高压电气系统

纯电动汽车高压部件主要包括动力蓄电池、驱动电机、电机控制器、空调压缩机、PTC 本体、DC/DC 变换器和车载充电机等，各高压部件均经过高压控制盒与动力蓄电池连接。北汽新能源 EV200 整车高压电气系统的连接框图如图 1-14 所示。

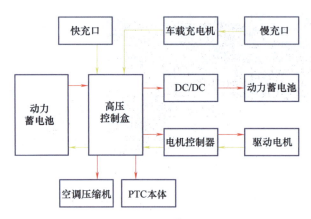

图 1-14 北汽新能源 EV200 整车高压电气系统

3. 纯电动汽车的特点

纯电动汽车是其他类型电动汽车的基础，应用越来越广泛。

（1）无污染，噪声低　纯电动汽车不产生排气污染，有"零污染"的美誉；纯电动汽车没有内燃机产生的噪声，驱动电机的噪声也较内燃机小。但动力蓄电池充电所用的电力，在用煤炭做燃料时会产生 CO、SO_2、粉尘等。随着技术的发展，向动力蓄电池充电的电力可以由水力、核能、太阳能、风力、潮汐等能源转化而来。

（2）能源效率高，使用成本低　纯电动汽车能量利用效率最高，而且电力价格便宜，使用成本低。由于纯电动汽车可以夜间用电低谷充电，因此还具有调节电网系统峰谷负荷、提高电网效能的作用。在制动、下坡过程中,电机可自动转化为发电机,实现制动减速时能量的再利用。

(3) 结构简单,使用维修方便　纯电动汽车较内燃机汽车结构简单,运转、传动部件少,维修工作量小;当采用交流感应电机时,电机无须维护,更重要的是纯电动汽车易操纵。

二、混合动力电动汽车(HEV)

1. 串联式混合动力电动汽车

(1) 串联式混合动力电动汽车的结构　车辆的驱动力只来源于电机的混合动力电动汽车,系统结构如图 1-15 所示。动力蓄电池的电能通过 MCU 直接输送到驱动电机,驱动电机直接与驱动桥相连并由它产生的电磁转矩驱动汽车行驶。当动力蓄电池的荷电状态(SOC)下降到预定值时,发动机带动发电机发电,向动力蓄电池充电,增加续驶里程,但发动机仅用于发电,不直接参与车辆驱动。

这种系统结构可以很大程度地减少发动机所受到的车辆瞬态响应,使发动机工作在最佳工况点附近,保持在稳定、高效、低污染的运转状态,使有害气体的排放被控制在最低范围内。串联式混合动力电动汽车从总体结构上看,比较简单,易于控制,只有驱动电机的电力驱动系统,其特点更加趋近于纯电动汽车。但在发动机-发电机系统中的热能-电能转换过程中,能量损失较大,更多的能量以热能的形式散发到空气中。

(2) 串联式混合动力电动汽车的工作模式　以雪佛兰 Voltec 混合动力系统为例,它通过 3 个离合器来控制动力的分配,这三个离合器分别命名为 C1、C2、C3,动力分配系统结构如图 1-16 所示。其中,C1 用于连接行星齿轮齿圈与动力分配机构壳体(固定),C2 用于连接发电机与行星齿轮齿圈,C3 用于连接发动机与发电机。根据行驶负荷的不同,存在以下几种工作模式。

图 1-15　串联式混合动力电动汽车的结构

图 1-16　Voltec 动力分配系统结构

1) EV 低速工作模式:C1 吸合,C2、C3 松开,发动机停转。齿圈被固定,电机推动太阳轮转动,行星架因太阳轮的转动而转动,把动力传输到减速齿轮并传递到车轮,如

图 1-17 所示。

2）EV 高速工作模式：C2 吸合，C1、C3 松开，发动机停转。发电机此时充当电机工作，推动齿圈转动。同时，功率较大的另一个电机推动太阳轮转动。齿圈和太阳轮同时转动，带动行星架转动，从而把动力传到车轮。发电机充当电动机推动齿圈转动，降低了与太阳轮连接的另一电动机的转速，提高了能源使用率，如图 1-18 所示。

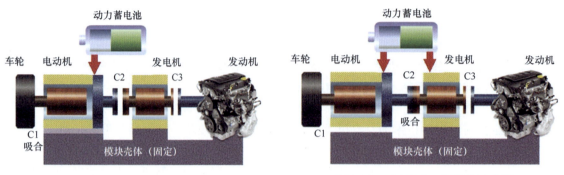

图 1-17　EV 低速模式示意图　　　　图 1-18　EV 高速工作模式示意图

3）EREV 低速工作模式：C1、C3 吸合，C2 松开，发动机运转。此时，发动机推动发电机发电，并为动力蓄电池充电；同时动力蓄电池为电机供电推动太阳轮转动，由于齿圈固定，行星架跟随太阳轮转动，从而把动力传到车轮，如图 1-19 所示。

4）EREV 高速工作模式：C2、C3 吸合，C1 松开，发动机运转。此时，发动机与发电机转子连接后推动齿圈转动同时发电，电机推动太阳轮转动。齿圈和太阳轮同时转动，带动行星架转动，从而把动力传到车轮。发动机推动齿圈转动，降低了与太阳轮连接的另一电机的转速，提高了能源使用率，如图 1-20 所示。

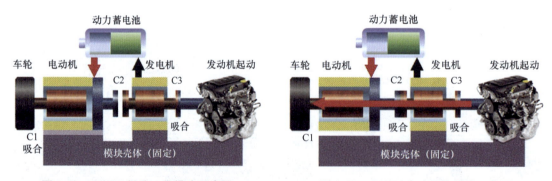

图 1-19　EREV 低速工作模式示意图　　　　图 1-20　EREV 高速工作模式示意图

5）能量回收工作模式：C1 吸合，C2、C3 松开，发动机停转。车轮带动行星架转动，由于齿圈固定，太阳轮随着行星架转动。此时，功率较大的电机作为发电机对动力蓄电池充电，如图 1-21 所示。

(3) 串联式混合动力电动汽车的特点　以动力蓄电池组为基本能源，可实现"零污染"状态行驶。发动机-发电机组所发出的电能向动力蓄电池组充电，用于补充动力蓄电池组的电能，以延长续驶里程，属于内燃机辅助型的电动汽车。发动机与驱动轮之间没有机械上的连接，因此能够保持在稳定、高效、低污染的状态下运转，将有害气体排放控制在最低范围内。因为电机具有较为理想的转矩-转速特性，所以驱动系统不需要多档传动装置，从而使结构大为简化。发动机-发电机组和电机之间没有机械联系，在车上布置时有较大的自由度。

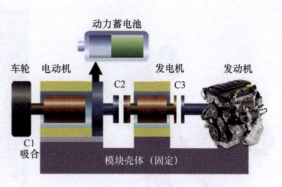

图 1-21　能量回收工作模式示意图

另一方面，电机驱动功率必须能够克服车辆在行驶过程中的最大阻力，故要求电机功率较大，外形尺寸较大，质量较大。由于电机不经常在满负荷状态下工作，因此效率较低。要求动力蓄电池组容量大，同时还需较大功率的发动机-发电机组（一般而言，发动机-发电机组的功率接近和等于电机的功率），加上庞大的动力蓄电池组，整车外形尺寸较大，质量较大。发动机-发电机系统在机械能-电能的能量转换过程中，能量损失较大。在动力蓄电池组的充、放电过程中存在能量损耗，车辆也不是经常在满负荷状态下运行，能量转换的综合效率较低。发动机-发电机组与动力蓄电池组之间的匹配要求较严格，应能根据动力蓄电池组 SOC 的变化，自动起动或关闭发动机，以避免动力蓄电池组过放电和过充电，因此需要更大容量的电池。

2. 并联式混合动力电动汽车

（1）并联式混合动力电动汽车的结构　并联式混合动力电动汽车是在普通燃油汽车的基础上加装一套电能驱动系统，主要由发动机、动力耦合器、驱动电机和动力蓄电池四个主要部件组成，系统结构如图 1-22 所示。发动机和电机都能单独驱动车轮，也可以同时工作，共同驱动车辆行驶。当动力蓄电池的 SOC 下降到预定值时，发动机能够带动电机反转，这时驱动电机转变为发电机为动力蓄电池充电。这种结构的混合动力电动汽车连接方式简单，更接近传统汽车，只需要增加一套电驱动系统，可以降低成本。

发动机和电机通过动力合成装置同时与驱动桥直接相连接。通常发动机工作在满负荷（中等转速）下，燃油经济性最好，而在较小载荷或者起步阶段，发动机的燃油经济性比较差，这时发动机可以被关闭而只用电机来驱动汽车，或者增加发动机的负荷使电机作为发电机，给蓄电池充电以备后用。

（2）并联式混合动力电动汽车的工作模式　以本田 IMA 混合动力系统为例，其动力分配系统结构如图 1-23 所示。根据行驶负荷的不同，存在以下几种工作模式。

1）起步加速工作模式：发动机以低速配气正时状态运转，同时驱动电机提供辅助动力，以实现快速加速性能，同时达到节油的目的。急加速时，发动机则以高速配气正时状态运转，此时电池给电机供电，电机与发动机共同驱动车辆，提高整车的加速性能，如图 1-24 所示。

2）低速巡航工作模式：发动机的四个气缸的进排气门全部关闭，发动机停止工作，车辆以纯电动方式驱动车辆，如图 1-25 所示。

3）轻加速和高速巡航工作模式：发动机以低速配气正时状态运转，此时发动机工作效率较高，单独驱动车辆，电机不工作，如图 1-26 所示。

图 1-22 并联式混合动力汽车（PHEV）系统结构

图 1-23 IMA 动力分配系统结构

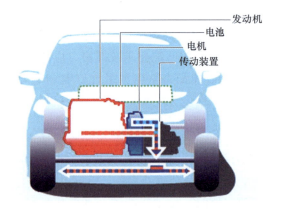

图 1-24 起步加速工作模式示意图

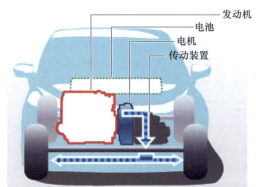

图 1-25 低速巡航工作模式示意图

4）减速或制动工作模式：发动机关闭，电机此时以发电机方式工作，将机械能最大限度地转化为电能，储存到电池包中。车辆制动时，制动踏板传感器给 IPU 一个信号，计算机控制系统协调控制机械制动和电机能量回馈之间的制动力以得到最大程度的能量回馈，如图 1-27 所示。

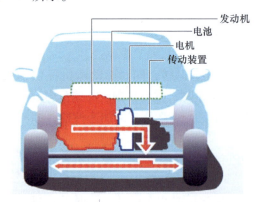

图 1-26 轻加速和高速巡航工作模式

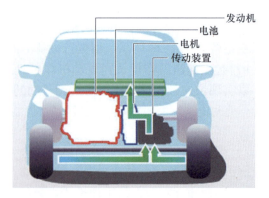

图 1-27 减速或制动工作模式示意图

5）车辆停止行驶工作模式：发动机自动关闭，减少燃料损失和排放。当制动踏板松开时，发动机自动起动，如图1-28所示。

（3）并联式混合动力电动汽车的特点　只有发动机和电机两个动力总成，两者的功率可以等于车辆驱动功率的50%～100%，比串联式混合动力电动汽车三个动力总成的功率、质量和体积小很多。发动机可直接驱动车辆，没有串联式混合动力电动汽车发动机的机械能-电能转换过程，能量转换的综合效率比串联式混合动力电动汽车高。当车辆需要最大输出功率时，电机可以提供额外的辅助动力，因此发动机功率可选择得较小，燃油经济性比串联式混合动力电动汽车好。与电机配套的动力蓄电池组容量较小，使整车质量减小。当轻度混合时，电机可带动发动机起动，调节发动机的输出功率，使发动机基本稳定在高效率、低污染状态下工作。发动机也可带动电机发电向动力蓄电池组充电，以延长续驶里程。

另一方面，并联式混合动力电动汽车需要配备与内燃机汽车相同的传动系统，总布置基本与内燃机汽车相同，动力性能接近内燃机汽车。发动机工况会受到车辆行驶工况的影响，有害气体排放高于串联式混合动力电动汽车。需要装置离合器、变速器、传动轴和驱动桥等总成，还有电机、动力蓄电池组和动力合成器等装置，因此动力系统结构复杂，布置和控制更困难。

3. 混联式混合动力电动汽车

（1）混联式混合动力电动汽车的结构　同时具有串联式和并联式驱动方式的混合动力电动汽车，主要由发动机、动力分配装置、发电机、驱动电机和动力蓄电池四个主要部件组成，如图1-29所示。混联式驱动系统的控制策略是：在汽车低速行驶时，驱动系统主要以串联方式工作；当汽车高速稳定行驶时，驱动系统则以并联工作方式为主。

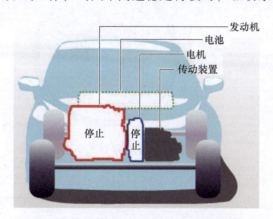

图1-28　车辆停止行驶工作模式示意图

图1-29　混联式混合动力汽车（CHEV）系统结构

混联式混合动力系统一般采用行星齿轮机构作为动力分配装置，将发动机、发电机和电机通过行星齿轮机构连接起来，动力从发动机输出到与其相连的行星齿轮机构，行星齿轮机构将一部分转矩传送到发电机，另一部分传送到传动轴，同时发电机又可以作为驱动电机来驱动传动轴。这种机构有两个自由度，可以自由控制两个不同的速度。此时车辆并不是串联式或并联式，而是两种驱动形式同时存在。这种形式充分利用了两种驱动形式的优点。

（2）混联式混合动力电动汽车的工作模式　以丰田 THS-II 混合动力系统为例，其动力分配系统结构如图 1-30 所示。THS-II 系统中最关键也是最为复杂的部件就是由两台永磁同步电机及行星齿轮组成的动力分配系统。MG1 主要用于发电，必要时可推动汽车；MG2 主要用于推动汽车，在减速制动过程中又作为发电机使用，实现能量回收。MG1、MG2 以及发动机输出轴被连接到一套行星齿轮机构的太阳轮、齿圈和行星架上，如图 1-31 所示。动力分配是通过功率控制单元控制 MG1 和 MG2 电机，通过行星齿轮机械机构进行巧妙分配的。根据行驶负荷的不同，存在以下几种工作模式。

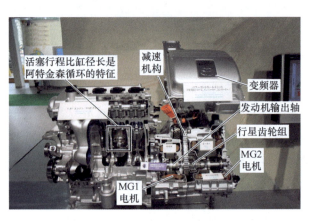

图 1-30　THS-II 动力分配系统结构

1）发动机起动工作模式：电流流进 MG2 通过电磁力固定行星齿轮的齿圈，MG1 作为起动机转动太阳轮，太阳轮带动行星架转动，与行星架连接的发动机曲轴转动，发动机起动，如图 1-31 所示。

2）发动机怠速工作模式：电流流进 MG2 固定行星齿轮的齿圈，发动机带动行星架转动，行星架带动太阳轮转动，与太阳轮连接的 MG1 发电给电池充电，如图 1-32 所示。

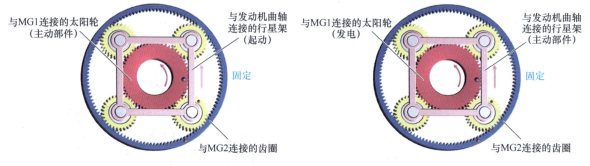

图 1-31　发动机起动工作模式示意图　　　　图 1-32　发动机怠速工作模式示意图

3）车辆起步时，发动机停转，行星架被固定。MG2 驱动行星齿轮齿圈，推动车辆前进。此时，MG1 处于空转状态。如需要更多动力［驾驶员深踩加速踏板（见图 1-33）或检测到负载过大］，MG1 转动起动发动机，发动机与驱动电机 MG2 共同驱动车辆，如图 1-34 所示。

4）在轻负荷下加速时，发动机驱动 MG1 发电并供给推动 MG2 运转的电能，MG2 提供附加的驱动力用以补充发动机动力。在重负载下加速时，发动机驱动 MG1 发电并供给推动 MG2 运转的电能，MG2 提供附加的驱动力用以补充发动机动力，电池会根据加速程度给 MG2 提供电流。正常行驶过程中，THS-II 系统把多余的发动机动力转化为电能储存到动力蓄电池，如图 1-35 所示。

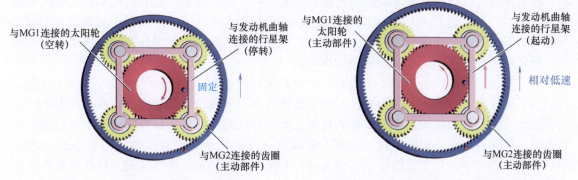

图1-33 车辆起步工作模式示意图　　图1-34 深踩加速踏板工作模式示意图

5)降档(D位)时,发动机停转,MG1 空转,MG2 被车轮驱动发电给电池充电,实现能量回收,如图1-36 所示。

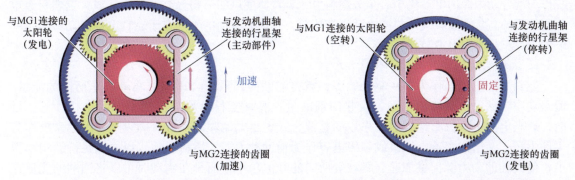

图1-35 加速工作模式示意图　　图1-36 降档(D位)工作模式示意图

6)减速(B位)时,MG2 产生的电能供给MG1,MG1 驱动发动机,此时发动机断油空转,MG1 输出的动力成为发动机制动力,如图1-37 所示。

7)倒车时,只使用MG2 作为倒车动力,如图1-38 所示。

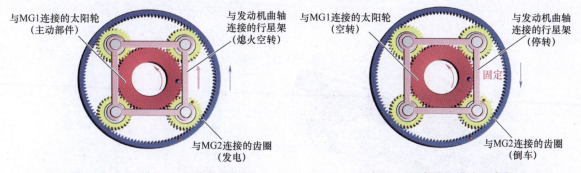

图1-37 减速(B位)工作模式示意图　　图1-38 倒车工作模式示意图

(3)混联式混合动力电动汽车的特点　三个动力总成比串联式混合动力电动汽车三个动力总成的功率、质量和体积小。与并联式混合动力电动汽车相比,增加了电能的传输路线;有多种工作模式,节能最佳,有害气体排放达到"超低污染"。发动机可直接驱动车辆，没有机械能-电能-机械能的转换过程，能量转换的综合效率比内燃机汽车高。电机可独立驱动车辆行驶，电机利用低速大转矩特性，带动车辆起步，可在城市中实现"零污染"行驶。当车辆需最大输出功率时，电机可给发动机提供辅助动力，因此发动机功率可选择较小，燃料经济性比串联式混合动力电动汽车好。

另一方面，发动机是基本驱动模式，电机是辅助驱动模式，动力性更接近内燃机汽车；发动机工况受车辆行驶工况的影响，有害气体排放高于串联式混合动力电动汽车。需要配备两套驱动系统，发动机传动系统需要装置离合器、变速器、传动轴和驱动桥等传动总成，还有电机、减速器、动力蓄电池组以及多能源动力（发动机动力与电机动力）组合或协调专用装置，结构复杂，总布置困难。多能源动力系统的工作模式有多种形式，只有依靠多能源动力总成控制系统，才能达到高经济性和"超低污染"。

三、燃料电池电动汽车（FCEV）

燃料电池电动汽车以燃料电池系统作为单一动力源或者是以燃料电池系统与可充电储能系统作为混合动力源的电动汽车。车载燃料电池装置所使用的燃料为高纯度氢气或含氢燃料经重整所得到的高含氢重整气。与纯电动汽车比较，其动力方面的不同在于燃料电池电动汽车用的电力来自车载燃料电池装置。

1. 燃料电池电动汽车的结构

燃料电池不适合作为单一驱动能源，需要辅助能源系统合理补充驱动汽车所需的能量、覆盖功率波动、提高峰值功率、吸收回馈能量、改善燃料电池输出功率的瞬态特性等。目前，燃料电池电动汽车绝大多数采用的是混合式燃料电池驱动系统，即以燃料电池系统作为主动力源，又增加了蓄电池组或超级电容作为辅助动力源。燃料电池可以只满足持续功率需求，借助辅助动力源提供加速、爬坡等所需的峰值功率，而且在制动时可以将回馈的能量存储在辅助动力源中。燃料电池电动汽车主要由燃料电池、高压储氢装置、动力蓄电池、驱动电机及控制器、冷却装置等部分组成，燃料电池电动汽车结构示意图如图1-39所示。

（1）燃料电池（Fuel Cell） 燃料电池是燃料电池电动汽车的核心部件，利用氢气和氧气在催化剂的作用下经电化学反应直接产生电能，如图1-40所示。

图1-39 燃料电池汽车结构

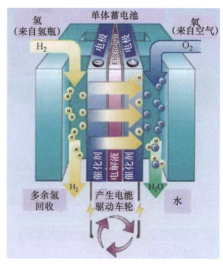

图1-40 燃料电池结构示意图

（2）高压储氢装置　气态氢通常用高压储气瓶来装载，对高压储气瓶的品质要求很高，为保证燃料电池电动汽车一次充气有足够的行驶里程，就需要多个高压储气瓶来储存气态氢气，一般轿车需要2~4个高压储气瓶，大客车需要5~10个高压储气瓶。由于液态氢气是处于高压状态的，不但需要用高压储气瓶储存，还要用低温保温装置来保持低温，低温保温装置是一套复杂的系统。高压储氢装置一般放置于底盘的中部，或后排座椅的下方空间（传统内燃机轿车的油箱位置）。应将氢气罐分散存储，使绝大多数的负载均匀分配在底盘的前后端，降低车辆的总体重心，使轿车具有良好的操控性能，改善车辆的整体安全性。高压储气瓶安装位置如图1-41所示。

2. 燃料电池电动汽车的特点

燃料电池电动汽车为汽车的整体设计提出了新的要求。传统内燃机汽车的发动机-变速器动力总成在燃料电池汽车中不复存在，取而代之的是燃料电池、蓄电池、氢气罐、电机、DC/DC转换器等设备，制动系统和悬架也相应变化。燃料电池电动汽车具有零排放或近似零排放，减少了机油泄漏带来的水污染，降低了温室气体的排放，运行平稳、无噪声。

图1-41　高压储气瓶安装位置

任务二　电动汽车发展现状及趋势

学习目标

1. 了解电动汽车的发展史。
2. 了解国内外电动汽车的发展现状。
3. 了解国内外电动汽车的发展趋势。

知识储备

一、电动汽车发展现状

在世界汽车发展史上，电动汽车的发明比内燃机汽车还要早。经历了漫长的发展过程，电动汽车的种类从最初的纯电动汽车发展到今天包括混合动力电动汽车、燃料电池电动汽车、太阳能电动汽车等多种类型的电动汽车。

1. 国外电动汽车发展历史

早在1837年左右，苏格兰商人罗伯特·安德森制造出了世界上第一辆电动汽车。在19世纪60年代诞生了能够上路的实用电动汽车，1884年托马斯·帕克坐在一辆电动汽车上的画面，如图1-42所示。

20世纪初期，全球石油行业得到了繁荣发展，油价降低，燃油汽车价格更加实惠，导致电动汽车的发展有所减缓。另外，随着内燃机的设计不断地优化、改善，电动汽车似乎逐渐被人遗忘了。第二次世界大战期间，由于燃料供应短缺，法国汽车制造商标致公司在1941年推出了一款电动汽车，这款VLV电动汽车随着第二次世界大战的结束也"寿终正寝"了。标致VLV电动汽车如图1-43所示。

图1-42　托马斯·帕克乘坐在电动汽车上

尽管人们对电动汽车的兴趣有所减退，但是之后的几十年里依然有很多汽车制造商在继续构建自己的电动汽车梦。20世纪70年代诞生了不少经典电动汽车，但在设计上似乎与传统汽车背道而驰，更多的出现了一些方形元素。最经典的莫过于意大利汽车制造商Zagato生产的Elcar，如图1-44所示。

图1-43　标致VLV电动汽车

图1-44　Elcar电动汽车

面对全球范围日益严峻的能源形势和环保压力，近年来，世界主要汽车生产国都把发展新能源汽车作为提高产业竞争能力、保持经济社会可持续发展的重大战略举措。目前，电动汽车成为新的经济增长点，而且得到各国政府和企业的高度重视。

2. 国外电动汽车发展现状

（1）美国　通用、福特和克莱斯勒曾是世界汽车市场的领导者，2008年国际金融危机发生以后，日系、欧系、韩系汽车在美国市场步步为营，再加上石油资源的压力和日益严格的环保要求，美国开始在新能源汽车领域发力。2007年1月，时任美国总统小布什发表国情咨文，宣布了替代能源和节能政策，提出美国在未来10年内将汽油使用量降低20%，进口石油的量削减3/4，鼓励以混合动力电动汽车为代表的其他新能源汽车的使用。

推动新能源汽车发展是美国奥巴马政府能源政策的重要组成部分，通过制定严格的汽车燃油排放标准和新能源汽车政策、政府采购节能汽车、消费者购买节能汽车减税、设立新能源汽车政府资助项目、投资促进新能源汽车基础设施建设等策略，推动汽车产品向"低能耗"的方向发展。美国政府为推进插电式混合动力电动汽车计划，斥资140亿美元支持动力蓄电池、关键零部件的研发和生产，支持充电基础设施建设，消费者购车补贴和政府采购。美国还设立了一个总量为250亿美元的基金，以低息贷款方式支持厂商对节能和新能源汽车、动力蓄电池组及其部件的研发和生产。

2010年4月美国奥巴马政府公布新规定，首次为新轿车和轻型货车订立温室效应气体排放标准，从目前的每加仑汽油平均跑约41km，提高到2016年前跑约57km，鼓励发展新一代省油的油电混合动力电动汽车、效率更高的发动机和电动汽车。为鼓励美国消费者购买插电式电动汽车，每辆车给予7500美元抵税额。美国底特律三巨头——通用、福特及克莱斯勒尽管大量裁员、削减大型SUV车型的生产，却仍投入大笔经费用于新能源车型的开发。美国硅谷的创投企业表现更为耀眼，Tesla Motors获美国能源部4.65亿美元贷款用于开发纯电动汽车。2016年，美国纯电动和插电式混合动力电动汽车销量达到16万辆。2010—2016年，美国电动汽车年销量如图1-45所示。

（2）日本　日本在混合动力电动汽车技术领域领先世界。以丰田普锐斯为代表的日本混合动力电动汽车，在世界低污染汽车开发销售领域已经占据了领头地位。丰田汽车公司宣布，从1997年全球首款量产的混合动力电动车普锐斯推出以来，截止到2017年1月底，丰田在全球的混合动力电动汽车的累计销量已达到1004.9万辆。同时，日本还快速发展燃料电池汽车技术，丰田汽车公司已成为当今世界燃料电池汽车市场上的重要企业。除丰田外，其

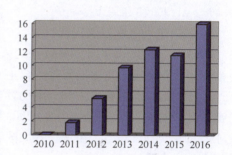

图1-45　美国电动汽车年销量（万辆）

他日本汽车企业也在开发新一代的新能源动力电动汽车，如本田Insight IMG混合动力电动汽车、日产Leaf和三菱i-MiEV纯电动汽车等。

日本政府在2009年6月启动了"新一代汽车"计划，包括混合动力电动汽车、纯电动汽车、燃料电池电动汽车等。该计划力争到2050年，使环保汽车占据汽车市场总量的一半左右。为了实现这一计划，日本政府通过援建电动汽车基础设施、减税和发放补贴等促进环保汽车发展。2010年4月，日本经济产业省提出了截至2020年，使混合动力电动汽车和纯电动汽车等"新一代汽车"占新车销量的20%～50%，建设普通充电站200万座、快速充电站5000座。

为推进新能源汽车以及环保汽车的发展，日本从2009年4月1日起实施"绿色税制"，购买纯电动汽车、混合动力电动汽车可享受免除多种税赋优惠。日本实行的"绿色税制"可使混合动力电动汽车税减免2万日元、车辆购置税减免4万日元。同时，另外一项"补助金"政策可支付混合动力汽车与汽油原型车差价的一半。更重要的是近年来，由于实现了规模化生产，混合动力电动汽车的价格有了很大的下降空间，实际购买时基本上消除了两者之间的差价，这反过来又进一步促进了混合动力电动汽车的销售规模，从而进入了良性循环。

（3）欧洲　德国车企研发电动汽车的步伐相对滞后，但在电动汽车方面也做出了重要贡献。2004 年宝马研发的 H2R 赛车搭载一台 6.0L V12 氢动力发动机，最高车速达到了 300km/h。2009 年德国政府 500 亿欧元的经济刺激计划中，很大一部分用于电动汽车研发、汽车充电站网络建设和可再生能源开发。

法国政府从 1995 年 7 月开始为购买电动汽车的用户提供 5000 法郎补贴，法国电力公司向电动汽车制造厂生产的电动汽车每辆提供 10000 法郎的补助。20 世纪 90 年代中期，法国开始推广电动汽车和天然气汽车。自 2008 年 1 月起，政府按所购买新车的尾气 CO_2 排放量多少，对车主给予相应的现金"奖罚"。在政府优惠政策的带动下，2010 年雷诺-日产联盟将第一批电动汽车投入市场，2012 年开始批量生产；标致与三菱汽车公司合作，2011 年初推出电动汽车。

2015 年，挪威是电动汽车市场份额占比最高的国家，高达 22.8%；荷兰电动汽车销量惊人增加，2014 年市场份额只有 3.9%，2015 年就增加到 9.6%；法国电动汽车市场份额也大幅提升，从 2014 年的 0.91% 升至 2015 年的 1.37%；瑞士的市场占比增幅更高，从 2014 年的 0.75% 增至 1.98%；英国的市场占比则从 2014 年的 0.56% 大增至 1.03%。2016 年欧洲电动汽车总销量达 20.65 万辆，西班牙、德国和英国的新能源汽车实现大幅增长，增幅分别达到 49.4%、21.9% 和 14.9%。

3. 国内电动汽车发展现状

2001 年，电动汽车研究项目被列入国家"863"重大科技课题；2006—2007 年，我国电动汽车产业取得了重大的发展，自主研制的纯电动、混合动力和燃料电池三类电动汽车整车产品相继问世。混合动力和纯电动客车实现了规模示范，纯电动汽车实现批量出口，燃料电池轿车研发进入世界先进行列。2008 年电动汽车在国内已呈全面出击之势，北汽新能源、比亚迪、长安等汽车生产企业在各大国际车展上频频亮相，展出了自行研发的燃料电池汽车及混合动力汽车。

2009 年 1 月财政部、科学技术部发出了《关于开展节能与新能源汽车示范推广工作试点工作的通知》，在北京、上海等 13 个城市开展节能与新能源汽车示范推广试点工作，出台了《节能与新能源汽车示范推广财政补助资金管理暂行办法》，乘用车和轻型商用车中，混合动力电动汽车按照节油率最高每辆车补贴 5 万元，纯电动汽车每辆可补贴 6 万元；燃料电池汽车每辆补贴 25 万元。2013 年 9 月，出台了《财政部、科技部、工业和信息化部、发展改革委关于继续开展新能源汽车推广应用工作的通知》，2013～2015 年期间我国分两批发布 88 个新能源汽车推广试点城市。2016 年 12 月 1 日起，上海、南京、无锡、济南、深圳 5 个城市率先启动新能源汽车号牌试点工作；2017 年 11 月 16 日，公安部交通管理局在湖北武汉召开会议，部署自 2017 年 11 月 26 日起，在全国分三批推广新能源汽车专用号牌。

"十二五"期间，中国电动汽车产业完成了产业化起步阶段的任务，主要体现为几个方面：首先，中国电动汽车市场增速加快。2014 年、2015 年与上一年度相比销量同比增长分别超过 330% 和 340%，基本完成到 2015 年底累计销量 50 万辆的预期目标。其次，促进电动汽车产业发展的政策体系已基本建立。十二个部委已相继出台政策 20 多项，包括购车补贴、车辆购置税和车船税税收优惠，已经形成了比较完备的、系统的支撑电动汽车发展的政策体系。第三，电动汽车产业生态基本形成。电动汽车产业各种要素、资源、发展条件已经基本形成，虽然个别方面仍存在空白或缺项，但总体上，电动汽车产业加快发展的氛围已经形成，基本条件已经具备。补贴、优惠等政策为国内电动汽车发展创造了良好的环境，促进电动汽车的应用普及与市场发展。

2016 年，中国电动汽车生产 51.7 万辆，销售 50.7 万辆，比 2015 年同期分别增长 51.7% 和 53%，超过美国，成为全球第一。其中，纯电动汽车销量为 40.9 万辆，比 2015 年同期增长 65.1%；插电式混合动力电动汽车产销分别完成 9.9 万辆和 9.8 万辆，同比增长 15.7% 和 17.1%。近几年国内电动汽车年销量如图 1-46 所示。

二、电动汽车发展趋势

1. 世界主要汽车市场电动汽车产销规划

目前，中国、德国、日本、韩国、法国、英国等均提出了明确的电动汽车规划，除中国外，其他都是具有很强汽车工业基础的发达国家。从各国的电动汽车规划时限来看，中国、韩国和法国等提出了较为近期的产销目标，即在 5 年内达到一定的产销总量或保有量；德国与日本还对 2030 年也提出了

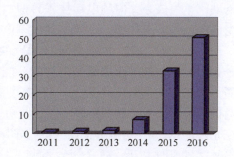

图 1-46　中国电动汽车年销量

较为明确的产销目标。而在 2020 年的目标中，中国则显得"咄咄逼人"，中国政府提出了在 2020 年电动汽车产销总量达到 500 万辆的宏伟目标，这一目标中还不包括普通的油电混合动力车型。此外，日本提出在 2020 年达到年销 200 万辆电动汽车——约占其新车销量 50%；法国政府计划在 2020 年前实现清洁能源汽车累计产量 200 万辆的目标，这一目标虽然比其他国家低，但相对其目前仅不足一万辆的保有量来说，法国政府决心也非常大。世界主要汽车市场电动汽车产销规划见表 1-1。

表 1-1　世界主要汽车市场电动汽车产销规划

国家	规划期/年	新能源汽车产销目标	新能源汽车类型
日本	2020	年销量 200 万辆	混动 120 万辆，纯电动 80 万辆
	2030	年销量的 70%	混合动力，纯电动
德国	2020	保有量 100 万辆	电动汽车
	2030	保有量 500 万辆	电动汽车
法国	2020	累计产量 200 万辆	电动汽车
韩国	2020	电动车普及率 10%	电动车
中国	2020	年产 200 万辆，累计产销 500 万辆	插电式混合动力，纯电动

2. 国内电动汽车发展趋势

中国电动汽车企业成长迅速，骨干企业逐渐形成，并且以自主品牌为主。北汽新能源把战略着力点放在纯电动汽车上，是目前纯电动汽车研发、生产和市场占有率都处在前列的汽车公司。比亚迪汽车在企业的战略布局上明确了"7 加 4"战略，无论是动力蓄电池的研发制造，还是汽车电子智能化，均有建树。江淮汽车采取了独特的电动汽车发展思路，把为老百姓造买得起的电动汽车作为战略目标，在全国市场取得了骄人业绩。从综合实力看，这三家企业是中国电动汽车当之无愧的骨干企业。长安汽车发布了电动汽车战略，准备到 2025

年投入180亿元，推出34款电动汽车产品，到2020年电动汽车累计销量达到40万辆，2025年累计销量突破200万辆。上汽集团计划到2020年在电动汽车上的投入达到200亿元，并实现产销60万辆，其中自主品牌为20万辆的目标。

从"十三五"开始，中国电动汽车产业由起步阶段进入加速阶段。《中共中央关于制定国民经济和社会发展第十三个五年规划的建议》，把新能源汽车推广列入国家的重要计划，提出了市场主导、创新驱动、重点突破、协调发展的工作方针，推动新能源汽车产业成为在国民经济发展中起到战略支撑作用的新兴支柱产业。"十三五"期间新能源汽车发展仍然以电动汽车为核心，向纯电动技术转型，开发电动汽车动力系统技术平台，研发下一代技术，完成电动汽车产业链，支撑电动汽车产业化发展。

《中国制造2025重点领域技术路线图》中提出：到2020年，初步建成以市场为导向、企业为主体、产学研用紧密结合的新能源汽车产业体系，自主新能源汽车年销量突破100万辆，市场份额达到70%以上，打造明星车型，进入全球销量排名前十；动力蓄电池、驱动电机等关键技术达到国际先进水平，在国内市场占有率达到80%。到2025年，形成自主可控完整的产业链，与国际先进水平同步的新能源汽车年销量300万辆，自主新能源汽车市场份额达到80%以上。这个规划强调了自主技术、自主品牌的占有率。自主品牌新能源汽车企业在动力蓄电池方面会更积极主动地采用新材料、新技术，解决电动汽车续驶里程问题，更能够抓住石墨烯等先进领先技术带来的技术创新机遇；在底盘电动化、车身轻量化、智能化、车网融合等方面也将会取得突破性进步。

中国将成为世界最大的新能源汽车市场，成为世界新能源汽车的核心主战场。新能源汽车市场不仅是个人消费主导的市场，更是一个多元化市场，其增长重点不局限于私人消费，在城市物流车、城市出租车及租赁领域，市场前景更加广阔。电子商务有力地拉动了微型电动车、电动物流车在城市物流中的使用。如果中国农村电子商务市场这块肥沃的土地被开发出来，将为新能源汽车进军物流产业提供新的战略市场。在城市出租车领域，多家出租汽车公司已将纯电动汽车作为运营车辆，为新能源汽车发展注入强大的市场拉动力。在城市租赁用车领域，各种新能源汽车租赁公司如雨后春笋般涌现，大力发展新能源汽车租赁公司是实现城市交通便捷化、清洁化的必然选择。

Project 2
项目二
动力蓄电池系统

任务一 动力蓄电池概述

学习目标

1. 了解动力蓄电池的定义、分类及技术参数。
2. 掌握动力蓄电池结构与原理。

知识储备

一、动力蓄电池的定义、分类及技术参数

在国家标准 GB/T 19596—2017《电动汽车术语》中动力蓄电池（Traction Battery）的定义为：为电动汽车动力系统提供能量的蓄电池。

1. 动力蓄电池的分类

动力蓄电池按工作介质可分为锂离子蓄电池、铅酸蓄电池、金属氢化物镍蓄电池（简称镍氢电池）、超级电容器。

2. 电动汽车常用化学电池

在电动汽车上使用的化学电池主要是镍氢电池（MH-Ni）和锂离子蓄电池（简称锂电池）。例如，丰田普锐斯采用镍氢蓄电池，特斯拉采用三元锂电池，北汽新能源 EV160 配备了 ATL 普莱德品牌的磷酸铁锂电池，而北汽新能源 EV200 则配备了韩国 SK 品牌的三元锂电池。

（1）镍氢电池　镍氢电池是 20 世纪 90 年代发展起来的一种新型蓄电池。它的正极活性物质主要由镍制成，负极活性物质主要由储氢合金制成，是一种碱性蓄电池。丰田普锐斯采用的镍氢动力蓄电池组如图 2-1 所示。

镍氢电池具有技术成熟、适合大电流放电、可循环充放电、无污染、耐过充电过放电、使用温度范围宽、安全可靠等特点，被誉为"绿色电源"。但由于其单体电压低，比能量较低，在动力蓄电池领域有被锂电池取代的趋势。

（2）锂电池　锂电池是 1990 年由日本索尼公司首先推向市场的新型高能蓄电池。锂电池具有工作电压高、比能量高、循环使用寿命长等优点，广泛应用在电动汽车中，如图 2-2 所示。

锂电池的负极是储锂材料，电解质是锂盐的有机溶液或聚合物，正极材料主要有钴酸锂、锰酸锂、磷酸铁锂和三元材料等。目前，车用锂电池主要分为磷酸铁锂电池和三元聚合物锂电池。

图 2-1　丰田普锐斯用镍氢动力蓄电池组

图 2-2　锂电池组

1）磷酸铁锂电池。磷酸铁锂电池是指用磷酸铁锂作为正极材料的锂电池,具有循环寿命（100% DOD）达到 800 次以上、使用安全、可大电流快速放电、热稳定性好、金属资源丰富、无记忆效应等特点,很多电动汽车生产厂商选用磷酸铁锂电池。不过,磷酸铁锂电池有一个致命性的缺点,那就是低温性能较差。试验表明：一块容量为 3500mA·h 的电池,如果在 -10℃ 的环境中工作,经过不到 100 次的充放电循环,电量将急剧衰减至 500mA·h,因此电池温度管理成为电动汽车的一项关键技术。北汽新能源 EV160 选用的普莱德磷酸铁锂电池如图 2-3 所示。

2）三元聚合物锂电池。三元聚合物锂电池又简称为三元锂电池,其正极使用镍钴锰酸锂（Li(NiCoMn)O_2）三元材料,具有能量密度大、单体电压高、循环使用寿命（100% DOD）高、热稳定性好等特点。但三元锂材料同时具有容易热解的特性,因此在应用过程中应加强过充电保护（OVP）、过放电保护（UVP）、过温保护（OTP）和过电流保护（OCP）等。北汽新能源 EV200 采用的来自韩国 SK 的三元锂电池组如图 2-4 所示。

图 2-3　北汽新能源 EV160 用磷酸铁锂电池

图 2-4　北汽新能源 EV200 用三元锂电池

3. 化学电池主要的技术参数

电池技术参数关系到整车续驶里程、加速和爬坡等主要性能。作为表征化学电池性能的参数，主要包括电压、容量、荷电状态、放电深度、能量、功率与比功率及循环寿命等。

（1）电压　电压分为开路电压、标称电压和放电截止（终止）电压等。

1）开路电压：蓄电池在开路条件下的端电压。

2）标称电压：由厂家指定的用以标识电池的适宜的电压近似值。

3）放电截止（终止）电压：蓄电池正常放电时允许达到的最高电压。

（2）容量　完全充电的蓄电池在规定条件下所释放出的总容量，单位为A·h。

1）理论容量：假设活性物质完全被利用，蓄电池可释放的容量值。

2）初始容量：新出厂的动力蓄电池，在室温下，完全充电后，以1小时率放电电流放电至企业规定的放电终止条件时所放出的容量（A·h）。

3）额定容量：在规定条件下测得的并由制造商标明的电池容量值。

（3）荷电状态　电池荷电状态（State of Charge，SOC）是当前蓄电池按照规定放电条件可以释放的容量占可用容量的百分比，是电池使用过程中的重要参数。

（4）放电深度　放电深度（Depth of Discharge，DOD）是表示蓄电池放电状态的参数，等于实际放电容量与额定容量的百分比。

（5）能量　电池能量是指电池在一定的放电条件下，对外做功所能输出的电能。用W表示，单位为瓦时（W·h）。

1）理论能量：指电池在一定标准规定的放电条件下，电池所输出的能量，是电池的理论容量与额定电压的乘积。

2）实际能量：是电池放电时实际输出的能量，数值上等于电池实际容量与电池平均工作电压的乘积。

3）比能量：是指单位质量或单位体积的电池所放出的能量，称为质量比能量或体积比能量，也称能量密度，用W'表示，单位为W·h/kg或W·h/L。

（6）功率与比功率　在一定放电制度下，单位时间内电池输出的能量，称为电池的功率，单位为W或kW。单位质量或单位体积电池输出的功率，称为比功率，单位为W/kg或W/L。比功率的大小表征电池所承受的工作电流的大小，是体现电池性能的一项重要指标。

（7）循环寿命　在指定的充放电终止条件下，以特定的充放电制度进行充放电，动力蓄电池在不能满足寿命终止标准前所能进行的循环数。电动汽车用动力蓄电池一般在80%DOD、常温条件下进行循环。单体蓄电池的寿命并不能代表电池系统的寿命，电池成组后，由于温度、一致性、使用环境等原因，其使用寿命比单体蓄电池的循环寿命要低得多，正常情况下电池组的寿命仅有单体蓄电池寿命的50%~80%。

（8）自放电与荷电保持能力　电池在开路时存在自放电现象。电池的荷电保持能力是指在规定条件下，电池开路时保持荷电的能力。

自放电率的表达式为

$$R_Z = \frac{C_0 - C_n}{C_n T} \times 100\%$$

式中，C_0为电池存放前的容量（A·h）；C_n为电池存放后的容量（A·h）；T为电池存储的时间。

(9) 充电效率 库仑效率与能量效率的总称。充电效率受充电电流、温度等多种因素影响。一般情况下,初期充电效率很高,约为90%;充电后期由于电池充电接受能力下降、极化等因素,充电效率快速下降;充电电流太小,充电效率下降;低温和高温充电,充电效率都会下降。

(10) 内阻 蓄电池中电解质、正负极群、隔膜等电阻的总和。

内阻与电池荷电状态、使用寿命状态、温度、充放电电流等因素有关,无法用常规的方法进行精确测量,目前电池内阻测量方法主要有直流放电内阻测量法和交流压降内阻测量法两种。

(11) 低温放电能力 动力蓄电池在高温情况下的放电容量与常温放电接近甚至略高。但在低温条件下,其放电能力受到限制。低温放电能力一般为电池在常温条件下充满电后,在规定的温度(-20℃或-30℃)下搁置一段时间,按照规定的电流放电到终止电压所能放出的容量占常温容量的百分比。

(12) 不一致性 不一致性是指同一规格、同一型号电池在电压、内阻、容量、充电接受能力、循环寿命等参数方面存在的差别。由于不一致性的影响,动力蓄电池组在电动汽车上使用性能指标往往达不到单体蓄电池原有水平,使用寿命可能缩短数倍甚至十几倍,严重影响电动汽车的性能和应用。

4. 动力蓄电池的比较

镍氢电池和锂电池的性能比较见表2-1。

表2-1 镍氢电池和锂电池的性能比较

参 数 名 称	镍氢电池	锂电池
单体蓄电池电压/V	1.2	3.2 ~ 3.7
比能量/(W·h/kg)	60 ~ 90	70 ~ 160
循环寿命(100% DOD)/次	≥400	≥600
放电率/(%/月)	20 ~ 35	6 ~ 8
快速充电能力	较好	好
耐过充电能力	强	差
记忆效应	无	无
环境污染	微小	微小
使用温度范围/℃	-20 ~ +50	-20 ~ +55
价格/(元/(W·h))	2 ~ 7	2 ~ 7

各类锂电池的性能比较见表2-2。

表2-2 各类锂电池的性能比较

项 目	钴酸锂	锰酸锂	三元锂	磷酸铁锂
电压/V	3.6 ~ 3.7	3.6 ~ 3.7	3.6 ~ 3.7	3.2 ~ 3.3
比能量/(W·h/kg)	>150	>100	>140	>70
循环寿命(100% DOD)/次	>600	>600	>600	>800
安全性	低	较高	较高	高

（续）

项　目	钴酸锂	锰酸锂	三元锂	磷酸铁锂
热稳定性	不稳定	较稳定	较稳定	稳定
过渡金属资源	贫乏	较丰富	较丰富	丰富
原料成本	昂贵	较低	较低	低

5. 其他类型动力蓄电池

（1）燃料电池　以氢-氧型燃料电池为例，其基本原理是氢氧反应产生的化学能转化为电能，如图2-5所示。燃料电池基本原理相当于电解反应的可逆反应。燃料及氧化剂在电池的阴极和阳极上借助催化剂的作用，电离成离子，离子通过两电极间的电解质在电极间迁移，在阴极、阳极间形成电压。燃料的化学能直接转换为电能，不需要进行燃烧，能量转换率可达60%~80%。

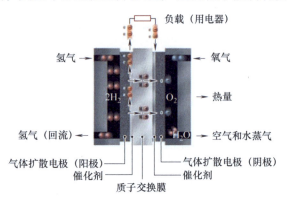

图2-5　燃料电池的结构与原理

燃料电池因其燃烧效率高、质能比大、供电时间长、使用寿命长、可靠性高、噪声低及不产生有害排放物NO_2等优点而引起关注。与内燃机汽车相比，氢燃料电池电动汽车有害气体的排放量减少约99%，CO_2生成减少约75%，燃料电池能量转换效率约为内燃机效率的2.5倍，这种电池将有可能成为继内燃机之后的汽车最佳动力源之一。

（2）超级电容器　至少有一个电极主要是通过电极/电解质界面形成的双电层电容或电极表面快速氧化还原反应形成的赝电容实现储能的电化学储能器件。

超级电容器通过极化电解质来储能，在其储能的过程中不发生化学反应，可以反复充放电数十万次。超级电容器可以被视为悬浮在电解质中的两个无反应活性的多孔电极板，在极板上加电，正极板吸引电解质中的负离子，负极板吸引正离子，形成两个容性存储层，被分离开的正离子在负极板附近，负离子在正极板附近，如图2-6所示。

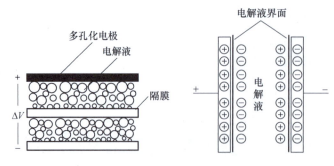

图2-6　超级电容器

（3）飞轮电池　飞轮电池是20世纪90年代才提出的新概念蓄电池，当飞轮以一定角速度旋转时，它就具有一定的动能。飞轮电池是一种以动能方式储存能量的机械蓄电池，包括电机、功率转换、电子控制、飞轮、磁浮轴承和真空壳，具有高比能量、高比功率、长寿命和环境适应性好等特点。

保时捷 918 Spyder 装备的飞轮电池如图 2-7 所示。当飞轮转速上升时，电池为储能状态；转速下降时，电池为供能状态。

图 2-7　保时捷 918 Spyder 装备的飞轮电池

（4）生物电池　生物电池是利用生物（如生物酶、微生物或叶绿素等）分解反应过程中表现出来的带电现象所进行的能量转换，包括酶电池、微生物电池和生物太阳能电池等。生物燃料电池不需要进行废气处理，它所产生的废气的主要组分是 CO_2。

SONY 公司在 2011 年年底于东京举行的环保用品展（Eco-Product 2011）上拿出了一种新的电池样品，利用纤维素酶使纸中的纤维素转换为葡萄糖，然后再使葡萄糖氧化发电。该电池所产生的动力可供一台小风扇使用。基于纤维素酶的生物电池如图 2-8 所示。

二、动力蓄电池的结构与原理

1. 镍氢电池

（1）镍氢电池的结构　镍氢电池由正极、负极、隔膜、碱性电解质和外壳等组成。正极的活性物质为氢氧化亚镍（$Ni(OH)_2$），充电后变为羟基氧化镍（NiOOH）；负极的活性物质为储氢合金（M），充电后变为金属氢化物（MH）；隔膜采用接枝聚丙烯；电解液使用以 KOH 为主并少量添加 NaOH、LiOH 组成的水溶液。

图 2-8　基于纤维素酶的生物电池

镍氢电池一般有方形和圆柱形两种结构，方形包括塑料壳和金属壳两种。方形电池的组成结构如图 2-9 所示。

1）安全阀：用于完成电池的密封，当电池内部压力过大时安全阀开启，释放气体，降低电池内部压力，提高电池安全性。

2）绝缘垫：实现电池极柱与电池壳体之间的绝缘。

3）正、负电极：电池反应的主体，电池的能量储存在正、负电极。

4）隔膜：隔离正、负电极，储存电解液，提供离子通道，阻隔电池内部正负电极之间电子的通道。

方形电池极组由多片负极、多片正极和隔膜叠片组成。通常负极比正极要多一片,极组的最外侧两片电极均为负极片。

圆柱形电池同样包括电池壳体、正极、负极、隔膜和安全阀等。圆柱形电池极组一般由单个正、负极片和隔膜卷绕形成,结构如图2-10所示。

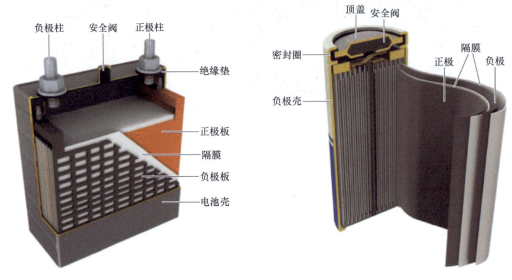

图2-9 方形镍氢电池结构　　图2-10 圆柱形镍氢电池结构

在应用过程中,由于活性物质的结构变化,电极会发生膨胀,圆柱形电池的耐压程度要远高于方形电池,所以一般圆柱形电池的安全阀开启压力要比方形电池高得多。方形电池在应用中容易发生膨胀,组合应用时需要采取防膨胀措施。

(2)镍氢电池的工作原理　镍氢电池以金属氢化物(MH)为负极,氢氧化亚镍为正极,氢氧化钾溶液为电解液。正负极的充、放电反应见表2-3。

表2-3　镍氢电池正负极的充、放电反应

反应过程	正　极	负　极
充电	$Ni(OH)_2 + OH^- - e^- \longrightarrow NiOOH + H_2O$	$M + H_2O + e^- \longrightarrow MH + OH^-$
过充电	$4OH^- - 4e^- \longrightarrow 2H_2O + O_2\uparrow$	$2H_2O + O_2 + 4e^- \longrightarrow 4OH^-$
放电	$NiOOH + H_2O + e^- \longrightarrow Ni(OH)_2 + OH^-$	$MH + OH^- - e^- \longrightarrow M + H_2O$
过放电	$2H_2O + 2e^- \longrightarrow 2OH^- + H_2\uparrow$	$H_2 + 2OH^- - 2e^- \longrightarrow 2H_2O$
电极电位/V	约 0.390	约 -0.928

镍氢电池充电的总反应式为:

$$M + Ni(OH)_2 \longrightarrow MH + NiOOH$$

理论电压:$U = \phi(+) - \phi(-)$,即 $U = 0.390 - (-0.928) = 1.318(V)$。

式中,U是理论电压(V),$\phi(+)$是正极电位(V),$\phi(-)$是负极电位(V)。

镍氢电池在正常工作条件下的电压约为1.2V,所以其标称电压一般按1.2V来计算。一一般由于电池本身各部分存在内阻以及极化内阻的存在，在充电过程中，电池电压要高于理论电压，放电过程中，电池电压要低于理论电压。镍氢电池充放电原理如图2-11所示。

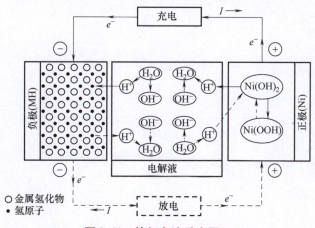

图 2-11 镍氢电池反应原理

从反应式可以看出，在反应过程中，只有质子在正极、负极间转移，水参与正负极的单电极反应，但在整个反应过程中，不存在水的消耗，所以电池可实现免维护。镍氢电池的充电反应是放热反应，即在充电过程中会产生热量，使电池温度逐渐上升。

镍氢电池充电时，正极上的 Ni(OH)$_2$ 转变为 NiOOH，质子在 NiOOH/Ni(OH)$_2$ 中的扩散系数小，这是氢氧化亚镍电极充电过程的控制步骤。在负极，析出的氢原子吸附在储氢合金表面，形成吸附态金属氢化物 MH$_{ab}$，然后再扩散到储氢合金内部，形成金属氢化物 MH。氢原子在储氢合金中的扩散速率较慢，扩散系数一般只有 $10^{-8} \sim 10^{-7}$ cm/s，因此，氢原子扩散是储氢合金负极充电过程的控制步骤。过充电时，由于镍氢电池是正极限容（正极容量小于负极的容量），正极会产生 O_2，并通过隔膜扩散到负极，由于负极电动势低，在储氢合金的催化作用下又生成 OH^-，总反应为零。因此过充电时，KOH 浓度和水的总量保持不变。

镍氢电池放电时，NiOOH 得到电子转变为 Ni(OH)$_2$，金属氢化物内部的氢原子扩散到表面形成吸附态的氢原子，再发生电化学氧化反应生成水。正极质子和负极氢原子的扩散过程仍然是放电过程的控制步骤。过放电时，正极上的 NiOOH 已经全部转变成 Ni(OH)$_2$，这时 H_2O 便在镍电极上还原生成 H_2，而在负极上会发生 H_2 的电化学氧化，又成 H_2O。这时电池总反应的净结果仍为零。但是过放电时，镍电极出了反极现象，镍电极电势反而比氢电极电势更负。

在镍氢电池充、放电反应中，储氢合金担负着储氢和在其表面进行电化学催化反应的双重任务。在过充电和过放电过程中，由于储氢合金的催化作用，可以消除产生的 O_2 和 H_2，从而使镍氢电池具有耐过充电、过放电的能力。但随着充放电循环的进行，储氢合金会逐渐失去催化能力，电池的内压会逐渐升高。

水溶液电解质蓄电池在充电过程中都会或多或少地析出气体。对于排气式电池，产生的气体会通过排气阀逸出，电池内部的气体几乎没有压力。对于密封式电池，镍氢电池在充电期间产生的气体仅部分会在电池内部消耗掉，另一部分气体会在电池中积累，导致电池的内部压力上升。

镍氢电池中的析氢、析氧反应是由与电极电势有关的热力学参数决定的，镍氢电池中气体析出和消除与电极电动势的关系如图 2-12 所示。

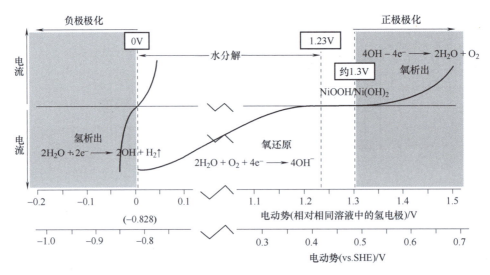

图 2-12　镍氢电池中气体析出和消除与电极电动势的关系

2. 锂电池

（1）锂电池的结构　锂电池根据正极材料的不同，分为钴酸锂电池、锰酸锂电池、磷酸铁锂电池和三元锂电池等；按照电池内电解质的不同状态可分为聚合物锂电池、液态电解质锂电池等；按照封装形式分为方形、圆柱形、软包结构三种类型。其中方形又有塑料外壳和金属外壳两种封装。方形和圆柱形锂电池的结构如图 2-13 所示。由于锂电池活性物质与镍氢电池的活性物质相比导电性相对较差，为提高电池性能，锂电池电极很薄，通常在 100~200μm。

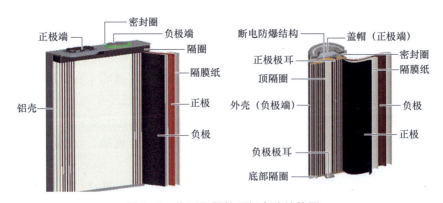

图 2-13　方形和圆柱形锂电池结构图

负极在放电时发生氧化反应，应用较多的负极材料是锂离子嵌入碳化合物，常用的有 PC（石油焦）、MCMB（中间相碳微球）、CF（碳纤维）、石墨、Li_xC_6（锂-碳层间化合物）、Li_3TiO_3（钛酸锂）等。为提高电池的输出电流，采用薄电极设计，负极基体材料（负极集流体）为铜箔。电池负极材料的晶体结构，在锂离子迁移过程中会出现变化，过充电会导致负极晶格堵塞,过放电会导致负极晶格塌落,因此锂电芯不能单独使用,必须与充放电控制电路组合使用。负极基体材料如图 2-14 所示。

正极在放电时发生还原反应,采用锂化合物 Li_xCoO_2(钴酸锂)、Li_xMnO_2(锰酸锂)、$LiFePO_4$(磷酸铁锂)、$Li(NiCoMn)O_2$(镍钴锰酸锂)三元材料等,通常正极基体材料(正极集流体)为铝箔,如图 2-15 所示。

图 2-14 负极基体材料　　　　　图 2-15 正极基体材料

电解液电解质是含锂盐的有机溶液,为离子运动提供运输介质,一般用 $LiPF_6$(六氟磷酸锂)、$LiAsF_6$(六氟合砷酸锂)等的混合溶液,形态有液体、胶体和固体。

隔膜通常使用微孔聚丙烯或微孔乙烯或两者的复合膜,孔径一般在 0.03~0.12μm。允许锂离子往返通过,阻止电子通过,在正负极之间起绝缘作用。

方形锂电池结构与镍氢电池基本相同。根据电池的大小及制作工艺,方形锂电池和软包电池的极组结构可以是卷绕式或叠片式的。

圆柱形锂电池壳体与镍氢电池基本一样,但安全阀有所不同,主要由上盖帽、PTC 过电流保护片、防爆半球面铝膜、下底板等组成。安全阀结构如图 2-16 所示,下底板一端与电池正极极耳焊接连接,是正极片与外部连接的过渡;另一端与防爆半球面铝膜点焊连接。防爆半球面铝膜有

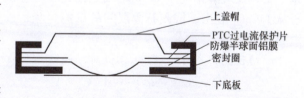

图 2-16 安全阀结构图

两大功能,一是当电池内压增大到一定值后,向内凹曲面受力后变成向外凸出,使防爆半球面铝膜与极耳的焊接点拉裂断开,与电池外界形成开路,电池的过充电保护功能开始作用;二是电池内压增大到超过防爆铝膜刻痕处受力极限时,防爆铝膜破裂,电池开启,内部气体从破裂处泄出。圆柱形锂电池的外壳一般为镀镍钢(同时作为负极的集流体),正极盖帽一般为铝。

(2)锂电池的工作原理　无论何种类型的锂电池,其基本工作原理是一样的,如图 2-17 所示。锂电池实际上是一种浓差电池,充电时,Li + 从正极脱嵌经过电解质嵌入到负极,负极处于富锂态,正极处于贫锂态,同时电子的补偿电荷从外电路供给到碳负极,保持负极的电平衡。放电时则相反,Li + 从负极脱嵌,经过电解质嵌入到正极,正极处于富锂态。

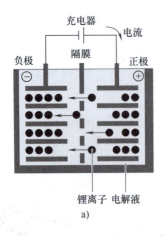 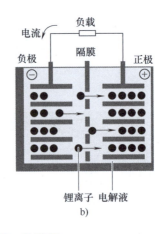

图 2-17 锂电池工作原理
a) 充电过程　b) 放电过程

典型的锂电池充放电过程如图 2-18 所示，在充电过程中，正极中的锂离子从钴酸锂等过渡金属氧化物的晶格中脱出，经过电解液嵌入碳素材料负极的层状结构中，在这一过程中，过渡金属被氧化并释放出电子。负极材料与锂离子发生嵌入反应或合金化反应。

在放电过程中，锂离子从碳素材料层间脱出，经过电解液到达正极并嵌入正极材料的晶格中，电极材料的结构得以复原。在这一过程中，负极中的锂被氧化，释放出电子。

在循环过程中，正极材料是提供锂离子的源泉。下列反应式描述了 $LiCoO_2/C$ 电池充电时锂离子从 $LiCoO_2$ 脱出，嵌入石墨层间的反应过程，放电时与之相反。

$$LiCoO_2 \longrightarrow Li_{1-x}CoO_2 + xLi^+ + xe^-$$
$$6C + xLi^+ + xe^- \longrightarrow Li_xC_6$$

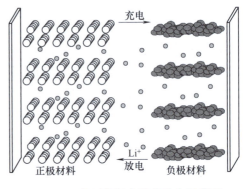

图 2-18 典型的锂电池充放电示意图

在正常充放电情况下，锂离子在层状结构的碳材料和金属氧化物的层间嵌入与脱出，一般只引起层间距的变化，而不会引起晶体结构的破坏，伴随充放电的进行，正、负极材料的化学结构基本保持不变。

电池反应过程中无电解液的消耗，也无气体等产生，仅为锂在正负极之间移动，所以电池可做成完全密封结构。另外，在正常条件下，电池充放电过程中无副反应发生，所以锂离子电池的充电效率可以达到很高，甚至 100%。

知识拓展

隔　　膜

隔膜是锂离子电池关键内层组件之一，被称为第三极。隔膜材料本身具有微孔结构，孔径一般在 0.03～0.12μm。隔膜在吸收电解液状况下，可隔离正、负极，以防止短路，同时允许锂离子穿过微孔，但不放电子通过。在过度充电导致温度升高时，隔膜通过闭孔来阻隔离子传导，防止热失控导致爆炸。隔膜性能决定电池的界面结构和内阻，进而影响电池的容量、循环性能、充放电电流密度等关键特性。锂电池隔膜主要性能要求有：

（1）厚度均匀性　隔膜厚度均匀性直接影响隔膜卷的外观质量以至内在性能，是生产过程严加控制的质量指标之一。隔膜的厚度均匀性包括纵向厚度均匀性和横向厚度均匀性。其中横向厚度均匀性尤为重要，一般均要求控制在 1μm 以内，现已能控制在 0.5μm 以内。

（2）力学性能　隔膜的力学性能是影响其应用的一个重要因素，如果隔膜破裂，就会发生短路，因此要求隔膜在电池组装和充放电使用过程中，需要具有一定的机械强度。隔膜的机械强度可用抗穿刺强度和拉伸强度来衡量。

（3）透过性能　透过性能可用在一定时间和压力下，通过隔膜气体量的多少来表征，主要反映锂离子透过隔膜的通畅性。隔膜透过性的大小是隔膜孔隙率、孔径、孔的形状及孔曲折度等隔膜内部孔结构综合因素影响的结果。

（4）理化性能　主要包括润湿性、化学稳定性、热稳定性和安全保护性。

（5）闭孔温度和破膜温度　闭孔温度是微孔闭合时的温度，即为闭合温度。电池内部发生放热反应、过充电或者电池外部短路时，都会产生大量的热量。由于聚烯烃材料的热塑性，当温度接近聚合物熔点时，微孔闭合形成热关闭，从而阻断离子的继续传输而形成断路，起到保护电池的作用。一般 PE（聚乙烯）闭孔温度为 130～140℃，PP（聚丙烯）闭孔温度为 150℃。破膜温度是指电池内部自热，外部短路使电池内部温度升高，超过闭合温度后微孔闭塞阻断电流通过，热熔性能温度进一步上升，造成隔膜破裂、电池短路时的温度。破膜温度高一些较好，目前可以做到 200℃。PE、PP 多层隔膜融合了 PE 的低温闭合和 PP 的高温破膜温度两种特性，为锂电池厂家尤其是动力蓄电池厂家提供了新的可靠的安全保障。

任务二　动力蓄电池组结构组成

1. 了解电芯的型号规格。
2. 掌握电池组的组合方式。
3. 熟悉电池的并联数量与串联数量的选用流程。
4. 熟悉动力蓄电池组常用系统技术。

一、动力蓄电池成组（PACK）概述

自电动汽车诞生以来，动力蓄电池技术一直制约着电动汽车的推广普及。动力蓄电池技术（包括电芯技术、成组技术和蓄电池管理系统技术）是连接整车和动力蓄电池研发生产的技术纽带和桥梁。

1. 电芯型号与规格

在电池成组（PACK）时，一般把未组装的电池叫作电芯，而把连接上 PCM 板、有充放控制等功能的成品叫做电池。

根据 IEC 61960—2017《含碱性或其他非酸性电解液的二次电池单体和电池：便携式锂二次电池单体或电池》规定，单体蓄电池命名规则如图 2-19 所示。

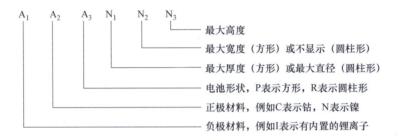

图 2-19 单体蓄电池命名规则

对于方形电芯，如 ICP 383450 型号，就是指实体部分厚 3.8mm、宽 34mm、高度（长度）50mm 的方形锂离子电芯，如图 2-20 所示。

对于圆柱形电芯，如 ICR 18650 型号，就是指直径 18mm、高度 65mm 的通用 18650 圆柱形锂离子电芯，如图 2-21 所示。

2. 电池组的组合方式

一般，将单体蓄电池通过串联或并联构成一个电池模块，再将若干电池模块通过串联或并联组合成动力蓄电池组使用，以满足电动汽车对电压和电流的需要。

（1）串联　n 个单体蓄电池通过串联构成电池模块时，电池模块的电压为单体蓄电池电压的 n 倍，而模块的容量为单体蓄电池的容量。若电池模块中单体蓄电池的容量不一致，则电池模块的容量取决于容量最低的单体蓄电池。电池模块的内阻理论上为单体蓄电池的 n 倍，由于单体蓄电池的不一致性，通常都稍大于这一数值，如图 2-22 所示。

（2）并联　电池并联方式通常用于满足大电流的工作需要。m 个单体蓄电池通过并联构成电池模块时，电池模块的容量为单体蓄电池容量的 m 倍，电池模块的电压为单体蓄电池的电压。若电池模块中单体蓄电池的电压不一致，则电池模块的电压取决于电压最低的单体蓄电池。电池组的内阻理论上为单体蓄电池的 $1/n$，但通常都大于这一数值，如图 2-23 所示。

项目二 动力蓄电池系统

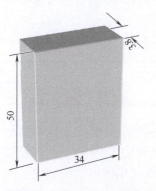

图 2-20　ICP 383450 型号

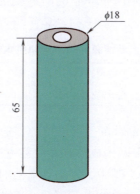

图 2-21　ICR 18650 型号

图 2-22　电池串联示意图

（3）串并结合　串并结合能够满足电池模块既提供高电压又要有大电流放电的工作条件。"先串后并"还是"先并后串"取决于电池的实际需求，通常情况下电池并联的工作可靠性高于串联，如图 2-24 所示。

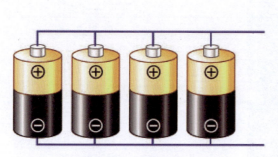

图 2-23　电池并联示意图

图 2-24　电池串并结合示意图

3. 电池的并联数量与串联数量的选用

每个车型有不同的设计要求，需要根据具体车型适配不同容量的电池组，进而确定串并联形式和电芯规格等。首先分析车辆的设计要求，如最高车速、最高车速持续时间、加速时间、整备质量、满载质量、最大爬坡度、迎风面积等，由此可以计算出风阻、轮胎变形阻力、坡道阻力、加速时驱动力等；进而计算出电机驱动力和额定功率与最大功率；从电机功率计算出动力蓄电池最大功率以及容量；确定满足用户的续驶里程需要的总安时数和总瓦时数；进而选择电芯材料、规格、并联电芯数和串联电池组数。

北汽新能源 EV200 的整车技术参数见表 2-4。

表 2-4　北汽新能源 EV200 整车技术参数表

整备质量/kg	1295
最大爬坡度/(%)	≥25
最高车速/(km/h)	125
0~50km/h 加速时间/s	4.7
0~80km/h 加速时间/s	9.7

根据车辆的整车技术参数，计算出所需电机的额定功率、额定转矩等。北汽新能源 EV200 的电机技术参数见表 2-5。

表 2-5　北汽新能源 EV200 电机技术参数表

驱动电机	功率（额定/峰值）/kW	30/53
	转矩（额定/峰值）/(N·m)	102/180

北汽新能源 EV200 选用韩国 SK 品牌的三元锂电池，通过 3 个软包单体电芯并联构成一个电池模块，然后将 91 个电池模块串联构成整车动力蓄电池组（简称为 3P91S）。北汽新能源 EV200 的动力蓄电池参数见表 2-6。其中，动力蓄电池的额定电压 = 单体电芯额定电压 × 单体电芯串联数；动力蓄电池的容量 = 单体电芯容量 × 单体电芯并联数量；动力蓄电池总能量 = 动力蓄电池的额定电压 × 动力蓄电池的容量。

表 2-6　北汽新能源 EV200 动力蓄电池参数表

电池品牌	SK
电池材料	三元锂电池
电芯容量/(A·h)	NCM/Gr. 30.5
电池容量/(A·h)	(3p) 91.5
电芯工作电压范围/V	3.0 ~ 4.15
电芯的额定电压/V	3.65
电池包额定电压/V	332（3.65×91）
电压范围/V	270 ~ 377
总电量/(kW·h)	30.4
电池系统循环寿命（90% DOD）	≥3000
工况续驶里程（NEDC）/km	200
等速续驶里程（60km/h）/km	245
百公里耗电量（kW·h/100km）/(kW·h)	15

成组的北汽新能源 EV200 动力蓄电池包如图 2-25 所示。

电池并联和串联后，必须解决以下问题：高压母线绝缘安全检测；正负母线对负载端上电控制；预上电过程检测与控制；正负母线接触器、预充接触器触点开闭状态检测；母线电流、电压的过电流、过电压检测控制；电池放电电流与电压计算；电芯电压巡检判断，最高电压电芯、最低电压电芯、差值计算；电池温度检测；电池容量 SOC 检测计算；电池健康状况 SOH 计算；充电请求计算，电池充电次数累计；电池数据的存储；电池数据与整车控制器、充电机、数采终端、仪表显示通信；故障存储与上报。为此，根据电池的具体情况进行电池的有效管理是关键所在，蓄电池管理系统技术也是电动汽车的关键技术。

4. 电池成组（PACK）工艺流程

动力蓄电池成组是将各单体蓄电池进行串并联且与保护控制板、充放电端口及外壳等组装在一起。电池成组时，主要考虑以下几个方面。

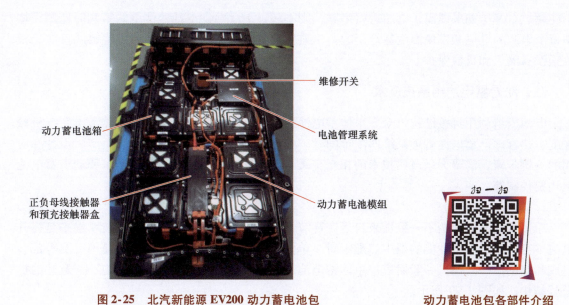

图 2-25 北汽新能源 EV200 动力蓄电池包

动力蓄电池包各部件介绍

（1）安全性　组装时选用阻燃材料。

（2）密封性　电池组在潮湿或有雨淋等环境会造成电池包功能故障，甚至可能有安全隐患，因此要求必须有良好的密封。

（3）散热性　一方面电池组在充放电过程中发热，另一方面电路中的电子器件发热和电池包的使用环境（如夏天太阳的照射），所以要尽量减少散热源，同时进行散热结构设计。

（4）减振性　选用 CR 泡棉，兼顾阻燃性能和机械强度性能；另外大电流线的布局一定尽量短，结构要优化设计。

在进行设计时，上述各方面都要考虑，好的设计可以兼顾上述几个方面，甚至可以省掉其他措施。电池成组的一般工艺流程如图 2-26 所示。

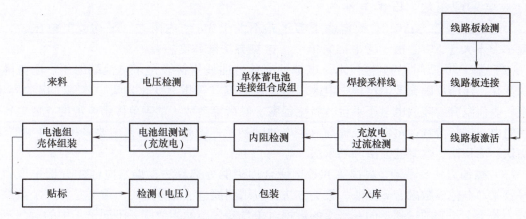

图 2-26　电池成组的一般工艺流程

动力蓄电池的组装首要的是模块化处理。电池模块由 n 个电芯组成一个物理、化学和逻辑单位，每个模块须包含电芯、电压插接器、传感器和部分热管理系统。每个模块电压最大不能超过60V（如果锂离子电芯进行串联，则不超过16个）。电池监测电路需实时监测模块中每个电芯的电压和模块温度甚至压力。为避免热失控或单个电芯爆炸时发生链式反应，模块须设有隔热和机械保护。

二、动力蓄电池组系统技术

电池成组利用机械结构将众多单体蓄电池通过串并联的方式连接起来，并考虑系统机械强度、热管理、蓄电池管理系统匹配等问题。电池成组作为动力蓄电池系统生产、设计和应用的关键步骤，需要大量成熟技术的相互交叉与协作，主要包括电池分选技术和动力蓄电池组均衡控制等。

1. 电池分选技术

单体蓄电池的初始不一致性来自生产环节，提高电池的生产制造工艺和技术水平是提升电池本身及成组应用性能的根本。配组时，单体蓄电池的数量、连接方式及使用工况等都会造成和加剧不一致性。一般而言，单体蓄电池越多，一致性差别越大，使用中不一致性的扩散就越快，如图2-27所示。

在已有的技术水平下，通过配组时电池的分选降低电池的初始不一致性、通过使用过程中的检测和控制减缓不一致性的扩散是改善电池成组应用特性、提高动力蓄电池使用效率的必要手段。

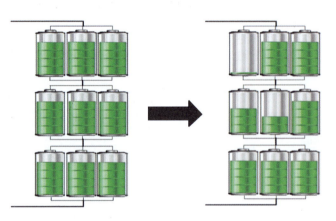

图2-27 电池不一致性扩散示意图

（1）基于性能参数的分选技术 目前，生产厂家主要依据容量、内阻、电压和自放电率等参数进行电池分选配组，相应的有静态容量配组法、内阻配组法、电压配组法和自放电率配组法。以锂电池为例，一般分选条件为：0.2C放电率下容量差不大于3%，内阻差、平均放电电压差、自放电率差不大于5%。由于考虑因素单一，这类方法准确度较差。

（2）基于动态特性的分选技术 电池的充放电曲线直接表达了电池端电压、电流随时间的变化，还能反映充放电过程中电池内阻、表面温升等指标变化，集中体现了电池容量、内阻、表面温升、充放电电压平台、极化程度、寿命等参数。基于单体蓄电池的充放电特性曲线对电池进行分选，可以大大提高成组电池的初始一致性。目前，主要采用的有阈值法、轮廓法、面积法、数字滤波法和斜率法等。

（3）数值方法 基于模糊决策和数据融合理论的分选算法在镍氢电池的分选中取得了良好效果。电池参数融合分类法、聚类方法也应用到锂电池的分选中。聚类是将一个数据集划分为若干个子集的过程，同一子集的数据对象具有较高的相似度，不同子集中的对象不相似，基于数据对象的属性取值确定相似度。

2. 动力蓄电池组均衡控制

目前，动力蓄电池组均衡控制方法主要有以下几种：

（1）并行平衡充电　电池组中每个单体蓄电池都有独立的充电线路，实现各个单体蓄电池的独立充电而互不干扰，但这种方法接线复杂且成本较高。

（2）并联开关法　在充电回路中，每个单体蓄电池都并联一个受控开关，当单体蓄电池电压高于其他电池时，开关闭合使该单体蓄电池暂停充电。当其他电池电压与它相同时断开开关，恢复正常充电。这种方法控制电路复杂且可靠性不高。

（3）能量转移法　利用电感或电容储能元件，将各单体蓄电池上的电量进行转移。这种均衡方案中，均衡模块通过开关管组成的开关网络与电池组并联。采用电感的能量转移方案通过总充电电流的分流来实现，采用电容的能量转移方案通过开关切换将相邻两节电池中能量较高的一节向能量较低的转移。能量转移法不额外消耗能量，是一种无损均衡方案。但这种均衡方案电路中采用的开关管一般都是大功率器件，存在驱动问题，同时控制电路也较为复杂。

（4）电阻并联均衡方案　这种均衡方案是一种能耗型均衡方案。具体实施方法是每个单体蓄电池都并联一个电阻，通过电池组内单体蓄电池的自消耗放电来达到电池组电压的一致性。这种方法受均衡电阻发热的限制，一般均衡电流较小，充电电流较大时难以达到预期的均衡效果。

蓄电池管理系统（BMS）

1. 掌握蓄电池管理系统的定义和基本功能。
2. 掌握动力蓄电池荷电状态估算。
3. 掌握蓄电池管理系统的结构形式和结构组成。
4. 了解蓄电池管理系统的工作模式。
5. 了解蓄电池管理系统的热管理。

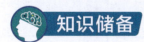

一、蓄电池管理系统（BMS）功能

1. 蓄电池管理系统（BMS）定义

在国家标准 GB/T 19596—2017《电动汽车术语》中蓄电池管理系统（Battery Management System，BMS）的定义为：监视蓄电池的状态（温度、电压、荷电状态等），可以为蓄电池提供通信、安全、电芯均衡及管理控制，并提供与应用设备通信接口的系统。

BMS 作为动力蓄电池与 VCU 以及驾驶员沟通的桥梁，通过控制接触器控制动力蓄电池组的充放电，并向 VCU 上报动力蓄电池系统的基本参数及故障信息。BMS 不仅要保证电池安全可靠地使用，而且要充分发挥电池的能力和延长电池的使用寿命，是电池保护和管理的核心部件。

2. 蓄电池管理系统（BMS）基本功能

BMS 实时监测动力蓄电池的电压、电流、温度、绝缘等参数，根据检测参数进行热管理、电池均衡管理、荷电状态（SOC）计算和电池健康状态（SOH）诊断等，充电过程中控制最佳充电电流，通过 CAN 总线接口与 VCU、MCU、车载显示系统等进行实时通信。BMS 的简易框图如图 2-28 所示，基本功能如图 2-29 所示。

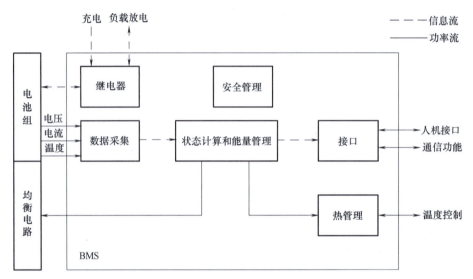

图 2-28 BMS 的简易框图

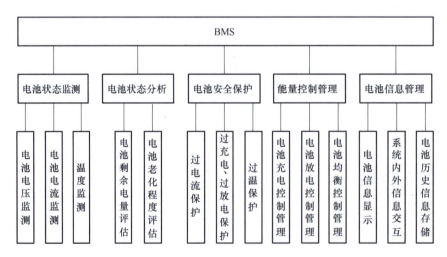

图 2-29 BMS 的基本功能

BMS 的主要功能有：

（1）动力蓄电池状态监测　实时采集电动汽车动力蓄电池中的每个电池模块的端电压、充放电电流、电池组总电压及温度等。通过软件分析单体蓄电池状态，有效预测单体蓄电池的供电性能，及时发现性能劣化的故障电池，为电池组精细维护提供测量依据，保证电池安全无故障运行、降低维护人员的劳动强度,提高了工作效率和测试的安全性、可靠性。

(2) SOC 分析　准确估测动力蓄电池组的 SOC,从而随时预报电动汽车储能电池还剩余多少能量或储能电池的 SOC,使电池的 SOC 值控制在 30%~70% 的工作范围内。

(3) 安全保护　当电池电量过低需要充电时,及时发布充电提示信息,防止电池过放电而损害电池的使用寿命;根据电池 SOC 限制充电电流或放电电流,防止过充电或过放电;当电池组的温度过高或过低时,对电池组进行热管理,以保证电池正常工作。

(4) 一致性补偿　当电池之间有差异时,有一定的措施进行补偿,并用一定的手段来显示性能不良的电池位置,以便修理替换。一般采用充电补偿功能,设计有旁路分流电路,以保证每个单体都可以充满电,这样可以减缓电池老化的进度,延长电池的使用寿命。

(5) 通信功能　通过 CAN 总线建立 BMS 与 VCU、MCU、车载充电机及显示仪表之间的通信。

(6) 电池组的热平衡管理　蓄电池热管理系统是 BMS 的有机组成部分,其功能是通过风扇等冷却系统和 PTC 加热装置使电池温度处于正常工作温度范围内。热管理的根本目的是维持单体蓄电池间的温度均衡,避免由于温度不均衡而使电池的不一致性进一步扩散,从而提高电池组的寿命。

3. 电池荷电状态 SOC 估算

SOC 估算是反映过充电或过放电的主要依据,一定程度上把握着电池的健康信息。动力蓄电池内部的高度非线性以及电池组内部的不一致性决定了 SOC 的估算难度。准确地估算电池的 SOC 数值是 BMS 的关键性技术之一。

SOC 估算方法及其各自特点见表 2-7。SOC 估算流程示意图如图 2-30 所示。

表 2-7　SOC 估算方法及特点

估算方法	描　述	优　点	缺　点
开路电压法	通过电池的开路电压和电池放电深度之间固定的对应关系估算 SOC	通过实时采样电池放电时的端电压,查表求 SOC,方法简单易行,可以直接比较准确地得到 SOC	需要大量的电池充放电试验来存储足够多的典型数据;电池需要长时间静置,不能用于动态估算电池的 SOC
安时计量法	通过对电池充电或放电时准确的电流时间累计来估算电池的 SOC	在有足够的估算起始点可供查表使用时是一种简单、准确可靠、适用范围广的方法	需要较多的电池先验知识,电池积分因测量精度会导致累计误差;对干扰比较敏感,受温度、电池放电倍率影响较大
电阻检测法	通过计算电池的内阻来推算电池的 SOC	理论简单,易操作,只考虑电池放电电流和内阻两个基本因数;在电池放电后期具有较高的精度和较好的适应性	SOC 与电阻参数之间的关系复杂,对电池模型要求精确,用传统的数学方法很难建模;且只适应低 SOC 状态
放电实验法	通过对电池恒流连续放电,放电电流和放电时间的乘积即为剩余电量	方法简单可靠,估算精度高	需要时间较长;测量时电池需处于脱机状态,无法在线实时测量

(续)

估算方法	描 述	优 点	缺 点
卡尔曼滤波法	将电池看作动力系统,将SOC作为系统的一个内部状态做出最小方差意义上的最优估计	可以得到SOC的估计值,并给出SOC的估算误差,在估算过程中能保持高精度,对噪声具有很强的抑制作用	需要建立准确的电池模型,计算量较大,内部参数确定困难
神经网络法	通过模拟电池的动态特性来估算电池的SOC	快速、方便,具有较高的精度,可以根据现场的工况来确定电池的SOC,使用范围广	精确的数学模型难以建立,需要大量的参考数据来进行训练,学习速度慢,训练时间长;估计误差受训练数据和训练方法的影响较大;算法复杂,对硬件要求较高

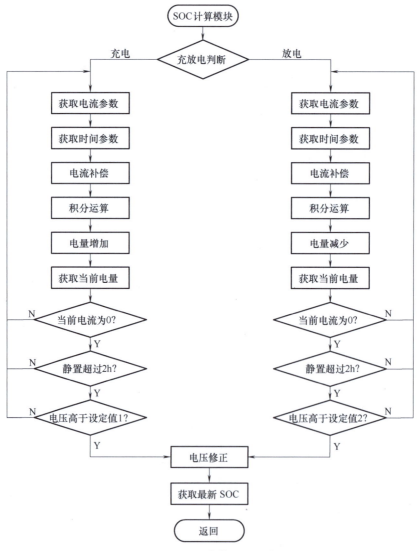

图 2-30 SOC 估算流程示意图

二、蓄电池管理系统（BMS）结构

1. 蓄电池管理系统（BMS）结构形式

BMS 有集中式结构、分散式结构和集中-分散式结构三种类型。

（1）集中式结构　通过对电池组基本信息，如电压、电流、温度进行采样，然后在 BMS 中心处理单元内进行数据处理、计算、判断并进行相应的控制。这种系统的优点在于计算灵活，可以通过修改在中心处理器的软件来适应不同的情况、满足不同的要求；缺点是只能对电池组进行信号采集，而对于每个单体蓄电池的数据却不能检测，数据采集精度差，对信号处理要求较高，当任何一个单体蓄电池出现故障时只能更换整个电池组，如图 2-31 所示。

（2）分散式结构　通过对每个单体蓄电池进行采样、监控和计算，将计算或判断的结果发送到 BMS 中心处理器或直接通过总线传输到整车控制系统。这种系统没有总的 BMS 控制板，几个电池就要有几个小的检测模块。其优点是可以分散安装，通过总线进行连接与通信，采集的数据可以就近处理，精度有保证；缺点是灵活性差，修改起来麻烦。

（3）集中-分散式（集成式）结构　采取分散数据采集和集中数据处理的方式，分别设计电压、电流、温度采集电路，按照程序流程进行电池电压巡检和其他信号量的检测，最终通

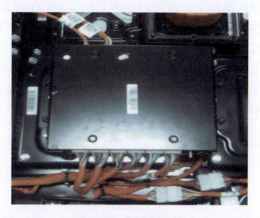

图 2-31　集中式结构

过中心控制器完成算法与控制功能。这种管理系统结合了上述两种方式的管理系统的优点，但由于通过中心控制器软件系统判定来完成相应的保护功能，普遍存在系统可靠性差、抗干扰能力弱、反应速度慢等缺陷，如图 2-32 所示。

图 2-32　集中-分散式结构

综合上述各方案的优缺点，BMS 前端数据采集采用专用电池管理芯片，以主控+单元保护的结构模式实现，在系统整体方案的设计方面，采用集中-分散式拓扑结构、模块化设计思想、软件硬件联合控制方法进行设计。整个系统从结构上采取主控+单元的分层架构，从功能上分为主控模块、数据采样模块、通信模块、绝缘检测模块四部分。在前端电池组工作数据采样方面，单元板通过级联方式以及参考电压的浮动技术实现对多节单体蓄电池串联构成的电池组电压、工作电流、温度数据等的动态检测。单元板信号经隔离电路后实现与主

控板之间的通信,将采集到的数据发送到主控芯片。主控芯片依据各单元检测模块发送的数据对电池 SOC 进行计算,并依据检测参数进行分析判断后实现对电池异常的软件保护。

2. 蓄电池管理系统(BMS)基本结构组成

BMS 从结构性质上可分为硬件和软件。硬件包括主控盒(BCU)、从控盒(BMU)和高压盒等,还包括采集电压、电流、温度等数据的电子器件。北汽新能源 EV160 BMS 实物图如图 2-33 所示。软件包括底层软件和应用层软件,用来监测电池电压、电流、SOC 值、绝缘电阻值、温度值,通过与 VCU、充电机进行通信,从而来控制动力蓄电池系统的充放电。北汽新能源 EV160 动力蓄电池控制框图如图 2-34 所示。

图 2-33 北汽新能源 EV160 BMS 实物图

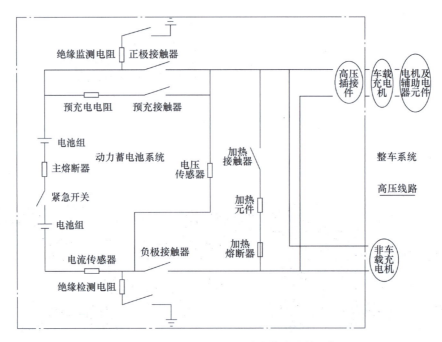

图 2-34 北汽新能源 EV160 动力蓄电池控制框图

(1)主控盒 接收 VCU 的指令,根据高压回路硬件硬线绝缘状况,控制正负母线接触器是否开闭,决定整车安全上下电;接收从控盒采集的电池电压、电池温度以及母线电流的数据,分析计算电池包内电池的电压和电量以及充放电能力,与 VCU 或充电机通信;存储电池充电次数,计算电池寿命;存储电池故障信息。北汽新能源 EV160 主控盒如图 2-35 所示。

(2)从控盒 对各个电池串(并联模块或单独大电芯)的电压巡检采集、计算与处理;找出最高电压电芯、最低电压电芯;计算电芯电压最高与最低的差值应小于 0.03V;充电时有一节电芯电压达到充电截止电压,即停止充电;放电时有一节电芯电压降到放电截止电压,即停止放电;通过高可靠性的数据传输通道与主控盒进行指令及数据的双向传输。北汽新能源 EV160 从控盒如图 2-36 所示。

图 2-35　北汽新能源 EV160 主控盒

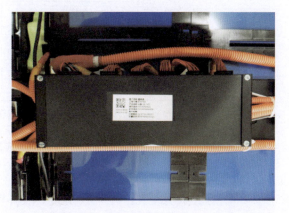

图 2-36　北汽新能源 EV160 从控盒

（3）高压盒　控制 PTC 加热接触器、预充接触器、高压正负极接触器,如图 2-37 所示。

（4）高压绝缘盒　对高压回路绝缘监测,接到高压正负母线接触器上电指令,立即开始对高压回路进行绝缘监测;无论电池内部,还是外部负载端,只要高压回路绝缘电阻值不合格,立即高压下电,并在仪表板上报出高压绝缘故障文字提示;对各个接触器触点开闭状态检测,总正接触器、总负接触器、预充接触器的触点是否按照控制策略正常开闭,通过相应监测点的电压检测,分析判断各个接触器触点开闭状况,报告主控盒。

（5）传感器　采集动力蓄电池的电压、电流和温度等信号,如图 2-38 所示。

图 2-37　北汽新能源 EV160 高压盒

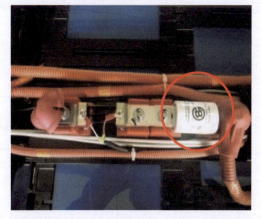

图 2-38　北汽新能源 EV160 传感器

（6）底层软件　架构符合 AUTOSAR（汽车开放系统架构）标准,模块化开发容易实现扩展和移植,提高了开发效率。

（7）应用层软件　BMS 的控制核心,包括电池保护、电气防护、诊断管理、热管理、

47

继电器控制、模式控制和均衡控制等模块，如图 2-39 所示。

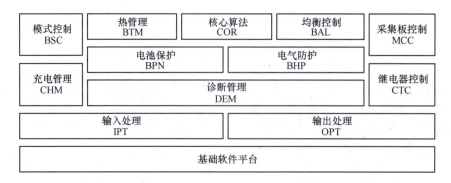

图 2-39　应用层软件架构

3. 蓄电池管理系统（BMS）工作模式

BMS 的工作模式主要有下电模式、准备模式、放电模式、充电模式和故障模式五种工作模式。

（1）下电模式　下电模式是整个系统的低压与高压处于不工作状态的模式。在下电模式下，BMS 控制的所有高压接触器均处于断开状态，如图 2-40 所示；低压控制电源处于不供电状态。下电模式属于省电模式。

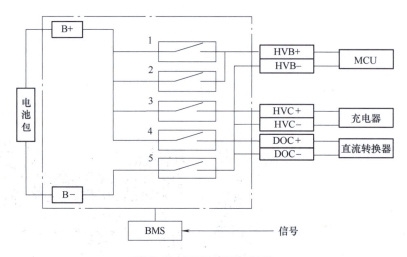

图 2-40　BMS 高压接触器

1—B + 接触器　2—预充接触器　3—充电器接触器　4—直流转换器接触器　5—B- 接触器

（2）准备模式　在准备模式下，系统所有的接触器均处于未吸合状态。在该模式下，系统可接收外界的点火开关、VCU、MCU、充电插头开关等部件发出的硬线信号或受 CAN 报文控制的低压信号来驱动控制各高压接触器，从而使 BMS 进入所需工作模式。

（3）放电模式　BMS 监测到点火开关的高压上电信号（Key-ST 信号）后，系统首先闭合 B- 接触器，由于电机是感性负载，为防止过大的电流冲击，B- 接触器闭合后即闭合预充接触器进入预充电状态；当预充两端电压达到母线电压的 90% 时，立即闭合 B + 接触器并断开预充接触器进入放电模式。

(4）充电模式　BMS 检测到充电唤醒信号（Charge Wake Up）时，系统即进入充电模式。在该模式下，B-接触器与车载充电器接触器闭合，同时为保证低压控制电源持续供电，直流转换器接触器仍需处于工作状态。在充电模式下，系统不响应点火开关发出的任何指令，充电插头提供的充电唤醒信号可作为充电模式的判定依据。对于磷酸铁锂电池，由于其低温下不具备很好的充电特性，甚至还伴随有一定的危险性，因此基于安全考虑，还应在系统进入充电模式之前对系统进行一次温度判别。当电池温度低于 0℃时，系统进入充电预热模式，此时可通过接通直流转换器接触器对辅助蓄电池进行供电，并为预热装置供电以对电池组进行预热；当电池组内的温度高于 0℃时，系统可进入充电模式，即闭合 B-接触器。

无论在充电状态还是在放电状态，电池的电压不均衡与温度不均衡将极大地妨碍动力蓄电池性能的发挥。在充电状态下，极易出现电压、温度不均衡的状态，充电过程中可通过电压比较及控制电路使得电压较低的单体蓄电池充电电流增大，而让电压较高的单体蓄电池充电电流减小，进而实现电压均衡的目的。温度的不均匀性会大大降低动力蓄电池组的使用寿命，因此，当温度传感器监测出各单体蓄电池温度不均衡时，可选择强制风冷的方式，实现电池组内气流的循环流动，以达到温度均衡的目标。

(5）故障模式　故障模式是控制系统中常出现的一种状态。由于车用动力蓄电池的使用关系到用户的人身安全，因而系统对于各种相应模式总是采取"安全第一"的原则。BMS 对于故障的响应还需根据故障等级而定，当其故障级别较低时，系统可采取报错或者发出警告信号的方式告知驾驶员；而当故障级别较高，甚至伴随有危险时，系统将采取断开高压接触器的控制策略。

4. 动力蓄电池组热管理

动力蓄电池组作为电动汽车的动力能源，其充电和做功时的发热一直阻碍着电动汽车的发展。动力蓄电池组的性能与电池温度密切相关，40℃以上的高温会明显加速电池的衰老，更高的温度（如 120℃以上）则会引发电池热失控。

以镍氢电池为例，镍氢电池的生热因素主要有：电池化学反应生热、电池极化生热、过充电副反应生热以及内阻焦耳热。镍氢电池电化学反应原理决定了镍氢电池在充放电过程中的生热。

如果把电池内部所有的物质（如活性物质、正极和负极、隔板等）假定为一个具有相同特性的整体，假定电池内部的热传导性非常好，电池内部等温。由于电池壳体基本不产生热量，因而其温度与电池内部的温度非常接近。放电前后动力蓄电池组电池温度对照见表 2-8。可以看出，电池经过变电流放电工况后，电池的最高温度约为 35.5℃，相比充电前温度升高了 5.3℃。

表 2-8　放电前后动力蓄电池组电池温度对照

工况	最高温度/℃	最低温度/℃	平均温度/℃
放电前	30.2	29.2	29.7
放电后	35.5	32.3	33.9

动力蓄电池组热管理的工作状态包括：电池组在充放电时会释放一定的热量，故需要对电池组进行冷却；在低温环境下，需要对电池组进行加热处理，以提高运行效率。

动力蓄电池组采用热管理的作用是：通过对动力蓄电池组冷却或加热，保持动力蓄电池组较佳的工作温度,以改善其运行效率并提高电池组的寿命。高压动力蓄电池组的冷却系统组成示意图如图 2-41 所示。

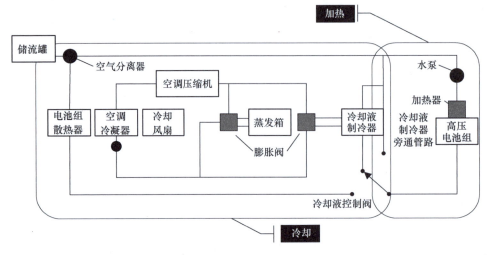

图 2-41　高压动力蓄电池组的冷却系统组成示意图

目前应用在动力蓄电池组上的冷却方式有水冷和风冷两种。

1)水冷动力蓄电池组冷却系统的优点是:电池平均能量效率高;电池模块结构紧凑;冷却效果优异;能集成电池加热组件,解决了在环境温度很低的情况下,加热电池的问题。缺点是:系统复杂,增加了很多部件,如水泵、阀、低温水箱等,提高了产品的成本。水冷动力蓄电池组冷却系统结构如图 2-42 所示,主要部件包括散热器、制冷剂组、蒸发器、冷凝器和冷却液回路等。

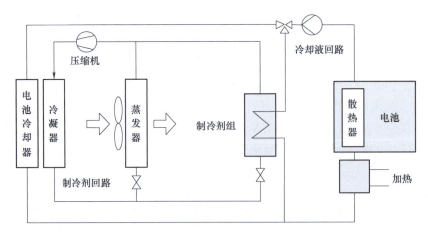

图 2-42　水冷动力蓄电池组冷却系统

2)风冷动力蓄电池组冷却系统在电池温度较高的时候,利用乘客舱内空调产生的冷空气对电池组进行冷却;在环境温度较低时,利用乘客舱内暖空气对电池组进行保温,如图 2-43 所示,空气在动力蓄电池模块中的流动有串行、并行通风等方式。

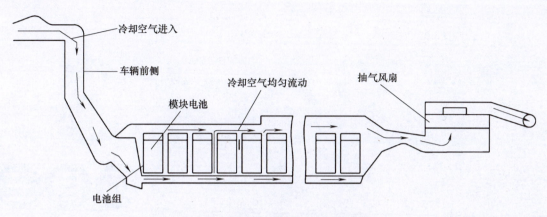

图 2-43 风冷动力蓄电池组冷却系统

Project 3
项目三

驱动电机系统

项目三 驱动电机系统

驱动电机系统概述

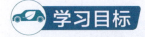

1. 掌握电动汽车驱动电机系统的组成，了解驱动电机的种类及特点。
2. 掌握驱动电机系统各组成部分的功能。
3. 掌握驱动电机系统的布置形式。

一、驱动电机系统组成

驱动电机系统作为电动汽车三大核心构成之一，是车辆行驶的主要执行机构，其特性决定了车辆的主要性能指标，直接影响车辆动力性、经济性和用户驾乘感受。电动汽车驱动电机系统结构如图 3-1 所示，驱动电机系统主要由整车控制器（VCU）、电机控制器（MCU）、驱动电机、机械传动装置和冷却系统等构成。

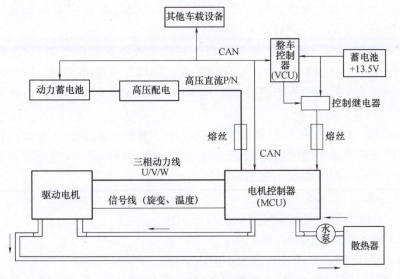

图 3-1 驱动电机系统

驱动电机系统结构组成

1. 整车控制器（VCU）

VCU 相当于电动汽车的"大脑"，控制电动汽车的所有部件，其主要功能是识别驾驶员

53

意图、判断控制模式、判别和处理整车故障,管理外围相连驱动模块、控制电动汽车辅助系统等,如图 3-2 所示。

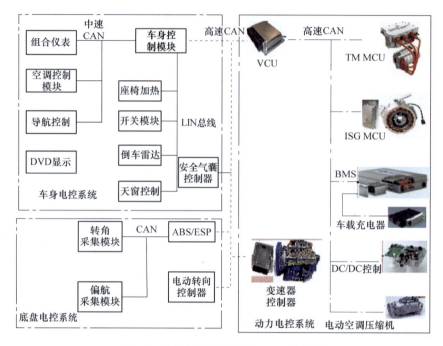

图 3-2 北汽新能源 EV200 VCU 架构图

(1) 驾驶员意图解释 对驾驶员操作信息及控制命令进行分析处理,加速踏板、制动踏板的机械位移量转换为相应的电信号,输入到 VCU,VCU 根据某种规则将相应电信号转化成驱动电机的需求转矩命令。驱动电机对驾驶员操作的响应性能取决于 VCU 对加速踏板电信号解释结果,直接影响驾驶员的控制效果和操控感觉。

(2) 驱动控制 根据驾驶员操纵输入(加速踏板、制动踏板以及选档开关)、车辆状态、道路及环境状况,向 MCU 发出相应指令,控制驱动电机的转矩来驱动车辆,以满足驾驶员对车辆驱动的动力性要求;同时根据车辆状态,向 MCU 发出相应指令,保证行驶安全性、舒适性。

(3) 制动能量回馈控制 在滑行制动和正常制动过程中,根据加速踏板和制动踏板开度、车辆行驶状态信息以及动力蓄电池的状态信息(如 SOC 值)来判断某一时刻能否进行制动能量回馈,如图 3-3 所示。制动能量回馈的原则如下:

1) 能量回收制动不应该干预 ABS 的工作。
2) 当 ABS 进行制动力调节时,制动能量回收不应该工作。
3) 当 ABS 报警时,制动能量回收不应该工作。
4) 当电驱动系统具有故障时,制动能量回收不应该工作。

(4) 整车能量优化管理 通过对电动汽车的驱动电机系统、BMS、传动系统以及其他车载能源动力系统(如空调、电动泵等)的协调和管理,提高整车能量利用效率,延长续驶里程。

(5) 高压上下电控制 根据驾驶员对点火开关的控制,进行动力蓄电池的高压接触器开关控制,以完成高压设备的电源通断和预充电控制。协调相关部件的上电与下电流程;包括 MCU、BMS 等部件的供电,预充电继电器、主继电器的吸合和断开时间等。

(6) 车辆状态的实时监测 对车辆的状态进行实时检测,并将各个子系统的信息发送给车载信息显示系统,其过程是通过传感器和 CAN 总线,检测车辆状态及其动力系统、相关电器附件、各子系统状态信息驱动显示仪表,将状态信息和故障诊断信息通过数字仪表显示出来。状态信息显示如图 3-4 所示。

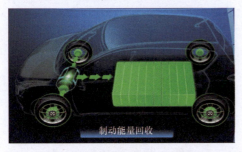

图 3-3 制动能量回收示意图

图 3-4 状态信息显示

(7) 故障诊断与处理 连续监视整车电控系统进行故障诊断,并及时进行相应安全保护处理。根据传感器的输入及其他通过 CAN 总线通信得到电机、电池、充电机等的信息,对各种故障进行判断、等级分类、报警显示;存储故障码,供维修时查看。故障指示灯指示出故障类型和部分故障码。在行车过程中根据故障内容,进行故障诊断与处理。故障分级及处理方式见表 3-1。

表 3-1 故障分级及处理方式

等 级	名 称	故障后处理	故 障 列 表
一级	致命故障	紧急断开高压	MCU 直流母线过电压故障、BMS 一级故障
二级	严重故障	零转矩	MCU 相电流过电流、IGBT、旋转变压器等故障;电机节点丢失故障;档位信号故障
三级	一般故障	跛行	加速踏板信号故障
		降功率	MCU 电机超速保护
		限功率 <7kW	跛行故障,SOC<1%,BMS 单体欠电压、内部通信、硬件等二级故障
		限速 <15km/h	低压欠电压故障、制动故障
四级	轻微故障	仪表显示,能量回收故障,仅停止能量回收	MCU 电机系统温度传感器、直流欠电压故障;VCU 硬件、DC/DC 异常等故障

(8) 其他功能 VCU 除了上述功能外,还具有充电过程控制、防溜车功能控制、电动化辅助系统管理、整车 CAN 总线网关及网络化管理、基于 CCP 的在线匹配标定、换档控制、远程控制等功能,其中远程控制包括远程查询功能、远程空调控制及远程充电控制。

2. 电机控制器(MCU)

MCU 的功能是接收 VCU 的指令,将动力蓄电池的高压直流电压逆变成电压、频率、相序可调的三相交流电,实现对驱动电机的转速、转矩和旋转方向的控制。MCU 与驱动电机连接如图 3-5 所示。

实时监测驱动电机运行状态，如温度、母线电流、三相交流电流、动力蓄电池电压、高压线束的绝缘等，MCU 内含故障诊断电路。当诊断出异常时，它将会激活一个错误代码，通过 CAN2.0 网络发送给 VCU，同时存储该故障码和数据。

在能量回收过程中，MCU 转变为整流滤波器，其功能是将发电机输出的三相交流电压经过整流、滤波和升压后转变为高压直流电，将电能回馈给动力蓄电池，实现能量回收。

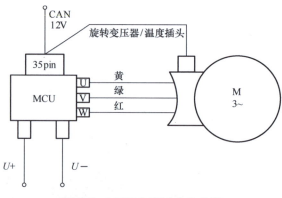

图 3-5　MCU 与驱动电机连接

3. 驱动电机

驱动电机在电动汽车中承担着驱动车辆和发电的双重功能，即在正常行驶时发挥其主要的电动机功能，将电能转化为机械能；而在降速和下坡滑行时驱动电机转变为发电机，将车轮的惯性动能转换为电能。电驱动系统能量关系如图 3-6 所示。

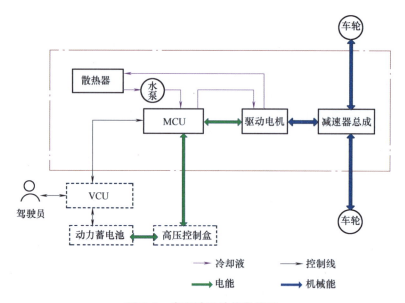

图 3-6　电驱动系统能量关系

4. 机械传动装置

机械传动装置的主要功能是将驱动电机的转速降低、转矩升高，以实现整车对驱动电机的转矩、转速需求。纯电动汽车较多的采用固定速比的减速装置，省去了变速器、离合器等部件。北汽新能源 EV200 二级主减速器如图 3-7 所示。

二、电动汽车驱动系统布置形式

按照电动汽车上驱动电机的数目不同，电动汽车驱动系统布置形式可分为单电机驱动系统和多电机驱动系统。

1. 单电机驱动系统

单电机驱动系统一般又分为机械驱动布置方式和电机-驱动桥组合式两种。

（1）机械驱动布置方式　在保持内燃机汽车传动系统基本结构不变的基础上，用驱动电机替换传统汽车的内燃机，其驱动系统的整体结构与传统内燃机汽车的区别很小。主要由驱动电机、离合器、变速器、传动轴和驱动桥等部件构成，机械驱动布置方式如图 3-8 所示。其结构特点是：结构复杂，效率低，不能有效发挥驱动电机的特点，不利于降低车身重量。

图 3-7　北汽新能源 EV200 二级主减速器

图 3-8　机械驱动布置方式

（2）电机-驱动桥组合式　电机-驱动桥组合式的总体构成是在驱动电机端盖的输出轴处加装主减速器和差速器等，驱动电机、固定速比减速器、差速器组合成一个驱动整体，通过固定速比的减速作用来放大驱动电机的输出转矩。由于省掉了离合器和变速器，机械传动机构紧凑，传动效率得到提高，同时还使整车机械系统的质量和体积得到缩小，有利于整车布置，便于安装，能够有效地扩大汽车动力蓄电池的布置空间和汽车的乘坐空间，如图 3-9 所示。

图 3-9　电机-驱动桥组合式

2. 多电机驱动系统

多电机驱动系统一般又分为电机-驱动桥整体式和轮毂电机分散式两种驱动方式。

（1）电机-驱动桥整体式　一般由两个轮边电机分别与两个相同固定速比的减速器集成在一起，减速器输出直接与两个驱动轮连接，取消了机械差速器，两个驱动电机独立控制转速；在左右两台驱动电机中间安装有电子差速器，能使电动汽车得到更好的灵活性，可以方便地引入 ASR 控制，通过控制车轮的驱动转矩或驱动轮主动制动等措施，提高汽车的通过性和在复杂路况上的动力性。其主要特点是：整体布局简单，结构紧凑、传动效率高、质量小、体积小，具有良好的通用性和互换性，容易实现多种功能，如驱动防滑、制动力分配、防侧滑等，如图 3-10 所示。

（2）轮毂电机分散式　轮毂电机分散式就是把驱动电机安装在电动汽车的轮毂中，电机输出转矩直接带动驱动轮旋转，从而实现汽车的驱动。这种驱动方式把传统汽车的机械动力传动系统所占空间完全释放出来，使动力蓄电池、行李箱等有足够的空间。同时，它还可以对每台驱动电机进行独立控制，有利于提高车辆的转向灵活性和主动安全性，可以充分利用路面的附着力。必须要解决的问题是如何保证车辆行驶的方向稳定性，同时，驱动电机及其减速装置必须能够布置在有限的轮毂空间内，要求该驱动电机体积较小，如图 3-11 所示。

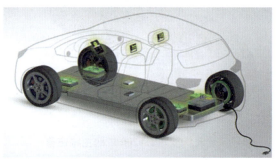

图 3-10　电机-驱动桥整体式　　　　　　图 3-11　轮毂电机分散式

任务二　驱动电机结构与原理

学习目标

1. 了解驱动电机的种类及特点。
2. 掌握三相异步电机的基本结构和原理。
3. 了解三相异步电机的调速方法。
4. 掌握永磁同步电机的基本结构和原理。
5. 了解永磁同步电机的调速方法。
6. 掌握开关磁阻电机的基本结构和原理。
7. 了解开关磁阻电机的调速方法。
8. 掌握轮毂电机的基本结构和原理。

知识储备

一、驱动电机综述

驱动电机是电动汽车行驶的主要执行机构，是电能与机械能之间的转化部件，并将自身的运行状态信息发送给 MCU。

1. 驱动电机的特点

电动汽车的驱动电机通常要求能够频繁地起动/停车、加速/减速，低速或爬坡时要求高转矩、低转速，而高速行驶时则要求低转矩、恒功率，并要求变速范围大，因此驱动电机应具有良好的转矩-转速特性。汽车对驱动电机转速与转矩的要求如图 3-12 所示。

驱动电机应经常保持在高效率范围内运转，在恒转矩区运转范围内效率在 0.75～0.85，在恒功率运转范围内效率在 0.8～0.9。为适应电动汽车各种行驶工况的负载特性匹配要求，电动汽车的驱动电机应满足：

1）起动力矩大且过载能力强。在运行时要满足带负载起步要求，同时，在汽车加速时，还应有较强的短时过载能力。

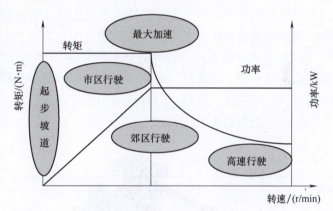

图 3-12 汽车对驱动电机转速与转矩的要求

2）峰值电流。峰值电流应小于动力蓄电池最大允许放电电流。

3）调速范围宽。当电机有较宽的调速范围时，高、低速各工况均能高效运行，并保持理想调速特性。

4）调速响应快。提高电机的动态响应性可改善行驶中可控制性能，使车辆操作更加顺畅，行驶更加稳定。

5）可靠性高。

2. 驱动电机的基本类型

电动汽车常用的驱动电机主要有直流电机、三相交流异步电机、永磁同步电机、开关磁阻电机与轮毂电机等。

（1）直流电机 在电动汽车发展早期，很多电动汽车采用直流电机方案。但由于其自身复杂的机械结构（电刷、换向器等），制约了瞬时过载能力和转速的进一步提高；机械结构会产生损耗，提高了维护成本；运转时的电刷火花会使转子发热，浪费能量，散热困难，还会造成高频电磁干扰。目前的电动汽车已经将直流电机淘汰，直流电机如图 3-13 所示。

（2）三相交流异步电机 三相交流异步电机又称感应电机，结构简单，运行可靠耐用，维修方便。交流异步电机与同功率的直流电机相比效率更高，质量约轻了 1/2。如果采用矢量控制，可以获得与直流电机相媲美的可控性和更宽的调速范围，如图 3-14 所示。

图 3-13　直流电机　　　　　图 3-14　三相交流异步电机

（3）永磁同步电机　永磁同步电机具有高控制精度、高转矩密度、良好的转矩平稳性以及低噪声的特点，通过合理设计永磁磁路结构能获得较高的弱磁性能，提高电机的调速范围。所以在电动汽车方面得到了广泛的应用，如图 3-15 所示。

（4）开关磁阻电机　开关磁阻电机作为一种新型电机，结构最为简单坚固，并具有可靠性高、质量轻、成本低、效率高、温升低、易于维修等诸多优点；而且它具有直流调速系统的可控性好的优良特性，同时适用于恶劣环境，非常适合作为电动汽车的驱动电机使用，开关磁阻电机如图 3-16 所示。

图 3-15　永磁同步电机　　　　　图 3-16　开关磁阻电机

但开关磁阻电机具有转矩波动大、噪声大等缺点。但近年来的研究表明，采用合理地设计和控制，开关磁阻电机的噪声完全可以得到良好的抑制。日本对开关磁阻电机的研究比较深入，其生产的开关磁阻电机也广泛应用于电动汽车。

综上所述，四种电机的性能比较见表 3-2。

3. 电机的主要性能参数

（1）额定电压 U_e（V）　电机在额定运行时，电机定子绕组应输入的线电压值。

（2）额定电流 I_e（A）　电机在额定电压下，电机轴上输出的机械功率为额定功率时，电机定子绕组通过的线电流值。

（3）频率 f（Hz）　三相电流的频率。

表 3-2 四种电机的性能比较

性能及类型	直流电机	三相交流异步电机	永磁同步电机	开关磁阻电机
转速范围/(r/min)	4000~6000	12000~20000	4000~10000	>15000
功率密度	低	中	高	较高
过载能力（%）	200	300~500	300	300~500
峰值效率（%）	85~89	94~95	95~97	90
负荷功率（%）	80~87	90~92	85~97	78~86
功率因数（%）	—	82~85	90~93	60~65
恒功率区	—	1:5	1:2.25	1:3
功率范围	小	宽	小	很宽
过载能力	较好	好	较好	好
效率	高	较高	高	中
转矩电流比	高	一般	高	高
控制器成本	低	高	高	一般

（4）额定转速 n（r/min） 电机在额定电压下，电机输出轴上输出的机械功率为额定功率时的电机的转速。

（5）额定功率 P_e（kW） 电机在额定状态运行时输出的机械功率。

（6）峰值功率 P_{max}（kW） 电机在额定转速运行时，输出的最大机械功率，峰值功率约为额定功率的 2~3 倍。

（7）机械效率 η_e 电机消耗的电能与转换成机械动能之比。

（8）绝缘等级 电机绕组所用的绝缘材料在使用时容许的极限温度。

4. 驱动电机型号

驱动电机型号由驱动电机类型代号、尺寸规格代号、信号反馈元件代号、冷却方式代号和预留代号五部分组成。

例如：

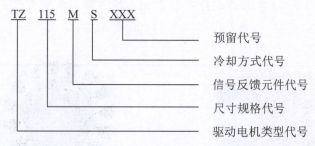

（1）驱动电机类型代号 KC——开关磁阻电机；TF——方波控制型永磁同步电机；TZ——正弦控制型永磁同步电机；YR——异步电机（绕线式）；YS——异步电机（笼型）；ZL——直流电机。

其他类型驱动电机的类型代号由制造商参照 GB/T 4831—2016《旋转电机产品型号编制

方法》进行规定。

（2）尺寸规格代号　一般采用定子铁心的外径来表示，对于外转子电机，采用外转子铁心外径来表示。

（3）信号反馈元件代号　M——光电编码器；X——旋转变压器；H——霍尔元件。无传感器不必标注。

（4）冷却方式代号　S——水冷方式；Y——油冷方式；F——强迫风冷方式。自然冷却不必标注。

二、三相交流异步电机结构与原理

1. 三相交流异步电机的结构

三相交流异步电机主要由定子和转子两部分构成，定子与转子之间留有 0.2～2mm 的间隙，如图 3-17 所示。

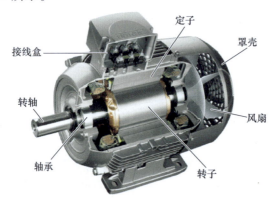

图 3-17　三相交流异步电机的结构

交流异步电机
结构与原理

（1）定子　定子主要由机座、定子铁心和定子绕组三个部分构成。

1）机座。机座一般用铸铁铸成，主要用来固定定子铁心和定子绕组，并以前后两个端盖支撑转子转动，其外表还具有散热功能，如图 3-18 所示。

2）定子铁心。定子铁心是三相交流异步电机磁路的一部分，为了减小磁滞和涡流损耗，通常采用 0.35～0.5mm 厚的硅钢片叠制而成，其内圆表面冲有槽，用于嵌放三相定子绕组，如图 3-19 所示。

图 3-18　机座

图 3-19　定子铁心

3）定子绕组。由嵌放在定子铁心槽中的线圈按照一定规则连接而成，其作用是产生同步旋转磁场。定子绕组与定子铁心槽之间垫有绝缘材料，并用胶木槽楔紧固。三相定子绕组在空间位置、物理参数等方面完全对称，六个出线端 U_1、U_2、V_1、V_2、W_1、W_2 连接到电机外部接线盒中的六个接线柱，定子绕组的接法主要有三角形和星形两种，如图 3-20 所示。

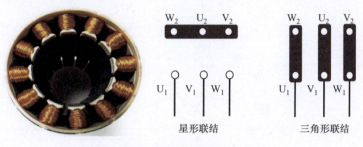

图 3-20　定子线圈及接线柱接法

（2）转子　转子分为笼型和绕线型两种，主要有转子铁心、转子绕组和转轴三个部分构成。

1）转子铁心。转子铁心是三相异步电机磁路的构成部分，为减小磁滞与涡流损耗，一般采用 0.5mm 厚、表面有绝缘层的硅钢片叠制而成，转子铁心的外圆表面冲有均匀分布的槽，用于安装转子绕组，如图 3-21 所示。

2）转子绕组。笼型转子绕组一般在转子铁心的槽内放置裸铜条或铝条等，两端用短路环焊接起来，构成闭合回路，如图 3-22 所示。

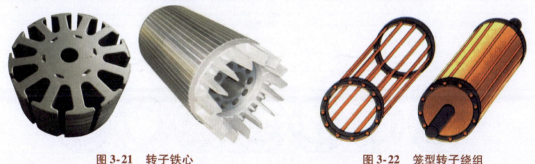

图 3-21　转子铁心　　　　　　　　图 3-22　笼型转子绕组

绕线型转子绕组与定子绕组相似，由相互绝缘的导线绕制而成的三相对称绕组，采用星形连接。三个绕组的首端分别连接到固定在转轴上的三个铜制集电环，集电环由电刷与外加变阻器连接，从而构成闭合回路，调节变阻器阻值可达到调节电机转速的目的，如图 3-23 所示。

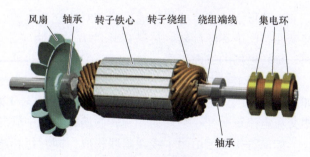

图 3-23　绕线型转子

3）轴承。轴承的作用是支撑转子，传递和输出转矩，保证转子和定子之间有均匀的气隙。转轴一般用中碳钢经车削加工而成。

2. 三相交流异步电机的工作原理

（1）旋转磁场 三相交流异步电机定子绕组星形连接，定子绕组中通入三相对称交流电流，如图 3-24 所示，相序为 U→V→W。三相对称交流电流的表达式如下：

$$i_U = I_m \sin\omega t$$
$$i_V = I_m \sin(\omega t - 120°)$$
$$i_W = I_m \sin(\omega t + 120°)$$

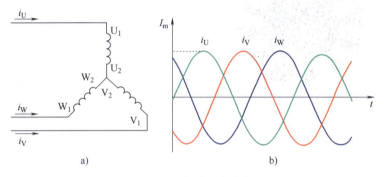

图 3-24 三相对称交流电流
a）定子绕组星形连接 b）波形图

从三相对称交流电流的表达式及波形图可以看出，每一时刻三相交流电流的大小、方向不同，因此每相电流产生的磁场不同，将三相交流电流产生的磁场按照矢量加法进行叠加运算，便可得出三相交流电流的合成磁场。不同时刻合成磁场的方向不同，如图 3-25 所示。

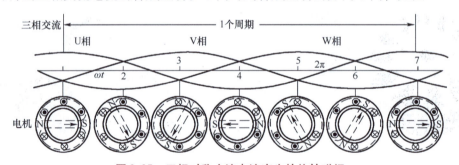

图 3-25 三相对称交流电流产生的旋转磁场

由此可知，当定子绕组通入三相对称交流电流时，它们共同产生的合成磁场是随电流的交变在空间中不断旋转。旋转磁场的方向取决于定子绕组中三相交流电流的相序，相序不同，旋转磁场的方向不同。

（2）旋转磁场的转速 旋转磁场的转速与磁极对数、定子绕组在空间中的配置有关。如果每相绕组只有一个线圈，线圈在空间中相差 120°，则合成旋转磁场只有一对磁极，三相交流电流每交变一个周期，旋转磁场在空间中旋转一周。

如果每相绕组由两个线圈串联构成，同时每相绕组的首端与首端、末端与末端之间在空间上相差 60°，则合成旋转磁场有两对磁极。三相对称交流电流每交变一个周期，旋转磁场在空间中旋转半周。

可见，旋转磁场的转速与磁极对数成反比、与三相对称交流电流的频率成正比。因此，

旋转磁场每分钟的转速 n_0、定子绕组电流频率 f 及磁极对数 p 之间的关系为

$$n_0 = \frac{60f}{p}$$

旋转磁场的转速称为同步转速。

（3）工作原理　如图 3-26 所示，图中 N、S 表示旋转磁场的两个磁极，转子中只画出了两根导线。当旋转磁场顺时针旋转时，其磁力线切割转子导条，导条中产生感应电动势（方向由右手定则判定）。由于转子导条两端用短路环焊接起来形成闭合回路，故转子导条中有感应电流流过。通有电流的转子导条在磁场中受到安培力 F 的作用（方向根据左手定则确定）。安培力产生电磁转矩，转子就转动起来，转子转动的方向与旋转磁场的方向一致。

（4）转差率　三相交流异步电机在正常工作时，电机转子转速 n 总是小于旋转磁场转速 n_0，即 $n < n_0$，因此称为异步电机。为衡量转子转速与旋转磁场转速之间的关系，定义了转差率 s：

$$s = \frac{n_0 - n}{n_0} \times 100\%$$

转差率是三相交流异步电机的一个重要参数。通常三相交流异步电机在额定负载运行时转差率为 2%～5%；电机起动瞬间，转差率达到最大（$s = 1$）。

3. 三相交流异步电机的机械特性

转矩和转速是电动汽车对驱动电机提出的两项基本要求。机械特性是指转矩 T 与转子转速 n 或者转矩与转差率 s 之间的关系，即 $n = f(T)$ 或者 $s = f(T)$。研究电机机械特性对满足车辆行驶工况要求、优化动力匹配、合理设计电机控制和调速系统有着重要的意义。

对于三相交流异步电机，转矩表达式为

$$T = KU_1^2 \frac{sR_2}{R_2^2 + (sX_{20})^2}$$

式中，K 是常系数；s 是异步电机转差率；R_2 是转子绕组的电阻（Ω）；X_{20} 是转子静止时每相绕组的感抗，一般为常数；U_1 是加在定子每相绕组的电压（V）。

由上式可以看出，转矩 T 与定子每相绕组电压 U_1 的平方成正比，所以当动力蓄电池 SOC 不足且大电流放电导致动力蓄电池端电压下降幅度较大时，转矩下降幅度也较大，从而影响整车加速性能；此外，转矩还受转子电阻 R_2 的影响。转矩与转差率特性曲线如图 3-27 所示。将转矩公式中的转差率 s 用转差率 s 的公式替换，那么可以得到转矩 T 与转子转速 n 之间的关系，即 $n = f(T)$，转速与转矩之间的关系曲线如图 3-28 所示。

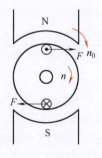

图 3-26　三相交流异步电机的工作原理

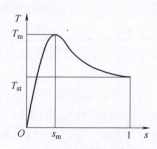

图 3-27　转矩与转差率特性曲线图

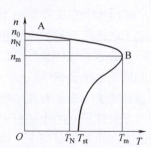

图 3-28　转速与转矩之间的关系曲线

通常电机稳定运行在图 3-28 所示特性曲线的 AB 段，负载转矩有较大变化时，三相交流异步电机的转速变化不大，具有硬的机械特性。固有机械特性是指在额定电压、额定频率下，定子绕组按规定的接线方式连接，定子及转子回路不外接任何电器元件的条件下的机械特性，下面结合机械特性曲线来分析电机的运行特性。

（1）额定转矩 T_N 　额定转矩是指电机在额定负载下运行的转矩，它可以由电机额定功率 P_N 和额定转速 n_N 应用下式求得

$$T_N = 9550 \frac{P_N}{n_N}$$

式中，P_N 为额定功率（kW）；T_N 为额定转矩（N·m）；n_N 为额定转速（r/min）。

$T = T_N$，$n = n_N$ 为电机额定工作点。

（2）起动转矩 T_{st} 　电机接入三相交流电流但尚未转动的一瞬间，轴上产生的转矩叫作起动转矩。这时有

$$T_{st} = K \frac{R_2 U^2}{R_2^2 + X_{20}^2}$$

式中，R_2 为转子电阻（Ω）；X_{20} 为转子静止感抗；U 为定子绕组电压（V）。

起动转矩必须大于电机轴上所带的机械负载力矩，电机才能起动。因此，起动转矩是衡量电机起动性能好坏的重要指标。通常用起动转矩倍数 λ_{st} 表示

$$\lambda_{st} = \frac{T_{st}}{T_N}$$

λ_{st} 大小约为 2.0。

（3）最大转矩 T_m 　在机械特性图上，转矩有一个最大值，称为最大转矩或临界转矩。如果负载转矩超过最大转矩，电机将无法带动负载，电机电流上升 6～7 倍，造成电机因严重过热而烧坏。

最大转矩与额定转矩的比值称为过载系数 λ，即

$$\lambda = \frac{T_m}{T_N}$$

λ 表明电机的过载能力，一般笼型为 1.8～2.2，线绕式为 2.5～2.2。

三、永磁同步电机结构与原理

永磁同步电机主要是由定子、转子、机座和传感器等部件组成。一般来说，永磁同步电机的定子结构与普通感应电机结构非常相似，如图 3-29 所示。永磁同步电机转子上放有高质量的永磁体，这种独特结构与其他电机形成了鲜明的差别。北汽新能源 EV200 驱动电机的总体构成如图 3-30 所示。

永磁同步电机具有功率密度高、转子的转动惯量小、运行效率高、转轴上无滑环和电刷等优点。但转子上的永磁材料在高温、振动和过电流的条件下会产生磁性衰退的现象，所以在相对复杂的工作条件下，电机容易发生损坏，而且永磁材料价格较高，因此整个电机及其控制系统成本较高。

项目三 驱动电机系统

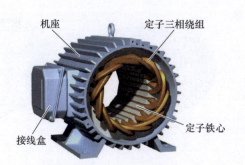

图 3-29 永磁同步电机的定子

永磁同步电机结构与原理

1. 永磁同步电机转子的结构

转子结构由转子铁心、永磁体和转轴构成,如图 3-31 所示。永磁同步电机的运行原理与电励磁同步电机相同,但它以永磁体提供的磁通替代后者的励磁绕组励磁,使电机结构较为简单,降低了加工和装配费用,且无须励磁电流,提高了电机的效率和功率密度。

根据永磁体在转子上安装位置的不同,永磁同步电机转子通常分为外置式转子和内置式转子。

(1) 外置式转子 外置式转子的永磁体为瓦片形,用合成胶粘贴在转子表面。永磁体外表面与定子铁心内圆之间套以起保护作用的非磁性套筒,功率稍大的电机用无纬玻璃丝带加以捆绑保护,防止高速旋转脱落。如图 3-32 所示,它分为面贴式和嵌入式两种结构。

1) 面贴式结构。面贴式结构具有结构简单、制造成本较低、转动惯量小等优点,易于实现最优设计,使之成为能使电机气隙磁密波形趋近于正弦波的磁极形状,可显著提高电机乃至整个传动系统的性能。

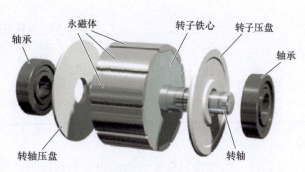

图 3-30 北汽新能源 EV200 驱动电机的总体构成

图 3-31 转子结构

2) 嵌入式结构。嵌入式结构可充分利用转子磁路的不对称性所产生的磁阻转矩,提高电机的功率密度,动态性能较面贴式有所改善,制造工艺也较简单,常被调速永磁同步电机

67

所采用。但漏磁系数和制造成本都较面贴式大。

（2）内置式转子　这类结构的永磁体位于转子内部，永磁体外表面与定子铁心内圆之间有铁磁物质制成的极靴，极靴中可以放置铸铝笼或铜条笼，起阻尼或起动作用，动、稳态性能好。内置式转子内的永磁体受到极靴的保护，其转子磁路结构的不对称性所产生的磁阻转矩也有助于提高电机的过载能力和功率密度，而且易于"弱磁"扩速。如图3-33所示，根据永磁体磁化方向与转子旋转方向的关系分为径向式、切向式、混合式三种。

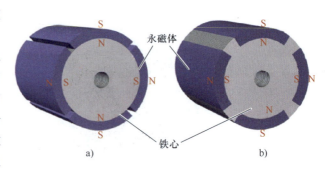

图 3-32　外置式转子
a）面贴式　b）嵌入式

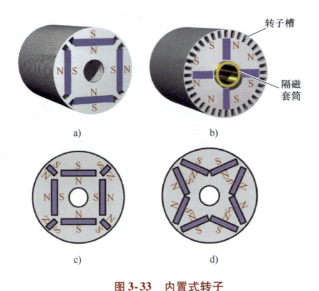

图 3-33　内置式转子
a）切向式　b）径向式　c）U形混合式　d）V形混合式

1）径向式结构。这类结构的优点是漏磁系数小、转轴上不需采取隔磁措施、极弧系数易于控制、转子冲片机械强度高、安装永磁体后转子不易变形等。永磁体轴向插入永磁体槽并通过隔磁空气槽限制漏磁通，结构简单，运行可靠，转子机械强度高，因而近年来应用较为广泛。

2）切向式结构。这类结构的漏磁系数较大，需采用相应的隔磁措施，电机的制造工艺和制造成本较径向式结构有所增加。其优点在于一个极距下的磁通由相邻两个磁极并联提供，可得到更大的每极磁通。尤其当电机极数较多、径向式结构不能提供足够的每极磁通时，这种结构的优势便显得更为突出。采用切向式转子结构，磁阻转矩在电机总电磁转矩中的比例可达40%，有助于利用磁阻转矩提高电机功率密度和扩展电机的恒功率运行范围。

3）混合式结构。集中了径向式和切向式转子结构优点，但其结构和制造工艺比较复杂，制造成本也比较高，需采用非磁性转轴或采用隔磁铜套，主要应用于采用剩磁密度较低的铁氧体永磁的永磁同步电机。

2. 永磁同步电机的工作原理

永磁同步电机基本工作原理是磁通总是沿磁阻最小的路径闭合，利用磁引力拉动转子跟随定子产生的旋转磁场同步旋转，故称之为同步电机。为便于介绍，以 12 槽 8 极分数槽集中绕组永磁同步电机为例，如图 3-34 所示，霍尔传感器 A、B、C 安装在定子两个齿极间的空隙处，用来检测转子位置。当转子的两个磁极交界处通过霍尔元件时，霍尔元件向 MCU 发出编码信号，MCU 通过解读编码信号获得当前转子的位置信息，这种转子位置的检测方法称为光电编码法。MCU 根据转子位置向 IGBT 功率开关器件发出相应的控制信号，控制 IGBT 功率开关器件的导通与关断，实现三相电流切换。

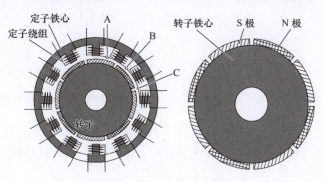

图 3-34　定子与转子结构

线圈 1、4、7、10 串联组成 U 相绕组，线圈 2、5、8、11 串联组成 V 相绕组；线圈 3、6、9、12 串联组成 W 相绕组。U、V、W 三相绕组的线圈连接如图 3-35 所示，12 个线圈组成三相绕组，三相的末端连接起来构成星形联结。根据每相绕组的连接方式可知：空间旋转磁场的极对数 $p=4$，定子绕组的电流每交变一次，旋转磁场在空间中旋转四分之一个圆周，即 90°。

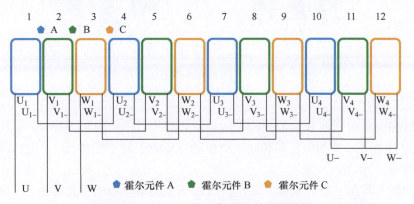

图 3-35　U、V、W 三相绕组的线圈连接

定子绕组有 6 个开通状态，6 个状态为一个周期，一个周期转子旋转 90°，转子旋转一周需 4 个周期，把 6 个状态的时间段分别称为 T1、T2、T3、T4、T5、T6。三相绕组驱动电路如图 3-36 所示，由 IGBT 功率开关管 BG1 至 BG6 轮流导通分时段为三相绕组提供方波驱动信号。

1) T1 时刻霍尔元件 C 检测到转子磁极由 S 变为 N，功率开关管 BG2、BG6 导通，其他截止，驱动电源输出为 V 相正，W 相负，两相线圈产生的磁场吸引转子旋转 15°，电流与磁力线方向如图 3-37a 所示。

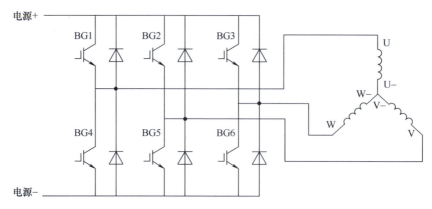

图 3-36 三相绕组驱动电路

2）T2 时刻霍尔元件 A 检测到转子磁极由 N 变为 S，功率开关管 BG1、BG6 导通，驱动电源输出为 U 相正、W 相负，两相线圈产生的磁场吸引转子旋转 15°，电流与磁力线方向如图 3-37b 所示。

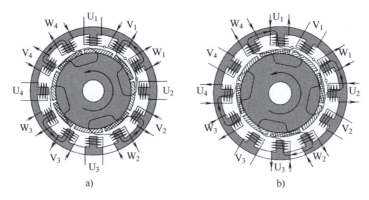

图 3-37 T1、T2 时刻电流及磁力线方向
a）T1 时刻　b）T2 时刻

3）T3 时刻。霍尔元件 B 检测到转子磁极由 S 变为 N，功率开关管 BG1、BG5 导通，驱动电源输出为 U 相正、V 相负，两相线圈产生的磁场吸引转子旋转 15°，电流与磁力线方向如图 3-38a 所示。

4）T4 时刻。霍尔元件 C 检测到转子磁极由 N 变为 S，功率开关管 BG3、BG5 导通，驱动电源输出为 W 相正、V 相负，两相线圈产生的磁场吸引转子旋转 15°，电流与磁力线方向如图 3-38b 所示。

5）T5 时刻。霍尔元件 A 检测到转子磁极由 S 变为 N，驱动电源输出为 W 相正、U 相负，功率开关管 BG3、BG4 导通，两相线圈产生的磁场吸引转子旋转 15°，电流与磁力线方向如图 3-39a 所示。

6）T6 时刻霍尔元件 B 检测到转子磁极由 N 变为 S，功率开关管 BG2、BG4 导通，驱动电源输出为 V 相正、U 相负，两相线圈产生的磁场吸引转子旋转 15°，电流与磁力线方向如图 3-39b 所示。

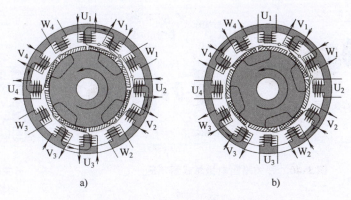

图 3-38　T3、T4 时刻电流及磁力线方向
a）T3 时刻　b）T4 时刻

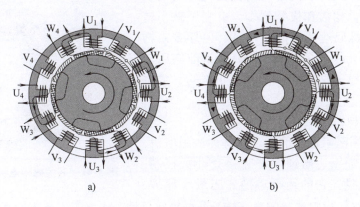

图 3-39　T5、T6 时刻电流及磁力线方向
a）T5 时刻　b）T6 时刻

T6 结束再次进入 T1，重新循环，转子就不停地旋转下去。同步电机转速等于旋转磁场转速

$$n = \frac{60f}{p}$$

旋转磁场的旋转方向取决于绕组电流的相序。

四、开关磁阻电机结构与原理

开关磁阻电机（SRM）作为一种新型电机，相比其他类型的驱动电机而言，开关磁阻电机的结构最为简单。如图 3-40 所示，主要由定子绕组、转子凸极等组成。

1. 定子与转子的结构

开关磁阻电机定子与转子结构如图 3-41 所示。定子铁心由硅钢片叠制而成，为凸极结构，在定子凸极上绕有线圈（定子绕组），用来向电机提供工作磁场，把径向相对的两个绕组串联成一个磁极，称一相，该电机有三相。结合定子与转子的极数，称该电机为三相 6/4 结构。

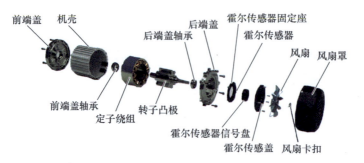

图 3-40 开关磁阻电机总成解剖图　　开关磁阻电机结构与原理

转子由转子轴和转子铁心组成,转子上既没有绕组也没有永磁体。转子铁心为凸极结构,为磁场提供磁路。一般,相数和极数增多,有利于减小转矩脉动,提高电机低速运行的平稳性,但导致结构复杂、功率开关元件增多、成本增高。目前应用较多的为三相 6/4 极、12/8 极和四相 8/6 极的开关磁阻电机。

2. 开关磁阻电机的工作原理

磁阻电机运用磁阻最小原理,故称为磁阻电机,又由于线圈电流通断、磁通状态直接受开关控制,故称开关磁阻电机。它的运行遵循磁阻最小原理,

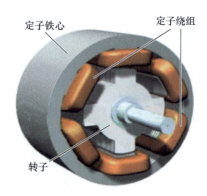

图 3-41 开关磁阻电机的定子与转子

即:磁通总要沿最小磁阻路径闭合,转子凸极轴线总趋向于电子产生磁通轴线对齐。当定子某相绕组通电励磁,产生的磁场磁力线由于扭曲而引起切向磁拉力,以使相近转子凸极轴线旋转到与定子的电励磁轴线相对齐位置,由于其"对齐"趋势使磁阻电机产生特有的有效电磁磁阻转矩。

以三相 6/4 极开关磁阻电机为例,U、V、W 相线圈由功率开关 BG1、BG2、BG3 控制电流通断,并约定转子转动前的转角为 0°。三相 6/4 极开关磁阻电机及功率转换器如图 3-42 所示。

三相 6/4 极开关磁阻电机 U 相通电如图 3-43 所示,假定定子绕组通电前转子位置如图 3-43a 所示。U 相线圈接通电源,磁力线从最近的转子齿极通过转子铁心,磁力线可看成极有弹力的线,在磁力的牵引下转子开始逆时针转动;转子转动 10°、20°,如图 3-43b、c 所示。磁力一直牵引转子转到 30° 为止,转子转动 30° 如图 3-44a 所示,转子不再转动,此时磁路最短。

为了使转子继续转动,在转子转到 30° 前切断 U 相电源,并在 30° 时接通 V 相电源。三相 6/4 极开关磁阻电机 V 相通电如图 3-44 所示,磁通从最近的转子齿极通过转子铁心,转子继续转动。转子转到 40°、50°,如图 3-44b、c 所示,磁力一直牵引转子转到 60° 为止。

在转子转到 60° 前切断 V 相电源,并在 60° 时接通 W 相电源,磁通从最近的转子齿极通过转子铁心,三相 6/4 极开关磁阻电机 W 相通电如图 3-45 所示。转子继续转动,转子转到

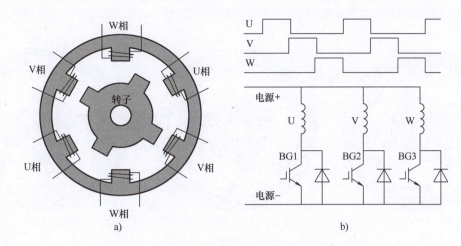

图 3-42 三相 6/4 极开关磁阻电机及功率变换器
a) 三相 6/4 极开关磁阻电机　b) 三相 6/4 极开关磁阻电机功率转换器

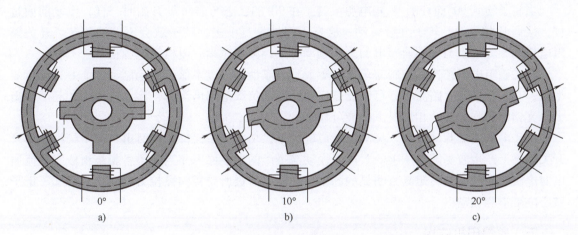

图 3-43 三相 6/4 极开关磁阻电机 U 相通电

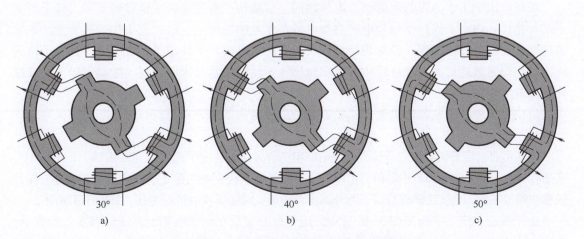

图 3-44 三相 6/4 极开关磁阻电机 V 相通电

70°、80°，如图 3-45b、c 所示，磁力一直牵引转子转到 90°为止。

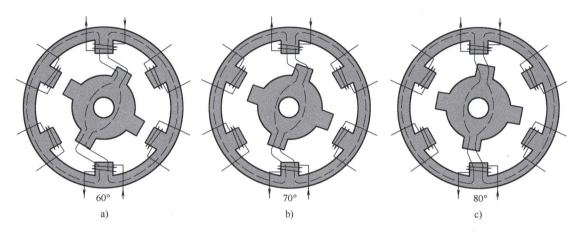

图 3-45 三相 6/4 极开关磁阻电机 W 相通电

当转子转到 90°前切断 W 相电源，转子在 90°的状态与前面 0°开始时一样，重复前面过程，接通 U 相电源，转子继续转动，这样不停地重复下去，转子就会不停地旋转。开关磁阻电机的旋转速度与线圈通断电的改变频率有关，频率越高，电机转速越快。

开关磁阻电机结构和控制简单、力矩大，可靠性高，成本低，起动制动性能好，运行效率高；功率转换器电路简单；可以在宽广的速度和负载范围内运行；起动电流小，起动转矩大；冗错能力强，在缺相情况下仍能可靠运行。

由于电磁转矩脉动较大，振动与噪声较严重；功率开关元件关断时电机定子绕组端部及开关器件上产生较高的电压尖峰。产生振动与噪声的主要原因是当定子各相绕组依序轮流通电时电机产生的合成转矩具有明显的脉动，另外，齿极所受径向磁拉力的变化，引起了定子铁心的变形和振动。

五、轮毂电机结构

轮毂电机的工作原理与永磁同步电机相同，其结构一般分为内定子外转子和内转子外定子两种结构。内定子外转子轮毂电机直接安装在车轮的轮缘上，可完全去掉变速装置，车轮转速与驱动电机转速相等，通常采用低速大转矩电机。内转子外定子轮毂电机，其转子作为输出轴与固定减速比的行星齿轮中的太阳轮相连，轮毂通常与齿圈连接，能提供较大的减速比，来放大输出转矩。

以内定子外转子轮毂电机为例，轮毂电机总成结构如图 3-46 所示。

1. 定子

定子主要由定子机架、定子铁心和定子绕组三部分组成。定子机架固定在主轴上，主轴中心有通孔，定子绕组的电源与控制信号电缆、冷却液管道从孔中进入定子，在主轴上还安装有轮毂轴承与端盖轴承，连接冷却液管道，与外部水泵连接，对定子铁心进行冷却，如图 3-47 所示。

定子铁心和定子绕组如图 3-48 所示，定子铁心安装在定子机架上并安装有霍尔元件 A、B、C，用来检测转子位置。在定子铁心的每个齿上绕有线圈，通过串并联构成三相绕组，轮毂电机定子总成如图 3-49 所示。

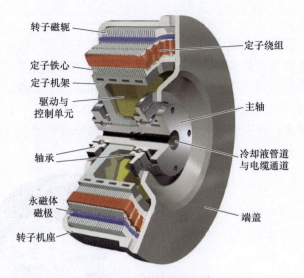

图 3-46 轮毂电机总成

轮毂电机结构及技术应用介绍

图 3-47 定子机架结构

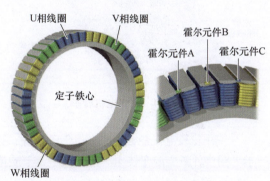

图 3-48 定子铁心和定子绕组

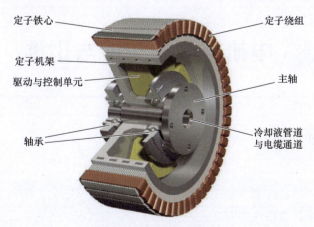

图 3-49 轮毂电机定子总成

2. 转子

转子主要由转子机座、转子磁轭和永磁体磁极三部分组成。转子机座与转子端盖是整个转子的支撑密封外壳。转子机座安装在轮毂法兰上，转子端盖安装在端盖法兰上。在转子磁轭内圆周安装有永磁体磁极，磁通方向为径向，相邻磁极的极性相反，转子磁轭安装在转子机座的内圆周壁上，在磁轭内圆周壁上贴有永磁体磁极，如图 3-50 所示。

轮毂电机采用单电机驱动形式，在安装过程中先安装定子，再安装转子。安装好轮毂电机的车轮剖视图如图 3-51 所示。

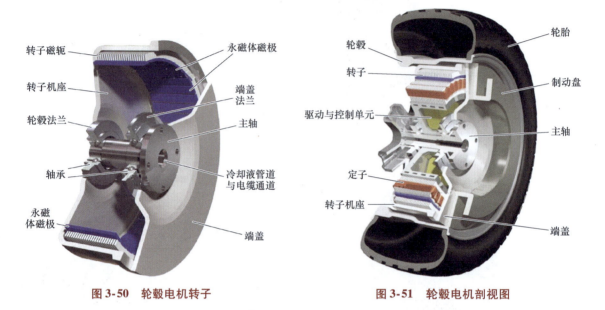

图 3-50　轮毂电机转子　　　　　　　图 3-51　轮毂电机剖视图

使用轮毂电机能够省略大量传动部件，让车辆结构更简单；可实现多种复杂的驱动方式；便于采用多种新能源车技术。但增大了簧下质量和轮毂的转动惯量，对车辆的操控有所影响；电制动性能有限，维持制动系统运行需要消耗电能；轮毂电机工作的环境恶劣，面临水、灰尘等多方面影响，在密封方面也有较高要求，同时在设计上也需要为轮毂电机单独考虑散热问题。

任务三　电机控制器构成与功能

 学习目标

1. 掌握电机控制器的功用。
2. 掌握电机控制器的结构组成。
3. 熟悉电机控制器的工作原理。

一、电机控制器（MCU）功用

MCU将输入的直流高压电逆变成频率可调的三相交流电，供给配套驱动电机使用。MCU内含功能诊断电路，当诊断出异常时，它将会激活一个错误代码，发送给VCU。北汽新能源EV200 MCU及安装位置如图3-52所示。

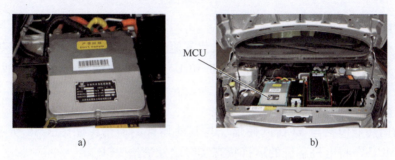

a)　b)

图 3-52　北汽新能源 EV200 MCU

a）MCU　b）MCU 安装位置

1. 电机状态检测

工作过程中，MCU通过以下传感器完成对驱动电机运行状态信息的采集。

（1）电流传感器　检测电机工作电流，包括母线电流、三相交流电流，如图3-53所示。

（2）电压传感器　检测MCU工作电压，包括动力蓄电池电压、12V蓄电池电压。

（3）温度传感器　检测电机控制系统的工作温度，包括IGBT模块温度、MCU基板温度和电机定子绕组的温度。PT1000型热敏电阻温度传感器如图3-54所示，0℃时电阻1000Ω，每上升1℃电阻增加3.85Ω。

（4）电机转子位置检测　常用电机转子位置检测方法除了前面介绍的光电编码器法，还有无位置传感器法和旋转变压器法。

1）无位置传感器法。永磁同步电机在工作过程中，转子磁场在定子绕组中产生的反电动势。无位置传感器法的基本原理是采用一定的算法检测各相绕组反电动势的过零时间来判断转子磁极的换相位置，从而控制功率器件的开通与关断。但当转子静止或转速很低时，反电动势信号为零或很小，难以准确检测绕组的反电动势。另外，为消除脉宽调制信号（PWM）引起的干扰，需要对反电动势信号进行深度滤波。

2）旋转变压器法。旋转变压器是一种输出电压随转子转角变化的信号元件，用来检测驱动电机转子位置和转速。如图3-55所示，基本构成有定子和转子。其中，传感器线圈（定子线圈）由励磁、正弦、余弦三个线圈组成，当励磁绕组以一定频率的交流电压励磁时，输出绕组的电压幅值与转子转角成正余弦函数关系；信号齿圈固定在转子上。

  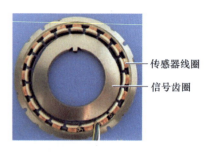

图 3-53　电流传感器　　图 3-54　PT100 型热敏电阻温度传感器　　图 3-55　旋转变压器

2. 诊断功能

MCU 通过采集电流、电压、温度、绝缘及其他参数，判断电机和 MCU 是否工作在安全范围内，如果超出这个范围，将对电机和 MCU 采取保护措施，并产生故障代码发送至 VCU。

3. 通信功能

MCU 的通信功能包括与 VCU 的通信、与其他器件的通信，如图 3-56 所示。在电机系统运行期间，MCU 需将电机系统的运行状态实时的发送给 VCU。

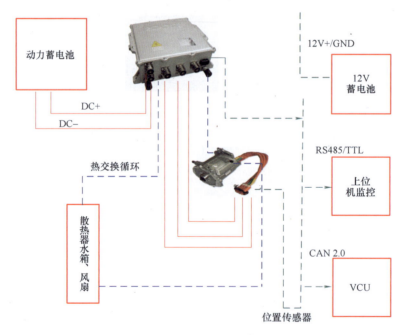

图 3-56　MCU 通信功能

4. 制动能量回馈

在能量回馈过程中，MCU 将发电机输出的三相交流电流进行整流、滤波、升压，将能量回收到动力蓄电池。

5. 防溜车功能控制

纯电动汽车在坡上起步时，驾驶员从松开制动踏板到踩加速踏板过程中，会出现整车向后溜车的现象。在坡上行驶过程中，如果驾驶员踩加速踏板的深度不够，整车会出现车速逐渐降到 0 然后向后溜车的现象。

为了防止纯电动汽车在坡上起步和运行时向后溜车现象，防溜车功能可以保证整车在坡上起步时，向后溜车小于 10cm；在整车坡上运行过程中如果动力不足时，整车车速会慢慢降到 0，然后保持 0 车速，不再向后溜车。

二、电机控制器（MCU）结构与接口

1. MCU 的结构

MCU 主要由接口电路、控制主板、IGBT 模块（驱动）、超级电容、放电电阻和壳体水道等组成，如图 3-57 所示。

图 3-57　MCU

（1）超级电容　超级电容在电动汽车上电时充电，在电机起动时保持电压稳定，防止因驱动电机起动电流太大造成对动力蓄电池的冲击。

（2）放电电阻　在断开高压电路时，通过电阻给电容放电，在放电电路故障时，在报送放电超时故障的同时切断高压供电。

（3）IGBT 模块　IGBT（Insulated Gate Bipolar Transistor）——绝缘栅双极型晶体管是由 BJT（双极型晶体管）和 MOSFET（绝缘栅型场效应管）组成的复合全控型电压驱动式功率开关器件，兼有 MOSFET 的高输入阻抗和 GTR（功率晶体管）的低导通压降两方面的优点。

IGBT 模块（见图 3-58）根据控制器主板的指令，将输入的高压直流电流逆变成频率可调的三相交流电流，供给配套的三相永磁同步电机使用。在能量回收过程中对三相交流电流进行整流。同时，检测直流母线电压、驱动电机相电流以及 IGBT 模块温度，并将检测信息反馈给 MCU。

图 3-58　IGBT 模块

2. MCU 端口

MCU 端口包括电机到控制器的 19PIN 的低压插件、控制器到 VCU 的 35PIN 低压插件、直流高压接口和高压交流接口，北汽新能源 EV200 MCU 端口如图 3-59 所示。

（1）19PIN 低压插件　它将旋转变压器检测的转子位置信号、温度信号、高低压互锁检测信号传输给 MCU。驱动电机到 MCU 的 19PIN 低压插件如图 3-60 所示，低压插件针脚定义

见表3-3。

图3-59 北汽新能源 EV200 MCU 端口

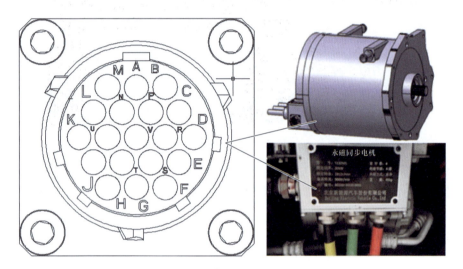

图3-60 19PIN 低压插件

表3-3 19PIN 低压插件针脚定义

插接器型号	编号	信号名称	说明
19PIN	A	励磁绕组 R1	电机旋转变压器接口
	B	励磁绕组 R2	
	C	余弦绕组 S1	
	D	余弦绕组 S3	
	E	正弦绕组 S2	
	F	正弦绕组 S4	
	G	TH0	电机温度接口
	H	TL0	
	L	HVIL1（+L1）	高低压互锁接口
	M	HVIL2（+L2）	

（2）35PIN 低压插件 它将驱动电机系统状态和故障信息通过整车 CAN 网络上传给 VCU。MCU 到 VCU 的 35PIN 低压插件如图 3-61 所示，低压插件针脚定义见表 3-4。

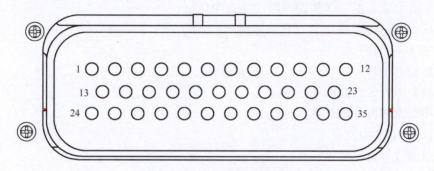

图 3-61 MCU 35PIN 低压插件

表 3-4 35PIN 低压插件接口针脚定义

型 号	编 号	信 号 名 称	说 明
MCU 35PIN 低压插件	12	励磁绕组 R1	电机旋转变压器接口
	11	励磁绕组 R2	
	35	余弦绕组 S1	
	34	余弦绕组 S3	
	23	正弦绕组 S2	
	22	正弦绕组 S4	
	33	屏蔽层	
	24	12V_ GND	控制电源接口
	1	12V +	
	32	CAN- H	CAN 总线接口
	31	CAN- L	
	30	CAN_ PB	
	29	CAN_ SHIELD	
	10	TH	电机温度传感器接口
	9	TL	
	28	屏蔽层	
	8	485 +	RS485 总线接口
	7	485 −	

三、电机控制器的工作原理

VCU 根据车辆运行的不同情况，包括车速、档位、电池 SOC 值，决定电机输出转矩/功率。当 MCU 从 VCU 处得到转矩输出命令时，将动力蓄电池提供的直流电转化成三相正弦交流电,驱动电机输出转矩,通过机械传输来驱动车辆。

1. 驱动电机系统工作条件

1)高压电源输入正常(绝缘性能大于20MΩ)。
2)低压12V电源供电正常(电压范围9~16V)。
3)与VCU通信正常。
4)电容放电正常。
5)旋转变压器传感器信号正常。
6)三相交流输出电路正常。
7)电机及MCU温度正常。
8)开盖保持开关信号正常。

以北汽新能源EV200为例,其MCU参数指标见表3-5。

表3-5 MCU参数表

技术指标	技术参数
直流输入电压/V	336
工作电压范围/V	265~410
控制电源电压/V	12
控制器电源电压范围/V	9~16
标称容量/(kV·A)	85
重量/kg	9
防护等级	IP67
尺寸(长×宽×高)/mm	403×249×140

2. 脉冲调制(PWM)原理

MCU采用斩波电路通过正弦交流电压将三角波调制成宽度可调的脉冲电压信号,斩波电路及输出波形如图3-62所示。

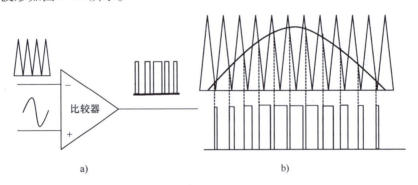

图3-62 斩波电路及输出波形
a)斩波电路 b)输出波形

如果驱动电机的定子绕组采用三角形连接,电机驱动电路如图3-63所示。斩波电路输出波形作为IGBT控制端S信号,控制功率开关管导通与关断的时刻及时间长度。如果U相线圈要获得如图3-63所示方向的电压,则功率开关管BG1和BG2导通,其他关断;如果U相要获得相反方向的电压,则功率开关管BG5与BG4导通,其他关断;驱动电机定子绕组电压波形如图3-64所示,图中正弦波为定子绕组电流波形。MCU主电路原理框图如图3-65所示。

项目三 驱动电机系统

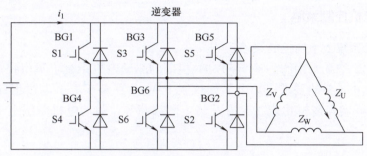

图 3-63 电机驱动电路

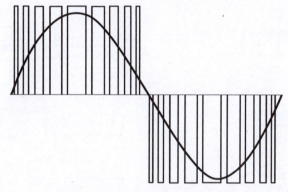

图 3-64 驱动电机定子绕组电压波形

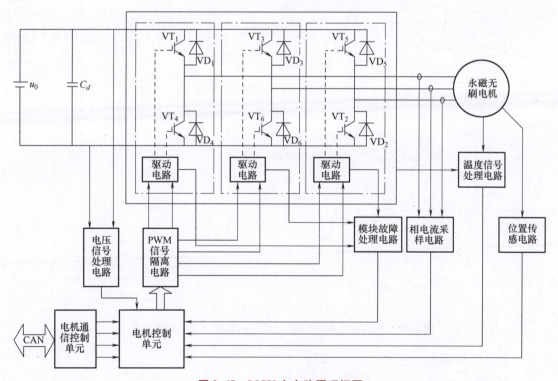

图 3-65 MCU 主电路原理框图

四、驱动电机控制策略

1. 驱动电机系统上下电控制策略

北汽新能源EV200采用的是基于STATE机制的驱动电机系统上下电控制策略。基于整车STATE机制上下电策略要求,约束了该机制下MCU在整车上下电过程各STATE中应该执行的动作、需要实现逻辑功能、允许及禁止的诊断等。驱动电机系统上下电控制策略如图3-66所示。

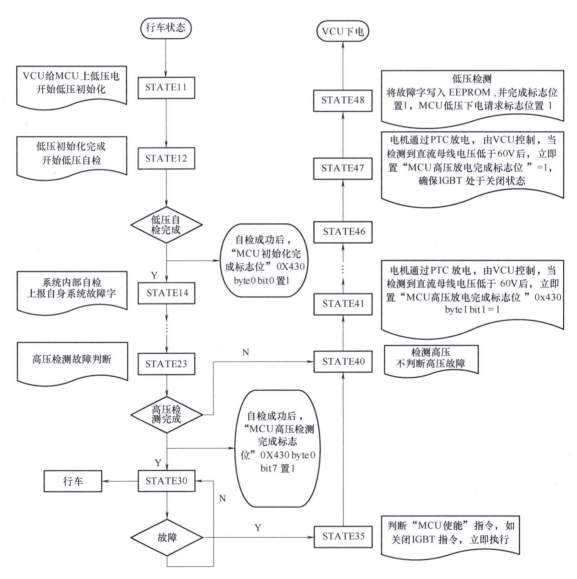

图3-66 北汽新能源EV200驱动电机系统上下电控制策略

1) 驱动电机系统上电流程如图3-67所示。
2) 驱动电机系统下电流程如图3-68所示。

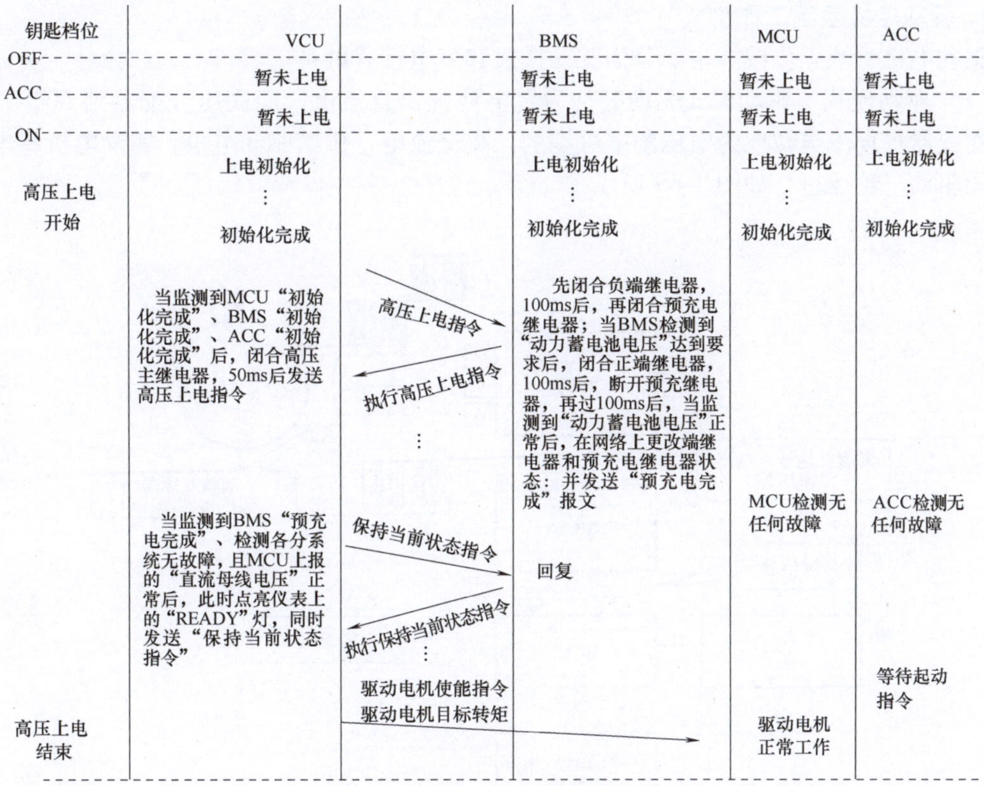

图 3-67 驱动电机系统上电流程

钥匙档位	VCU	BMS	MCU	ACC
OFF	暂未上电	暂未上电	暂未上电	暂未上电
ACC	暂未上电	暂未上电	暂未上电	暂未上电
ON	暂未上电	暂未上电	暂未上电	暂未上电
高压上电开始	上电初始化 … 初始化完成	上电初始化 … 初始化完成	上电初始化 … 初始化完成	上电初始化 … 初始化完成
	当监测到MCU"初始化完成"、BMS"初始化完成"、ACC"初始化完成"后,闭合高压主继电器,50ms后发送高压上电指令 → 高压上电指令 / ← 执行高压上电指令	先闭合负端继电器,100ms后,再闭合预充电继电器;当BMS检测到"动力蓄电池电压"达到要求后,闭合正端继电器,100ms后,断开预充继电器,再过100ms后,当监测到"动力蓄电池电压"正常后,在网络上更改端继电器和预充电继电器状态;并发送"预充电完成"报文		
	当监测到BMS"预充电完成"、检测各分系统无故障,且MCU上报的"直流母线电压"正常后,此时点亮仪表上的"READY"灯,同时发送"保持当前状态指令" → 保持当前状态指令 / ← 执行保持当前状态指令	回复	MCU检测无任何故障	ACC检测无任何故障
		驱动电机使能指令 驱动电机目标转矩 →		等待起动指令
高压上电结束			驱动电机正常工作	

图 3-67 驱动电机系统上电流程

钥匙档位	VCU	BMS	MCU	ACC
ON-OFF				
高压下电开始	当监测到钥匙档位从ON转到ACC后,VCU断开高压主继电器,50ms后发送"高压下电指令" → 高压下电指令 / ← 执行高压下电指令	断开正端继电器 断开负端继电器	MCU正常下电;驱动电机停止工作	ACC正常下电;电动空调暖风停止工作
	当监测到BMS的正端继电器、负端继电器和预充电继电器均为"断开状态"时,发送"保持当前状态指令" → 保持当前状态指令 / ← 执行保持当前状态指令	当BMS接收到"执行保持当前状态指令"后,BMS回复一帧"执行保持当前状态指令",之后BMS停止发送任何报文,进入休眠模式		
	当VCU接收到BMS发送的"执行保持当前状态指令"后,VCU停止发送任何报文			
高压下电结束	VCU休眠	BMS休眠	MCU已下电	ACC已下电

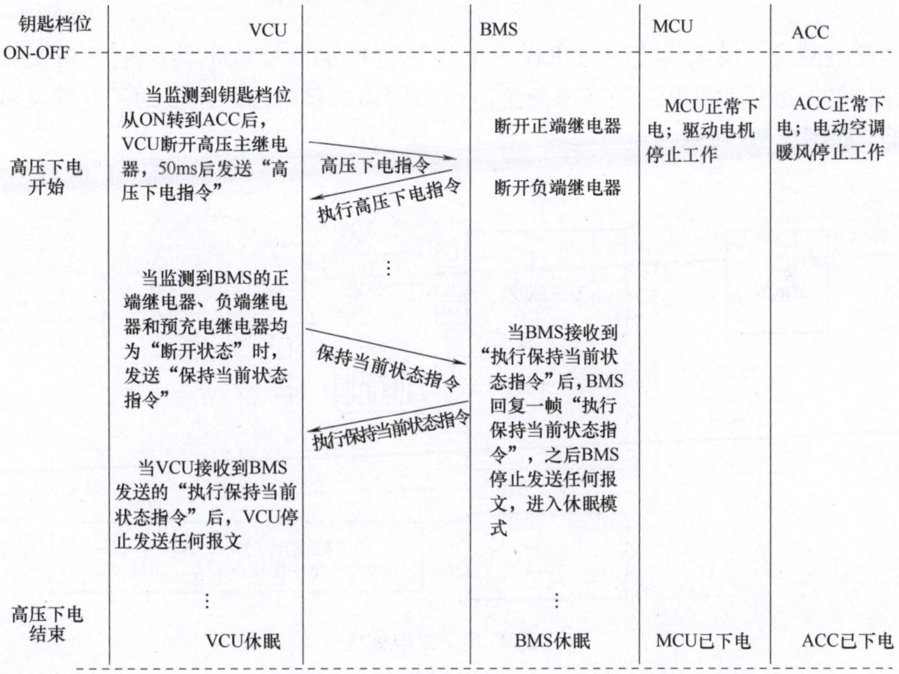

图 3-68 驱动电机系统下电流程

2. 驱动电机系统工作模式

驱动电机系统工作模式主要分为驱动模式和发电模式两种。

（1）驱动模式　驱动模式驱动时动力蓄电池提供直流电，经高压分配器到 MCU，MCU 中的逆变器将直流电转换为电压频率可调的三相交流电，供给驱动电机，驱动电机将电能变为动能驱动车轮运行，如图 3-69 所示。

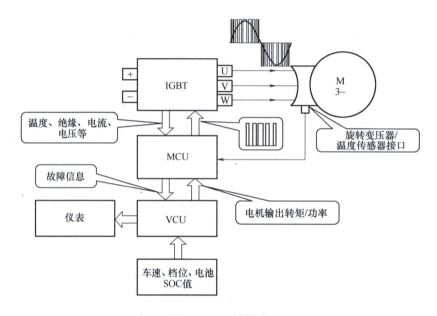

图 3-69　驱动模式

（2）发电模式　发电模式时电机做发电机运行把动能变成电能产生三相交流电，逆变器将三相交流电变为直流电，经高压分配器反馈回动力蓄电池，既节约了电能又减少了制动片的磨耗，如图 3-70 所示。

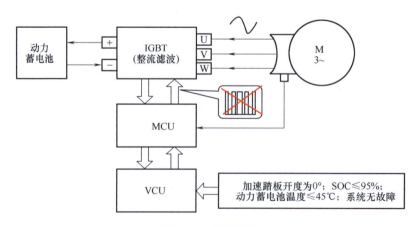

图 3-70　发电模式

项目三　驱动电机系统

任务四　驱动电机冷却系统

学习目标

1. 掌握驱动电机冷却系统的功用。
2. 掌握驱动电机冷却系统的结构组成。
3. 了解驱动电机冷却系统的工作原理。

知识储备

一、驱动电机冷却系统功用

驱动电机和 MCU 在运行过程中会产生大量的热，这些热量会对驱动系统的正常工作和使用寿命造成不良影响。当温度上升到一定程度时，电机的绝缘材料会发生本质的变化，最终使其失去绝缘能力；温度过高还会导致控制器中的电子器件性能下降，甚至烧坏元器件。为保证运行过程中所产生的热能能够及时散发出去，需要对驱动电机和 MCU 进行冷却，以确保它们在适宜的温度范围内工作，冷却系统连接关系如图 3-71 所示。

二、驱动电机冷却系统结构组成

驱动电机冷却系统有风冷和水冷之分。北汽新能源 EV200 的驱动电机冷却系统采用水冷方式，该冷却系统主要由电动水泵、散热器、电动风扇、储液罐和冷却循环管路组成，如图 3-72 所示。

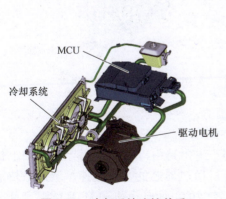

图 3-71　冷却系统连接关系

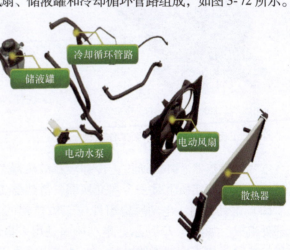

图 3-72　冷却系统水循环结构组成

（1）电动水泵　电动水泵主要由电机壳体、电刷架、电刷、转子、永久磁铁、水泵底盖、水泵叶轮和水泵外壳组成，如图3-73所示。水泵是整个冷却系统唯一的动力元件，负责为冷却液的循环提供机械能。

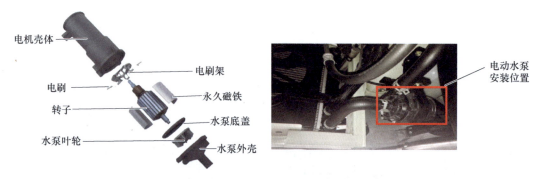

图3-73　电动水泵结构及安装位置

电动水泵的电机带动叶轮旋转时，水泵中的冷却液在离心力作用下被甩到叶轮外缘，叶轮外缘压力升高，冷却液从出水口甩出，如图3-74所示。

（2）散热器　根据散热器的结构形式可分为直流型和横流型两类，北汽新能源EV200的散热器属于横流式。散热器主要由左储水室、右储水室、散热器翼片、散热器芯、进水管接口、出水管接口、放水螺塞以及溢流管接口等部件组成，如图3-75所示。

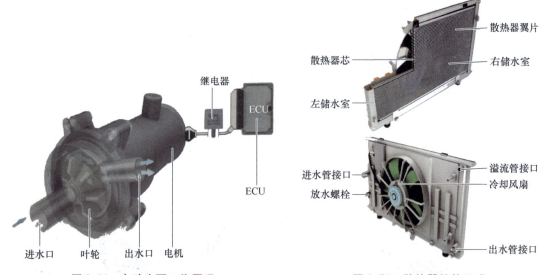

图3-74　电动水泵工作原理　　　　图3-75　散热器结构组成

空气从散热器芯外面通过，冷却液在散热器芯内流动，冷空气将冷却液散在空气中的热量带走，散热器实质上是一个热交换器，散热器工作原理如图3-76所示。

（3）电动风扇　电动风扇组件位于散热器的内侧，主要是由冷却风扇、导热罩和电机等部件组成，如图3-77所示。电动风扇是用来提高通过散热器芯的空气流速，增强散热器的散热能力，加速冷却液的冷却。电动风扇是由VCU控制的，驱动电机和MCU的温度都会影响电动风扇的转速。

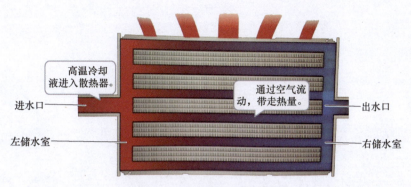

图 3-76 散热器的工作原理

驱动电机的温度传感器将驱动电机温度传送给 VCU，当检测到电机的温度为 45~50℃，VCU 控制冷却风扇低速起动；当检测到驱动电机温度≥50℃时，VCU 控制冷却风扇高速起动；当检测到驱动电机温度降至 40℃时，VCU 控制冷却风扇停止工作。

MCU 的温度传感器将 MCU 散热基板的温度信号传送给

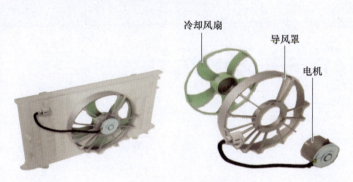

图 3-77 电动风扇

VCU，当检测到 MCU 散热基板的温度≥75℃时，VCU 控制冷却风扇低速起动；当检测到 MCU 散热基板温度≥80℃时，VCU 控制冷却风扇高速起动；当检测到 MCU 散热基板温度降至 75℃时，VCU 控制冷却风扇停止工作。

三、驱动电机冷却系统的工作原理

驱动电机冷却系统使用电动水泵提高冷却液的压力，强制冷却液在电动水泵、驱动电机、MCU、散热器之间循环流动。换句话说就是驱动电机系统采用强制循环式水冷却，由电动水泵提供循环动力。

电动水泵将储液罐中的冷却液泵入 MCU，冷却液对 MCU 进行冷却后从出水口流入驱动电机外壳水套，吸收驱动电机的热量后冷却液随之升温，随后冷却液从驱动电机的出水口流出经过冷却管路流入散热器，在散热器中冷却液通过流过散热器周围的空气散热而降温，最后冷却液经散热器出水软管返回电动水泵进行往复循环，驱动电机冷却系统水循环路线如图 3-78 所示。

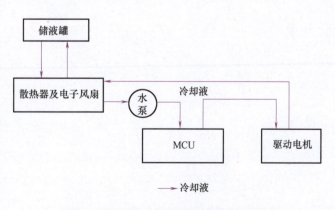

图 3-78 驱动电机冷却系统水循环路线

Project 4

项目四

充电系统

项目四 充电系统

任务一 充电系统概述

学习目标

1. 了解充放电C率、时率的基本概念。
2. 掌握电动汽车常用的充电方法。
3. 熟知电动汽车的慢速充电系统。
4. 熟知电动汽车的快速充电系统。

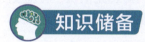
知识储备

一、电动汽车充电系统概述

1. 电动汽车充电系统

电动汽车充电系统（见图4-1）是维持电动汽车运行的能源补给设施，是从供电电源提取能量对动力蓄电池充电时使用的有特定功能的电力转换装置，主要包括交流（慢速）充电系统和直流（快速）充电系统。

电动汽车对充电系统的基本要求如下：

（1）安全性 包括人员的人身安全和动力蓄电池的安全。

（2）易用性 具有较高的智能性，不需要操作人员过多干预充电过程。

图4-1 电动汽车充电系统

（3）经济性 价格低廉、性能优异的充电设备有助于降低整个电动汽车的成本，促进电动汽车的商业化推广。

（4）高效性 高效率是对现代电动汽车充电系统的重要要求之一。

（5）低污染性 采用电力电子技术的充电设备是一种高度非线性的设备，会对供电网及其他供电设备产生有害的谐波污染，而且由于充电设备功率因数低，在充电系统负载增加时，对供电网的影响也不容忽视。

2. 电动汽车充放电速率的表示方法

电动汽车的动力蓄电池充放电速率对电池的性能影响很大，动力蓄电池的充放电速率有C率和时率两种表示方法。

91

(1) C率　C率又称倍率，是指动力蓄电池在规定时间内放出其额定容量时所需要的电流值，即：C率=充放电电流（A）/额定容量（A·h），其数值为动力蓄电池额定容量的倍数。例如：额定容量为100 A·h的动力蓄电池用20A放电时，其放电倍率为0.2C。动力蓄电池放电C率是表示放电快慢的一种量度。所用的容量1h放电完毕，称为1C放电；5h放电完毕，则称为1/5C=0.2C放电。

(2) 时率　时率又称小时率，是动力蓄电池以一定的电流放完其额定容量所需要的小时数，即时率（h）=电池的额定容量（A·h）/规定的充放电电流（A）。

二、慢速充电系统

慢速充电系统通过慢速充电线束（家用慢速充电线束、充电桩慢速充电线束）与220V家用交流插座或交流充电桩相连为动力蓄电池进行充电；慢速充电系统将220V交流电转化为直流电，以实现动力蓄电池的电能补给。

1. 慢速充电系统的组成

慢速充电系统主要是由供电设备（交流充电桩或家用交流电源）、车载充电机、慢充充电口、充电枪、高压线束、低压控制线束、高压控制盒、动力蓄电池和VCU等部件组成，如图4-2所示。

交流充电桩是采用有线传输方式为具有车载充电机的电动汽车提供交流电能，提供人机操作界面和交流充电接口，并具备相应保护功能的专用装置，如图4-3所示。交流充电桩应用在各种大、中、小型电动汽车充电站，其特点是充电功率较小，电池充电时间较长，可充分利用低谷时段充电。

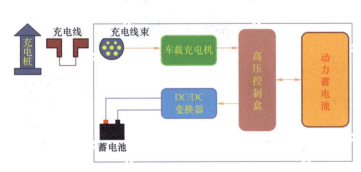

图4-2　慢速充电系统的组成

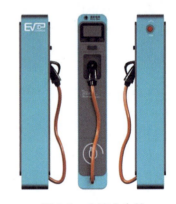

图4-3　交流充电桩

2. 慢速充电接口

慢速充电接口适用于电动汽车传导充电使用，其接口功能定义执行国家标准GBT20234.2—2015《电动汽车传导充电用连接装置》规定，参见表4-1。

表4-1　慢速充电接口的额定值

额定电压/V	额定电流/A
250	16
	32

北汽新能源 EV200 的慢充充电口位于传统汽车的油箱口部位，打开充电盖后可以看到充电插头为 7 孔式，其供电触头布置方式如图 4-4 所示。

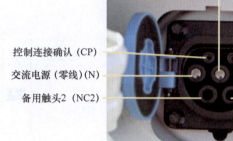

图 4-4　慢充充电口供电触头布置方式

注意事项：不充电时禁止打开充电盖。

慢充充电接口电气参数和功能定义见表 4-2。

表 4-2　慢充充电接口各触头功能定义

触 头 标 识	功 能 定 义
L	交流电源
NC1	备用触头 1
NC2	备用触头 2
N	交流电源（零线）
PE	车身接地——连接供电设备地线和车辆底盘地线
CC	充电连接确认
CP	控制连接确认

3. 慢速充电系统的工作原理

（1）慢速充电系统对充电条件的要求　使用交流充电桩对动力蓄电池进行能量补充时，慢速充电系统对充电条件有如下要求：

1）充电线连接确认信号正常。
2）充电机供电电源正常（包括 220V 和 12V）及充电机工作正常。
3）充电唤醒信号输出正常（12V）。
4）充电桩、VCU、BMS 之间通信正常。
5）动力蓄电池电芯温度为 0℃~45℃。
6）单体蓄电池最高电压与最低电压差小于 0.3V。
7）单体蓄电池最高温度与最低温度差小于 15℃。

8）绝缘性能大于20MΩ。
9）实际单体最高电压不大于额定单体电压0.4V。
10）高低压电路连接正常。

（2）慢速充电系统的工作过程　交流充电桩（或家用16A供电插座）提供的交流电经车载充电机整流、滤波、升压后转换为高压直流电压，通过高压控制盒连接到动力蓄电池，如图4-5所示。

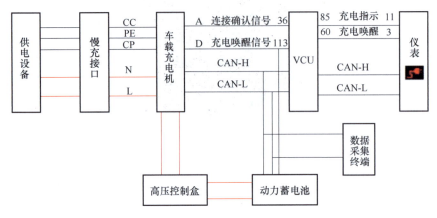

图4-5　慢速充电系统的工作过程

1）交流供电。将充电枪连接到交流充电桩（或家用16A供电插座），充电桩向电动汽车输入交流电。

2）充电唤醒。充电枪通过CC连接确认信号后，车载充电机通过硬线向VCU、BMS发出充电唤醒信号、连接确认信号。VCU唤醒仪表显示连接状态。

3）BMS检测充电需求。BMS首先检测动力蓄电池有无充电需求，计算需要的充电电流。

4）BMS发送充电指令。检测完毕后BMS会将充电指令发送给车载充电机，由VCU发出指令，并由动力蓄电池管理模块控制闭合动力蓄电池正、负主继电器，开始充电。

5）充电过程。车载充电机开始工作，将外部供电设备提供的220V交流电转换为动力蓄电池的高压直流电储存到动力蓄电池组件。

6）停止充电。当BMS检测到充电完成后，发送指令给车载充电机，此时，车载充电机停止工作，动力蓄电池组件断开继电器。

三、快速充电系统

快速充电系统通过直流充电桩（快速）为动力蓄电池进行快速充电，实现对动力蓄电池快速、高效、安全、合理的电量补给，另外还要考虑充电桩对各种动力蓄电池的适用性。

1. 快速充电系统的组成

快速充电系统主要由快速充电桩（直流充电桩）、快充接口、高压控制盒、动力蓄电池、VCU、高压线束和低压控制线束等组成。直流充电桩及高压控制盒如图4-6所示。

2. 快充充电接口

直流充电桩的充电接口是充电桩与电动汽车快充充电口进行物理连接，完成充电和控制引导的连接器。直流充电桩与电动汽车的充电接口功能定义执行国家标准GB/T 20234.3—

2015《电动汽车传导充电用连接装置》的规定,参见表4-3。北汽新能源 EV200 的快充充电口位于车头前部正中间位置,如图4-7所示。

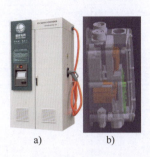

图 4-6　直流充电桩及高压控制盒
a) 直流充电桩　b) 高压控制盒

图 4-7　快充充电口位置

表 4-3　直流充电接口额定值

额定电压/V	额定电流/A
750	125
	250

打开充电盖口后可以看到 9 孔式接口,其连线触头布置形式如图 4-8 所示。

图 4-8　快充充电口触头布置形式

快充充电接口各触头功能定义见表 4-4。

表 4-4　快充充电接口各触头功能定义

触头标识	功能定义
DC +	直流电源正——连接直流电源正与电池正极
DC -	直流电源负——连接直流电源负与电池负极

(续)

触头标识	功能定义
⏚	车身地——连接供电设备地线和车辆底盘地线
S+	充电通信 CAN-H——连接非车载充电机与电动汽车的通信线
S-	充电通信 CAN-L——连接非车载充电机与电动汽车的通信线
CC1	充电连接确认1
CC2	充电连接确认2
A+	低压辅助电源正——连接非车载充电机为电动汽车提供的低压辅助电源
A-	低压辅助电源负——连接非车载充电机为电动汽车提供的低压辅助电源

3. 快速充电的工作原理

快速充电系统的结构如图4-9所示，快速充电系统工作过程中，VCU是快速充电系统的主控模块。

（1）直流供电　将充电枪连接到直流充电桩，充电桩将向电动汽车提供高压直流电。

（2）充电唤醒　将充电枪由直流充电桩连接至车辆快充接口后，VCU通过CC线判断充电接口已经正确连接，并启用唤醒线路唤醒车辆内部充电系统电路及部件。

（3）BMS检测充电需求　BMS首先检测动力蓄电池有无充电需求。

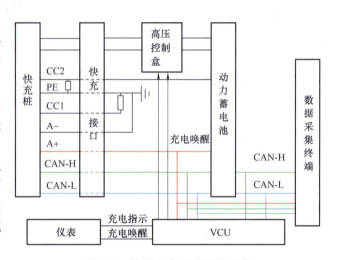

图 4-9　快速充电系统结构组成

（4）BMS发送充电指令　VCU通过输出高压接触器接通指令至高压控制盒，实现快速充电桩与动力蓄电池之间高压电路的接通，开始充电。

（5）充电过程　充电过程中，充电桩将外部供电设备提供的高压直流电转换为动力蓄电池的高压直流电储存到动力蓄电池组件。同时，VCU向仪表输出正在充电的显示信息。

（6）停止充电　当BMS检测到充电完成后，发送指令给VCU，此时，充电系统停止工作，动力蓄电池组件断开继电器。

任务二　充电系统关键部件

学习目标

1. 认识电动汽车充电机。
2. 认识DC/DC变换器。
3. 了解高压控制盒的作用。

项目四 充电系统

知识储备

一、充电机

1. 充电机的分类

电动汽车充电机从供电电源提取能量,以合适的方式传递给动力蓄电池,从而建立了供电电源与动力蓄电池之间的功率转换接口。充电机按照安装位置的不同分为车载充电机和地面充电机;按照连接方式的不同分为传导式充电机和感应式充电机。

(1)车载充电机　车载充电机固定安装在电动汽车上,当需要充电时通过电缆与地面交流电源连接完成充电,由于只需将车载充电机的插头插接到停车场或其附近的交流电源插座上或专用的充电桩上即可进行充电,因此车载充电机又称交流充电机。

车载充电机具有为电动汽车动力蓄电池安全、自动充满电的能力,依据 BMS 提供的数据,动态调节充电电流或电压参数,执行相应的动作,完成充电过程,如图 4-10 所示。

(2)地面充电机　地面充电机又称直流充电机,是指采用直流充电模式为电动汽车动力蓄电池进行充电的充电机。直流充电模式是以充电机输出的可控直流电源直接对动力蓄电池总成进行充电。

地面充电机安装于固定的地点,充电机的交流输入电源已事先连接完成。充电机的直流输出端在充电操作时再与电动汽车连接。地面充电机的功率较大,可以提供几百千瓦的充电功率,可以为电动汽车进行快速充电,如图 4-11 所示。车载充电机与地面充电机均属于传导式充电机。

(3)感应式充电机　感应式充电机利用电磁感应耦合方式向电动汽车传输电能,两者之间没有实际的物理连接,充电机分为地面部分和车载部分。它利用高频变压器将公用电网和电动汽车隔离,高频变压器的一方绕组装在离车的充电机上,充电机将 50Hz 的电能变换为高频电能,通过装在电动汽车上的另一方绕组将电能传送到电动汽车。在整流电路的作用下,将高频电流变换为能够为动力蓄电池充电的直流电。由于感应式充电机与电动汽车之间没有任何金属的接触,即没有接触式充电必需的插头插座,使电动汽车的充电更加安全可靠。但是由于变压器的损耗,使其充电效率略低于传导式充电方式,如图 4-12 所示。

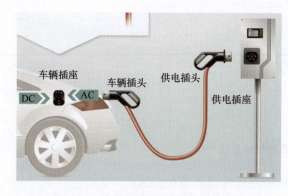

图 4-10　车载充电机与充电电源连接

图 4-11　地面充电机充电连接

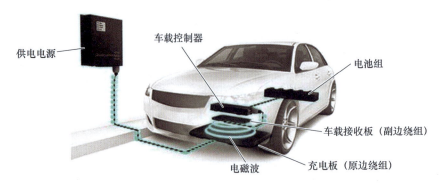

图 4-12 感应式充电机的充电原理

如果将感应式充电机的变压器原边绕组埋设在一段路面下，而副边绕组装在电动汽车车体之下，当电动汽车从这段路面驶过时，在电磁感应的作用下，可以为电动汽车快速充电，这种充电方式就是所谓的移动式感应充电，如图 4-13 所示。

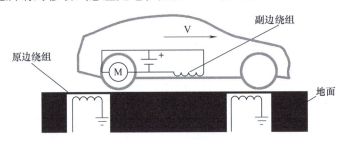

图 4-13 移动式感应充电

2. 车载充电机的功能

电动汽车车载充电机采用高频开关电源技术，其功能如图 4-14 所示。

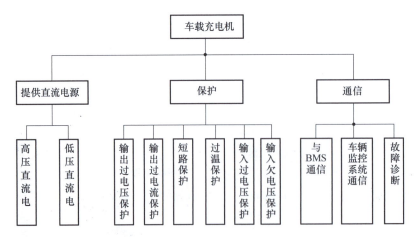

图 4-14 车载充电机的功能

（1）提供直流电源 车载充电机最主要的功能是将外部提供的交流电（220V），通过整流、升压转换成动力蓄电池充电所需的稳定的高压直流电，为动力蓄电池充电，保证车辆正常行驶；此外在充电过程中，还为低压系统提供低压电源（一般为12V）。车载充电机的供电功能见表4-5。

表 4-5　车载充电机的供电功能

电源	功能
高压直流电	经高压控制盒，为动力蓄电池充电
低压直流电	充电时，BMS、VCU、仪表等用电

（2）保护　车载充电机提供保护功能，包括过电压、过电流、过温、欠电压等多种保护功能，能够在充电系统出现异常时及时切断供电，在充电完成后自动切断输出，具体功能见表4-6。

表 4-6　车载充电机的保护功能

保护形式	保护条件
输出过电压保护	输出电压大于等于设定电压值时关闭输出
输出过电流保护	输出电流大于设定电流值时关闭输出
短路保护	输出短路时，充电机自动进入输出限流保护或关闭状态，故障排除后，自动恢复工作
过温保护	当温度超过过温保护值时，充电机自动进入过温保护状态，当温度恢复正常后，自动恢复工作状态
输入过电压保护	输入大于等于设定电压值时关闭输出
输入欠电压报警	输入小于等于设定电压值时可关闭输出或降低输出功率

（3）通信　车载充电机的通信系统将充电状态发送给BMS，而且BMS通过通信系统控制车载充电机的工作状态，可以将内部故障信息发送到CAN网络，具体功能见表4-7。

表 4-7　车载充电机的通信功能

通信形式	功能
与BMS通信	BMS控制车载充电机的工作状态（工作模式指令、动力蓄电池允许最大电压、充电允许最大电流、加热状态电流值等），同时车载充电机将充电状态（单体蓄电压、总电压、温度、电流等）发送给BMS
与车辆监控系统通信	通过通信系统将充电状态（电压、电流等）发送到车辆仪表或监控系统
故障诊断	通过通信系统将车载充电机内部的故障信息发送到CAN网络，可以通过诊断仪或CAN卡读出数据

3. 车载充电机的结构

相对于传统工业电源，北汽新能源EV160采用的车载充电机具有效率高、体积小、耐受恶劣工作环境等特点，其安装位置如图4-15所示。

车载充电机接口由交流输入端、直流输入端和低压通信端组成，如图4-16所示。

图 4-15　车载充电机的安装位置

图 4-16　车载充电机接口

（1）交流输入端　连接从交流充电插座进来的插接器。交流输入端各针脚含义如图 4-17 所示。

（2）直流输出端　车载充电机输出到动力蓄电池的部分。直流输出端各针脚含义如图 4-18 所示。

车载充电机基本介绍

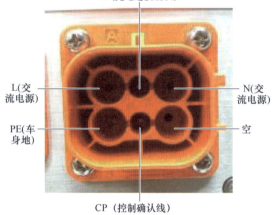

图 4-17　交流输入端各针脚含义

图 4-18　直流输出端各针脚含义

（3）低压通信端　车载充电机与 BMS 和外部连接的低压接口。低压通信端各针脚如图 4-19 所示，底端一排从右向左分别为针脚 1~8，上端一排从右向左分别为针脚 9~16。

4. 车载充电机的工作原理

北汽新能源 EV160 车载充电机采用高频开关电源技术，具有过电压、欠电压、过电流、欠电流等保护措施，当充电系统出现异常会及时切断供电。

车载充电机内部可分为主电路、控制电路、线束及标准件三部分。车载充电机内部结构如图 4-20 所示。

（1）主电路　前端将交流电转换为恒定电压的直流电，主要是全桥电路 + PFC 电路。后端为 DC/DC 变换器，将前端转出的直流高压电变换为合适的电压及电流供给动力蓄电池。

（2）控制电路　控制 MOS 管的开关，与 BMS 之间通信，监测充电机状态，与充电桩握手等功能。

（3）线束及标准件　用于主电路及控制电路的连接，固定元器件及电路板。

项目四 充电系统

图4-19 低压通信端接口针脚
1—新能源CAN-L 2—新能源CAN-GND 3—CP(预留) 5—互锁输出(到高压控制盒低压插件)
8—GND 9—新能源CAN-H 11—CC信号输出 13—互锁输入(到空调压缩机低压插件)
14—使能(预留) 15—12V+OUT 16—12V+IN

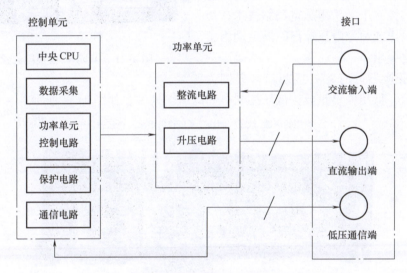

图4-20 车载充电机内部结构

车载充电机工作时,整流电路将输入的220V交流电转变为脉动电流,经过PFC电路后转变为直流电,然后再进行逆变升压,最后将变压器输出的交变电流整流滤波后输入动力蓄电池进行充电,充电过程中充电机接受VCU或BMS发送的充电电压、充电电流等指令进行工作。北汽新能源EV160车载充电机参数见表4-8。

表4-8 车载充电机的参数

项目名称	参数值
输入电压	220V±15% AC
输出电压	240~410V DC
效率	满载大于90%
冷却方式	风冷
防护等级	IP66

101

二、DC/DC 变换器

1. DC/DC 变换器的结构组成

DC/DC 变换器能够实现直流到直流的电量变换，有升压、降压、双向降-升三种形式，是实现电气系统电能变换、传输和电气拖动的重要电气设备。

电动汽车中的 DC/DC 变换器（又称"变压器"）位于机舱内，在高压控制盒与车载充电机之间，主要用于将动力蓄电池的高压直流电转换为 12V 低压直流电给蓄电池及整车低压用电系统供电，如图 4-21 所示。

DC/DC 变换器为隔离型桥式转换器，主要包括主功率开关管 IGBT、高频变压器、输出整流桥、输出滤波电感和电容、输出逆止二极管及开关器件缓冲电路等。DC/DC 变换器在控制系统的控制下，采用脉宽调制技术，提供恒定电流输出或恒定电压输出，满足动力蓄电池组的充电要求。

图 4-21　DC/DC 变换器位置示意

DC/DC 变换器共有 4 处接线口，分别为低压输出负极、低压输出正极、低压控制端和高压输入端，如图 4-22 所示。

图 4-22　DC/DC 变换器接线口

其中，高压输入端各针脚含义如图 4-23 所示。低压控制端各针脚如图 4-24 所示。

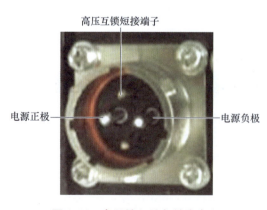

图 4-23　高压输入端各针脚含义

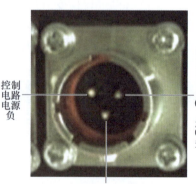

图 4-24　低压控制端接口针脚

2. DC/DC 变换器的工作原理

DC/DC 变换器又称为降压斩波电路，主要由主电路、控制电路、驱动及保护电路组成。

（1）主电路　主电路是用来完成直流到直流的降压变换，称为直流斩波电路。

（2）控制电路　控制电路是用来产生降压斩波电路的控制信号，控制电路产生的控制信号传到驱动电路。

（3）驱动电路　驱动电路把控制信号转换为加在开关控制端，可以使其开通或关断的信号。通过控制开关的开通和关断来控制降压斩波电路的主电路工作。

（4）保护电路　控制电路中的保护电路是用来防止电路产生过电流现象损害电路设备。

DC/DC 变换器工作原理是 ECU 控制绝缘栅双极晶体管的导通和截止，把动力蓄电池组件的直流电逆变成高压、高频交流电，然后通过变压器把这一高压、高频交流电转变为低压、高频的交流电，最后通过二极管整流滤波变成 12V 直流电。

DC/DC 变换器的工作过程如下：

1）整车 ON 档上电或充电唤醒上电。
2）动力蓄电池完成高压系统预充电流程。
3）VCU 发给 DC/DC 变换器使能信号。
4）DC/DC 变换器开始工作。

DC/DC 变换器具体工作过程如图 4-25 所示。当 ECU 控制 IGBT2 和 IGBT3 导通时，动力蓄电池组件电流从正极流经 IGBT2 至变压器初级绕组上端，向下流过初级绕组；经 IGBT3 到动力蓄电池组件负极，完成回路。

当 ECU 控制 IGBT1 和 IGBT4 导通时，动力蓄电池组件电流从正极流经 IGBT1 至变压器初级绕组下端，向上流过初级绕组，经 IGBT4 到动力蓄电池组件负极，完成回路。

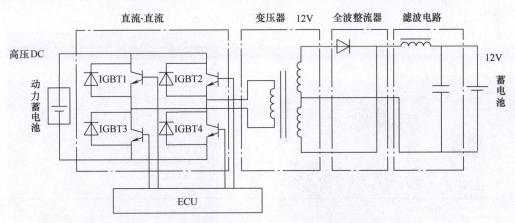

图 4-25　DC/DC 变换器工作原理图

两次不同的导通过程，在变压器初级绕组中产生不同方向的交变磁场，在变压器次级绕组感应出 12V 交流电。此过程完成了将高压直流电转变成交流电，经变压器进行降压，在次级绕组输出 12V 低压交流电。12V 低压交流电经全波整流器进行整流，再经滤波器电路过滤，形成一个趋于平稳的 12V 直流电输出。

北汽新能源 EV160 搭载的 DC/DC 变换器基本参数见表 4-9。

表 4-9　DC/DC 变换器基本参数

项目名称	参 数 值
输入电压	DC 240~410V
输出电压	DC 14
效率	峰值大于 88%
冷却方式	风冷
防护等级	IP67

三、高压控制盒

1. 高压控制盒的结构组成

高压控制盒，也叫高压配电盒，跨接在快速充电接口和电池之间，及动力蓄电池和 MCU 之间，主要功能是对动力蓄电池中储存的电能进行输出及分配，实现对支路用电器件的切断和保护。包括整车主继电器、高压各分系统熔丝。高压控制盒安装在永磁同步电机控制器与 DC/DC 变换器之间，如图 4-26 所示。

高压控制盒共有 5 个接线口，分别连接快充插件、动力蓄电池组件、MCU、低压控制插件和高压附件插件，如图 4-27 所示。

图 4-26　高压控制盒位置

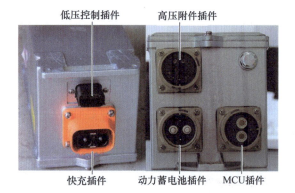

图 4-27　高压控制盒接口

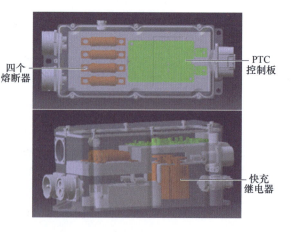

图 4-28　高压控制盒内部结构

高压控制盒内部结构如图 4-28 所示，其中四个熔断器如图 4-29 所示。

高压控制盒快充插件各针脚含义如图 4-30 所示。高压控制盒低压控制插件各针脚如图 4-31 所示。

项目四 充电系统

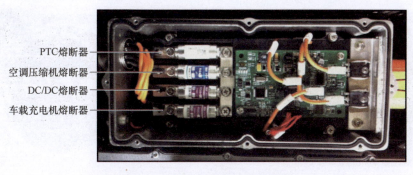

图 4-29 高压控制盒内部熔断器

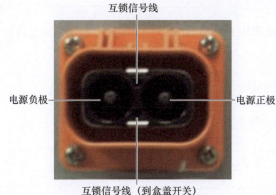

图 4-30 快充插件接口针脚

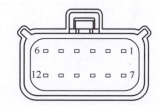

图 4-31 高压控制盒低压控制端接口针脚

低压控制端插件各针脚含义如下：
1 脚：快充继电器线圈（正极）
2 脚：快充负继电器线圈（控制端）
3 脚：快充正继电器线圈（控制端）
4 脚：空调继电器线圈（正极）
5 脚：空调继电器线圈（控制端）
6 脚：PTC 控制器 GND
7 脚：PTC 控制器 CAN-L
8 脚：PTC 控制器 CAN-H
9 脚：PTC 温度传感器负极
10 脚：PTC 温度传感器正极

高压控制盒高压附件插件各针脚含义如图 4-32 所示。

高压控制盒 MCU 插件各针脚含义如图 4-33 所示。高压控制盒动力蓄电池插件各针脚含义如图 4-34 所示。

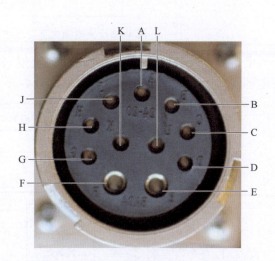

图 4-32 高压控制盒高压附件插件接口针脚
A—DC/DC 电源正极　B—PTC 电源正极　C—压缩机电源正极
D—PTC-A 组负极　E—充电机电源正极
F—充电机电源负极　G—DC/DC 电源负极　H—压缩机电源负极
J—PTC-B 组负极　L—互锁信号线　K—空引脚

105

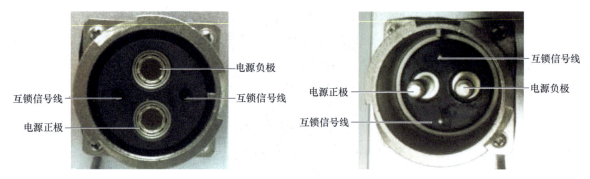

图 4-33　高压控制盒 MCU 插件接口针脚　　　图 4-34　高压控制盒动力蓄电池插件接口针脚

2. 高压控制盒的工作原理

当电动汽车处于充电模式时，经由慢充和快充转换的高压直流电经高压控制盒连接到动力蓄电池组件中，如图 4-35 所示。

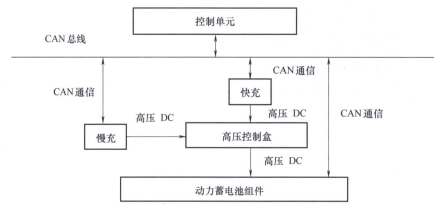

图 4-35　充电模式下高压控制盒工作原理示意图

当电动汽车处于驱动模式时，动力蓄电池组件中储存的高压直流电经高压控制盒分配到各用电部件，保证各部件的电能需求，如图 4-36 所示。

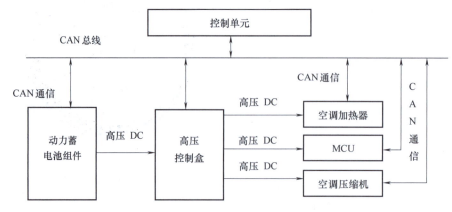

图 4-36　驱动模式下高压控制盒工作原理示意图

当电动汽车处于制动能量回收模式时，回收的电能经高压控制盒直接以高压直流电形式储存到动力蓄电池组件中,如图 4-37 所示。

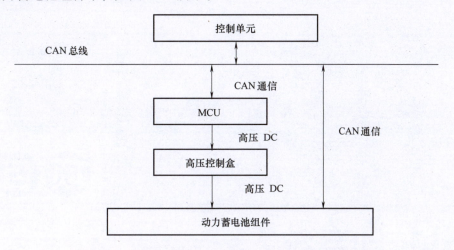

图 4-37　制动能量回收模式下高压控制盒工作原理示意图

Project 5
项目五
电动辅助系统

任务一 电动助力转向系统

学习目标

1. 掌握电动汽车电动助力转向系统的特点。
2. 了解电动汽车电动助力转向系统的分类。
3. 掌握电动汽车电动助力转向系统的结构。
4. 能够正确描述电动汽车电动助力转向系统的工作原理。

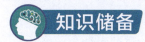

一、助力转向系统概述

1. 助力转向系统的分类

在汽车的发展历程中,转向系统经历了五个发展阶段:从最初的机械式转向系统(Manual Steering,MS)发展为液压助力转向系统(Hydraulic Power Steering,HPS)和电控液压助力转向系统(Electro Hydraulic Power Steering,EHPS),为进一步改善助力转向系统的性能,后来又出现了电动助力转向系统(Electric Power Steering,EPS)与线控转向系统(Steering-By-Wire System,SBW)。

2. 液压助力转向系统(HPS)

装配 MS 的汽车,采用机械转向器实现转向,在泊车和低速行驶时驾驶员的转向操纵负担过于沉重,为了解决这个问题,美国 GM 公司在 20 世纪 50 年代率先在轿车上采用了 HPS,为转向系统提供辅助转向动力,使转向更加轻便。HPS 是采用液压伺服控制方式构成的液压控制系统,主要由 V 带、压力流量控制阀体、油管、动力缸、转向助力泵、转向柱、转向传动轴和储油罐等部件构成,如图 5-1 所示。

HPS 的转向盘与转向轮之间采用机械部件连接,操控精准,路感直接,信息反馈丰富;液压泵由发动机驱动,转向动力充沛,大小车辆都适用;技术成熟,可靠性高,平均制造成本低,得以广泛普及。但是,HPS 无法兼顾车辆低速时的转向轻便性和高速时的转向稳定性,低速大转向转弯时比较沉;由于依靠

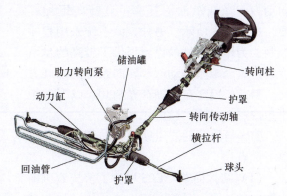

图 5-1 HPS 的组成

发动机动力来驱动电动助力泵，能耗比较高，车辆行驶动力无形中就被消耗了一部分；液压系统的管路结构非常复杂，各种控制油液的阀门数量繁多，后期的保养维护需要成本高；不论行驶车辆是否需要转向助力，系统总要处于工作状态，整套油路经常保持高压状态，使用寿命受到影响。

3. 电控液压助力系统（EHPS）

在1983年日本Koyo公司推出了具备车速感应功能的EHPS。EHPS主要由储油罐、控制单元、电动助力泵、转向机构和助力转向传感器等构成，如图5-2所示。

EHPS克服了HPS的部分缺点。它所采用的液压泵不再靠发动机传送带驱动，而是采用一个电动助力泵，所有工作状态都是由电子控制单元根据车辆的行驶速度、转向角度等信号计算出的最理想状态。在低速大转向时，电子控制单元驱动电动助力泵以高速运转输出较大功率，使驾驶员打方向更加省力；汽车在高速行驶时，液压控制单元驱动电动助力泵以较低的速度运转，自动根据车速逐步减小助力，增强路感，在不影响高速打转向需要的同时，节省一部分发动机功率。这种转向系统结构复杂、不便于安装维修及检测、造价较高，而且无法克服液压系统自身所具有的许多缺点（如渗油问题、低温工作性能），是一种介于液压助力转向和电动助力转向之间的过渡产品。

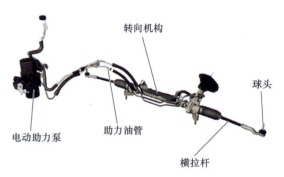

图5-2　EHPS的组成

4. 电动助力转向系统（EPS）

到了1988年，日本Suzuki公司首先在小型轿车Cervo上配备了Koyo公司研发的转向柱助力式电动助力转向系统；1990年，日本Honda公司也在运动型轿车NSX上采用了自主研发的齿条助力式电动助力转向系统，从此揭开了电动助力转向在汽车上应用的历史。EPS是一种直接依靠电动机提供辅助转矩的动力转向系统，可以根据不同的使用工况控制助力电动机提供不同的辅助动力，实现转向助力随车速的变化而变化，且仅在需要转向的时候提供转向动力，降低燃油消耗率，且转向更加轻便，如图5-3所示。另外，该系统采用程序控制，为转向特性的设置提供了较高的自由度，这也是未来电动汽车转向系统的发展方向。目前，EPS在前轴荷在900kg以下的中小型汽车上得到广泛应用。

EPS与传统的液压助力转向相比，具有以下优点：

（1）结构简单　EPS取消了传统液压助力转向的油泵、软管、液压油、传送带和带轮等零部件，直接采用电机提供动力，结构更加简单，重量更轻，且电机和减速机构集成在转向柱或者转向器壳体中，节省了安装空间。

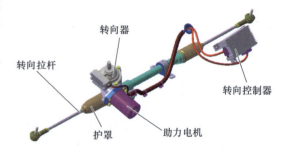

图5-3　EPS的组成

（2）降低油耗　EPS控制系统使电机只在转向时工作，不转向时不消耗功率，省去了不断工作的液压泵消耗的功率，因此，与液压转向系统相比燃油消耗可减少3%~5%。

（3）噪声小　EPS直接使用电机进行转向驱动，噪声小。

（4）助力效果更好　EPS转向助力的大小，可以通过控制单元中的软件，容易实现随车速等的变化而变化。

（5）实现转向系统主动回正　在一定车速下，当驾驶员转动转向盘一个角度后松开，车辆本身具有使车辆回到直线行驶方向的能力，EPS对该回正过程进行主动控制，利用软件在最大限度内调整设计参数以使车辆获得最佳的回正特性。而在传统液压控制系统中，汽车底盘结构设计一旦完成，其回正特性就不能改变。

（6）环保性好　EPS取消了油泵、液压油、油罐等，不存在液压油泄露对环境的污染问题。

5. 线控转向系统（SBW）

目前，汽车生产厂商为获得最佳的汽车转向性能，提高汽车的操纵性、稳定性和安全性，使汽车具有一定的智能化，发展出线控转向技术。SBW取消了转向盘与转向轮之间的机械连接，完全由电能实现转向，摆脱了传统转向系统的各种限制，不但可以自由设计汽车转向的力传递特性，设计汽车转向的角传递特性，通过控制算法实现智能化车辆转向，而且比传统转向系统更加节省安装空间，重量更轻，线控转向系统结构组成如图5-4所示。我国线控转向技术研究起步较晚，研究

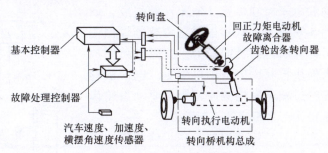

图5-4　SBW结构组成

成果产业化与国外相比有一定差距。加快线控转向技术研究及推广应用对国产汽车的电子化发展及智能汽车技术，都将有深远的意义。

二、电动助力转向系统（EPS）的结构

1. EPS的分类

EPS根据电动机驱动部位和机械结构的不同，可将EPS分为转向轴助力式、齿轮助力式和齿条助力式，如图5-5所示。

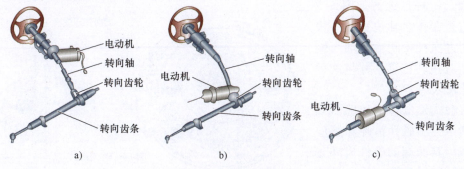

图5-5　EPS的类型

a）转向轴助力式　b）齿轮助力式　c）齿条助力式

（1）转向轴助力式　该形式的 EPS 的电动机固定在转向轴一侧，并装有一个电磁控制的离合器，通过减速机构与转向轴相连，直接驱动转向轴助力转向。其特点是结构紧凑、所测取的转矩信号与控制直流电动机助力的响应性较好。这种类型一般应用在小排量轿车上。

（2）齿轮助力式　该形式的 EPS 的电动机和减速机构与小齿轮相连，直接驱动齿轮助力转向，这样可获得较大的转向力。这种方式可使各部件的布置更方便，但当转向盘与转向器之间装有万向传动装置时，转矩信号的取得与助力车轮部分不在同一直线上，其助力特性难以保证准确。

（3）齿条助力式　该形式的 EPS 的转矩传感器单独安装在转向小齿轮附近，而电动机与减速机构一起安装在小齿轮另一端的齿条上，直接驱动齿条提供助力，这种动力辅助单元可以装在齿条的任何位置，增加了结构设计布置的灵活性。

2. EPS 的结构

EPS 直接依靠电动机提供辅助转向动力。EPS 主要由转矩传感器、转角传感器、车速传感器、电动机、电磁离合器、减速机构和电子控制单元（ECU）等组成，如图 5-6 所示。ECU 根据各传感器输出信号计算所需的转向助力，并通过功率放大模块控制助力电动机转矩，电动机输出经过减速机构减速增矩后驱动齿轮齿条机构产生相应的转向助力。

（1）转矩传感器　用于检测作用于转向盘上转矩信号的大小与方向，由力矩传感器和旋转速度传感器组成。力矩传感器感知转向盘的转向力矩大小，旋转传感器感知转向盘的旋转速度，并把感知的这两个信号传递到 ECU。

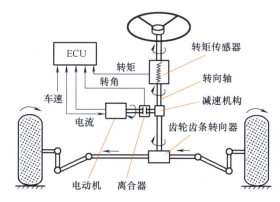

图 5-6　EPS 结构示意图

转矩传感器主要有接触式和非接触式两种。常用的接触式（主要是电位计式）传感器有摆臂式、双排行星齿轮式和扭杆式三种类型，而非接触式转矩传感器主要有光电式和磁电式两种。前者的成本低，但受温度与磨损影响易发生漂移，使用寿命较低，需要对制造精度和扭杆刚度进行折中，难以实现绝对转角和角速度的测量。后者的体积小、精度高、抗干扰能力强，刚度相对较高，易实现绝对转角和角速度的测量，但是成本较高。

接触式扭杆传感器如图 5-7 所示，它是在转向轴位置加一根扭杆，通过扭杆检测输入轴与输出轴的相对扭转位移，并将这种扭转变化输入给 ECU。

非接触式磁电转矩传感器如图 5-8 所示，由磁性齿环和感应线圈组成。其两端的磁性齿环分别与转向轴和减速机构输入轴连接，中间的磁性齿环代替了扭力

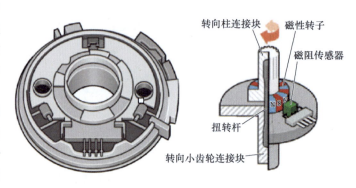

图 5-7　接触式扭杆传感器

杆。当汽车转向时，转向轴与减速机构输入轴之间产生角度差，磁性齿环之间的空气隙发生变化，在感应线圈中产生感应电动势，转矩传感器模块即向 ECU 输送相应的信号。这种转矩传感器的体积小、精度高。

（2）电动机　电动机根据 ECU 的指令输出适宜的转矩，有直流有刷永磁式和直流无刷永磁式两种。前者可靠性差，控制程序简单；后者可靠性高，但控制程序较复杂。一般常采用直流无刷永磁电动机，EPS 系统电动机如图 5-9 所示。

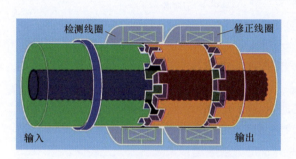

图 5-8　非接触式磁电转矩传感器

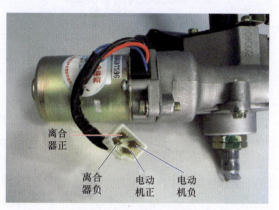

图 5-9　EPS 系统电动机

无刷永磁电动机具有无激磁损耗、效率较高、体积较小等特点。电动机是 EPS 的关键部件之一，对 EPS 的性能有很大的影响。控制系统需要根据不同的工况产生不同的助力转矩，具有良好的动态特性并容易控制，这些都要求助力电动机具有线性的机械特性和调速特性。此外，还要求电动机低转速、大转矩、波动小、转动惯量小、尺寸小、质量轻、可靠性高、抗干扰能力强。可以在电动机转子周缘开设不对称或螺旋状的环槽，靠特殊形状的定子产生不均匀磁场等，以改善电动机的性能，提高路感，降低噪声和振动。

（3）电磁离合器　电磁离合器可以保证电动助力只在预定的范围内起作用。当车速、电流超过限定的最大值或转向系统发生故障时，离合器便自动切断电动机动力，恢复手动控制转向。此外，在不助力的情况下，离合器还能消除电动机惯性对转向的影响。为了减少施加转向助力与不施加转向助力时驾驶车辆感觉的差别，离合器不仅具有滞后输出特性，还具有半离合器状态区域。

EPS 多采用单片干式电磁离合器，其结构与工作原理及空调电磁离合器相似，如图 5-10 所示。EPS 电磁离合器线圈的电流和电动机电流同时受电脑控制，当车速达到 45km/h 左右时即不需要转向助力。这时，电动机停止工作，并断开电磁离合器线圈电流，使离合器处于分离状态，以免电动机较大的转动惯性影响系统工作。

另外，当系统发生故障致使电动机不能工作时，离合器也将自动分离，以利于进行人力转向。

（4）减速机构　减速机构用来增大电动机传递给转向器的转矩，它主要有双行星齿轮减速机构和蜗轮蜗杆减速机构两种形式。前者主要用于转向轴助力式转向系统，后者主要用于齿轮助力式和齿条助力式转向系统。由于减速机构对系统工作性能的影响较大，因此在降低噪声、提高效率和左右转向操作的对称性方面对其提出了较高的要求。蜗轮蜗杆减速机构如图 5-11 所示。

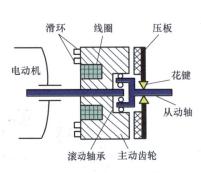

图 5-10　单片干式电磁离合器

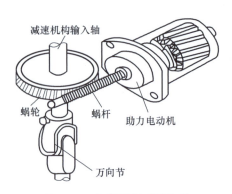

图 5-11　蜗轮蜗杆减速机构

（5）ECU　ECU 的功能是根据转矩传感器和车速传感器传来的信号，进行逻辑分析与计算后发出指令，控制电动机和离合器的动作。

ECU 还具有安全保护和故障诊断功能。ECU 通过采集电动机电压、转速等信号判断其系统工作状况是否正常，一旦系统工作异常，ECU 将进行故障诊断分析，单片机将记录下故障类型及故障代码，点亮仪表板上的故障灯，同时离合器断开，助力被取消，系统转入人工转向状态。

三、电动助力转向系统（EPS）的工作原理

EPS 的工作原理如图 5-12 所示。EPS 以直流电动机作为助力源，ECU 根据车速和转向参数控制电动机通电电流强度，调节助力电动机工作力矩，进而控制转向助力强度。EPS 的助力作用受 ECU 控制，在低速转向时的助力作用最强，随着车速的升高助力作用逐渐减弱；当车速达到 42～52km/h 时 ECU 停止向电动机供电，并使电磁离合器分离，转向变为完全由驾驶员人力操纵。EPS 在低速转向时，可获得比较轻便的转向特性，而在高速转向时，则可获得完全的转向"路感"，具有优越的控制特性。EPS 根据不同的工况有不同的工作模式。

1. 助力控制模式

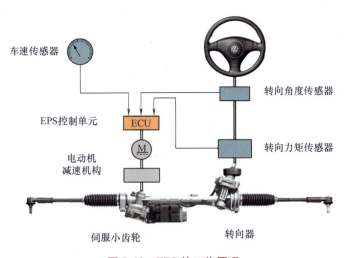

图 5-12　EPS 的工作原理

助力控制模式的设计目标是在车辆转向过程中，通过控制电动机电枢电流来相应地控制电动机的输出转矩。电动机输出转矩通过减速机构增矩后帮助驾驶员转向，以减轻驾驶员转向盘的操纵力。传统的液压助力转向系统，助力特性的调整是通过改变阀的结构来实现的，而且助力特性不能相应地随车速的变化而改变。相比较液压助力转向系统，EPS 助力特性的调整则相对简单、方便。在 EPS 中，助力控制策略的设计重点是针对助力特性曲线的设计，可以通过软件编程将助力特性曲线设计成车速最适应的形式，不

同车型可以通过软件方便地调整。

2. 回正控制模式

回正控制模式对于提高车辆的操纵稳定性具有重要作用，当车辆以某一车速行驶时，由于前轮定位参数的存在，转向轮能够自动回到中位。然而回正力矩会随着车速的增加而增大，此时车轮与地面的侧向附着系数却随着车速的增加而减小，车轮的回正性能在两者的作用下得到提高，松开转向盘后，转向盘会在回正力矩的作用下自动回正。但回正力矩过大会带来冲击，使得转向稳定性变差，传统的助力转向系统能通过自身的惯性和摩擦力产生一些阻尼效果，但阻尼效果不明显，而 EPS 能通过控制电动机获得适当的阻尼效果。车速较低时，转向轮受到的回正力矩变小，转向系统内部摩擦会阻碍转向盘自动回正，EPS 可通过控制电动机提供辅助回正力矩，可以获得良好的回正效果。设计具有回正控制功能的 EPS 控制器硬件，制订回正控制策略，实现不同工况下的准确回正，实现全速范围内助力，对提高汽车的操纵稳定性具有重要意义。

3. 阻尼控制模式

EPS 的阻尼控制模式主要有两方面的作用：一方面是能够保证汽车高速直线行驶时的操纵稳定性；另一方面是能够减少回正时由于 EPS 的惯性大于机械式转向系统的惯性的原因导致不容易收敛的现象。因为汽车在高速直线行驶时，由于地面摩擦力的相对减小，车辆转向会表现得过于轻便和灵敏，从而导致转向盘产生发飘的现象，这使得车辆驾驶员很容易失去路感，给车辆安全驾驶带来安全隐患。为此，设置阻尼控制模式是很有必要的，在助力的死区范围内，车辆在进入到高速运行时进行阻尼控制，目的在于增加转向盘的沉重感，增加车辆驾驶员转动转向盘的转矩，从而增加在死区的小范围内转向盘的稳重特性，增强此时驾驶者的路感。在死区范围内进行阻尼控制还可以解决车辆高速行驶时，由于地面不平度而引起转向盘的抖动，这种抖动现象在高速时要比低速时明显得多，所以也要求增加阻尼控制以抑制这种抖动现象的产生保持转向盘在中心点位置的稳定性。

由于当车辆在高速路上行驶时，EPS 的惯性比较大，就需要加阻尼进行主动阻尼控制，以防止回正超调。阻尼的大小是不断变化的，车速越快，需要提供的阻尼就相应越大，同时阻尼大小还和开始回正时的转向盘的绝对转角相关，在超过临界角后的回正过程中，该转角越大，需要提供的阻尼也就越大。

任务二 电动制动系统

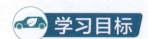

学习目标

1. 了解电动汽车电动制动系统的概念。
2. 掌握电动汽车电动制动系统的结构。
3. 掌握电动汽车电动制动系统的工作原理。

一、电动汽车电动制动系统概述

目前,绝大多数轿车采用电动制动系统,而电动汽车在燃油汽车制动系统的基础上经过改装后进行使用,因此有很多地方并不能很好地实现对能量的控制。在燃油汽车中,因为不需要考虑汽车能量的问题,真空泵一直处于运行状态。但是在电动汽车中由于动力蓄电池电量的限制,人们不希望真空泵一直处于运转状态。如何能在保证安全性的基础上又能做到节约能源是电动汽车电动制动系统必须考虑的问题。对于电动汽车电动制动系统,在制动过程中,驾驶员踩下制动踏板,起动真空助力装置,这时候需要使用在储气罐中所储存的真空。在制动过程结束之后,检测到储气罐中的真空度不能满足要求的时候,起动真空泵将储气罐中的气体抽出,加大真空度以满足下一次的使用。

另外,传统内燃机轿车的制动系统真空助力装置的真空源来自于发动机进气歧管,真空度一般可达到 0.05~0.07MPa。对于由传统车型改装成的纯电动汽车或燃料电池汽车,发动机总成被拆除后,制动系统由于没有真空动力源而丧失真空助力功能,仅由人力所产生的制动力无法满足行车制动的需要,因此需要对制动系统真空助力装置进行改制,而改制的核心问题是产生足够压力的真空源,因此电动汽车电动制动系统在传统真空助力系统的基础上增加了电动真空泵,来产生足够的真空度,从而实现助力制动的目的。

二、电动汽车电动制动系统的结构

电动汽车电动制动系统主要由电动真空泵、真空助力器、真空罐及压力传感器、ECU控制器和制动系统组成,布置在左侧纵梁内侧,散热器后方,固定在集成层支架上,真空助力制动的结构如图5-13所示,其安装位置如图5-14所示。

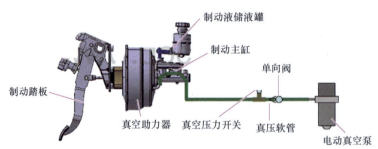

图 5-13 真空助力制动的结构

1. 电动真空泵

传统汽车上的真空源来自于汽油发动机的进气歧管,发动机的转速对真空度的影响较大。当发动机处于怠速工作状态或发动机突然熄火时,进气歧管的真空度较低,影响真空助力器的正常使用,同时危及行车安全。另外,对于柴油机汽车、混合动力汽车、电动汽车等来说,安装一个独立的真空源是很有必要的,可以解决由于发动机停机的原因无法提供真空源的问题。电动真空泵总成作为一个独立的汽车零部件存在于整车中,它只需要 12V 车载蓄电池电源就可以独立工作，为真空助力器提供可靠的真空源。图5-15为北汽新能源EV200电动真空泵实物图。

依据结构方面的差异，电动真空泵可以分为膜片式、叶片式和摇摆活塞式三种。

（1）膜片式　如图5-16所示，它包含两个180°对置的工作腔，膜片由一个曲柄机构驱动，曲柄机构包括一个偏心机构，上面装有两个偏心轴承，推动作用在膜片上的连杆，使膜片受到推力和拉力的作用引起变形。膜片的变形使工作腔容积变化，产生进气和排气的效果。由于膜片与腔体之间无相对运动，摩擦较小，温升速度低，可以使真空泵有长的寿命且噪声较小。

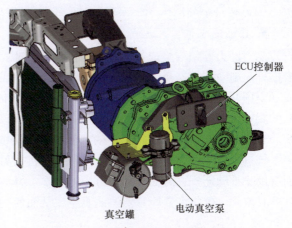

图5-14　电动真空助力制动系统的安装位置

图5-15　北汽新能源EV200电动真空泵实物图

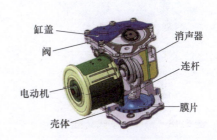

图5-16　膜片式真空泵

（2）叶片式　由偏心地装在定子腔内的转子、转子槽内的叶片和外壳定子组成，如图5-17所示。叶片放置在真空泵工作腔中转子的偏心槽内。转子带动叶片旋转时，叶片借离心力（有的还有弹簧力）紧贴定子内壁，把进排气口分割开来，并使进气腔容积周期性扩大而吸气，排气腔容积则周期性缩小而压缩气体，借气体的压力推开排气阀排气，获得真空。在转子转动过程中，叶片与缸体之间贴紧并相对转动，所以叶片泵温升很快，易磨损，易产生较大的噪声。叶片式真空泵对叶片的材料、耐温性、耐磨性等要求极高。

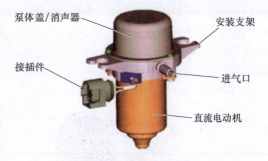

图5-17　叶片式真空泵

（3）摇摆活塞式　如图5-18所示，包含两个180°对置的工作腔。电动机主轴连接一个偏心机构，偏心机构驱动连杆及活塞做往复运动，在往复运动过程中，活塞会发生偏转摇摆。活塞的往复运动引起工作腔容积的变化，产生进气和排气的效果；摇摆活塞式真空泵活塞和缸体之间有相对滑动，工作时真空泵温度会升高，活塞上活塞环与缸体之间过盈量可以通过设计进行调整，其温升比叶片式真空泵低，磨损较慢，噪声也相对较低；由于摇摆活塞式真空泵采用双腔对置结构,当一腔失效时,摇摆活塞式真空泵仍可有一定的抽取真空能力。

2. 真空助力器

真空助力器结构组成如图 5-19 所示,真空助力器和制动主缸通过螺栓固定在车身前围上,借推杆与制动踏板连接,伺服气室由前后壳体组成,其间夹装有膜片和座,它的前腔经单向阀通真空罐,后腔膜片座中装有控制阀,空气阀与推杆固定连接,橡胶阀门与在膜片座上加工出来的阀座组成真空阀。制动踏板推动一个连杆,该连杆穿过真空助力器进入主缸,驱动主缸活塞。真空泵在真空助力器内膜片的两侧形成部分真空。踩下制动踏板时,连杆打开一个气门,使空气进入真空助力器中膜片的一侧,同时密封另一侧真空。这就增大了膜片一侧的压力,从而有助于推动连杆,继而推动主缸中的活塞。释放制动踏板时,阀将隔绝外部空气,同时重新打开真空阀。这将恢复膜片两侧的真空,从而使一切复位。真空助力器总成如图 5-20 所示。

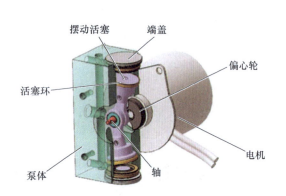

图 5-18　摇摆活塞式真空泵

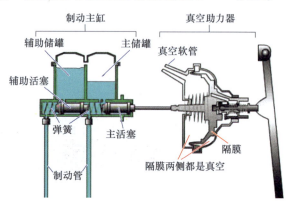

图 5-19　真空助力器结构组成

3. 制动器

电动汽车所用的制动器,一般为前轮采用盘式制动器后轮采用鼓式制动器,盘式制动器效率比鼓式制动器高,但价格比较贵,盘式制动器如图 5-21 所示。现在使用的盘式制动器,主要为浮动钳盘式制动器,制动钳体是浮动的。制动油缸均为单侧的,且与油缸同侧的制动块总成是活动的,而另一侧的制动块总成则固定在钳体上。制动时在油液压力作用下,活塞推动活动制动块总成压靠到制动盘,而反作用力则推动制动钳体连同固定制动块总成压向制动盘的另一侧,直到两制动块总成受力均等为止。

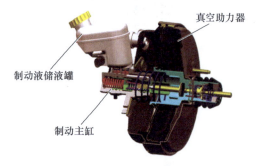

图 5-20　真空助力器总成

图 5-21　盘式制动器

鼓式制动器,因价格便宜,使用的比较多,兼驻车制动的功能。内张型鼓式制动器是利用制动鼓的圆柱内表面与制动蹄摩擦片的外表面作为一对摩擦表面在制动鼓上产生摩擦力矩，如图5-22所示。

电动助力制动系统的工作原理

图5-22 鼓式制动器

三、电动汽车电动制动系统的工作原理

电动制动系统工作原理如图5-23所示，真空助力器安装于制动踏板和制动主缸之间，由踏板通过推杆直接操纵。助力器与踏板产生的力叠加在一起作用在制动主缸推杆上，以提高制动主缸的输出压力。真空助力器的真空气室由带有橡胶膜片的活塞分为常压室与变压室（大气阀打开时可与大气相通），一般常压室的真空度为60~80kPa（即真空泵可以提供的真空度大小）。真空助力器所能提供助力的大小取决于其常压室与变压室气压差值的大小。真

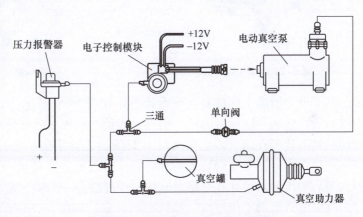

图5-23 电动制动系统的工作原理

空泵所产生的真空度大小及速度关系到真空助力器的工作状态，真空泵的容量大小关系到真空助力器的性能，进而影响到制动系统在各种工况下能否正常工作。

当驾驶员起动汽车时，12V电源接通，压力延时开关和压力报警器开始压力自检。如果真空罐内的真空度小于55kPa，则压力膜片将会挤压触点，从而接通电源，真空泵开始工作；当真空度增加到55kPa时，压力延时开关断开，然后通过延时继电器使真空泵继续工作大约30s后停止。每次驾驶员有制动动作时，压力延时开关都会自检，从而判断电动真空泵是否应该工作。如果真空罐内的真空度低于34kPa，则真空助力器不能提供有效的真空助力，此时压力报警器将会发出信号，提醒驾驶员注意行车速度。

真空助力器的非工作状态如图5-24所示：在非工作状态下，控制阀推杆回位弹簧将控制阀推杆推到右边的锁片锁定位置，真空阀口A处于开启状态，控制阀弹簧使控制阀皮碗

与空气阀座紧密接触，从而关闭了空气阀口 B。此时真空助力器的真空气室和应用气室分别通过活塞体的真空气室通道与应用气室通道经控制阀腔处相通，并与外界大气相隔绝。

若真空泵正在工作，由真空泵产生的真空会将真空助力器的真空阀（通常为单向阀）吸开，此时前后腔都处于真空状态。

真空助力器的工作过程（中间工作状态）如图 5-25 所示：当进行制动时，制动踏板被踏下，踏板力经杠杆放大后作用在控制阀推杆上。首先，控制阀推杆回位弹簧被压缩，控制阀推杆连同空气阀柱前移。当控制阀推杆前移到控制阀皮碗与真空阀座相接触的位置时，真空阀口 A 关闭。此时，真空助力器的真空、应用气室被隔开。此时，空气阀柱端部刚好与反作用盘的表面相接触。随着控制阀推杆的继续前移，空气阀口 B 开启。外界空气经过滤气后通过打开的空气阀口及通往应用气室的通道，进入到真空助力器的应用气室（右气室），产生伺服力。

此时，装配在推杆组件里的反馈板同时受到止动底座和活塞外壳的推力作用，再通过推杆组件施加在主缸第一活塞上，主缸内产生的油压一方面传递给制动轮缸，另一方面又作为反作用力经由真空助力器传递回制动踏板，使驾驶员产生踏板感。

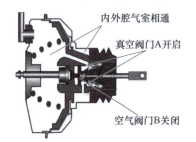 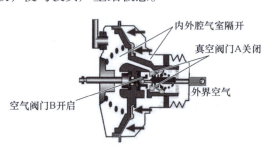

图 5-24　真空助力器非工作状态　　　图 5-25　中间工作状态

真空助力器的工作过程（平衡状态）如图 5-26 所示：如果制动踏板力保持不变，在经由反馈板传递的主缸向后的反作用力和膜片+膜板+活塞外壳+阀碗+支撑弹簧+阀圈向前运动趋势的共同作用下，空气阀 B 封闭，达到平衡状态。此时，任何踏板力的增长都将破坏这种平衡，使空气阀口 B 重新开启，大气的进入将进一步导致后腔原有真空度的降低，加大前后腔压差。因此真空助力器的工作过程是一个动平衡的过程。

真空助力器的工作过程（松开制动状态）如图 5-27 所示：松开踏板，在阀圈弹簧的作用下，操纵杆带动止动底座向后运动，首先关闭空气阀口 B，继续的运动将开启真空阀口 A，真空助力器前后腔连通，真空重新建立。与此同时，在回位弹簧的作用下，膜片+膜板+活塞外壳组件回到初始位置。

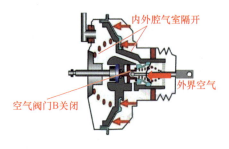 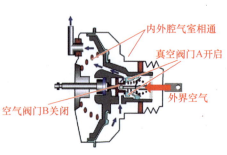

图 5-26　平衡状态　　　图 5-27　松开制动状态

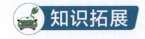

电动汽车再生制动系统

汽车在行驶过程中,频繁的制动所消耗的能量通常占到整个汽车总能量的20%~30%,如果能把这部分的能量重新反馈进汽车的电池,将大大提升电动汽车的续驶里程。传统车辆的制动是通过摩擦将车辆的动能转化成热能,从而达到降低车速的目的,这样能量就被浪费掉了。而电动汽车可以在制动过程中将牵引电机作为发电机,依靠车轮的反向拖动产生电能和车轮制动力矩,从而在减缓车速的同时将部分动能转化为电能以备再利用,即再生制动系统。因此,再生制动系统能够提高能量利用效率,有效地降低车辆的排放并提高燃油经济性和车辆的续驶里程。

再生制动是电动汽车所独有的,图5-28为再生制动系统能量回收原理图,在减速制动(制动或者下坡)时将车辆的部分动能转化为电能,转化的电能储存在蓄电池中,从而可实现节约制动能量、回收部分制动动能,最终增加电动汽车的续驶里程。如果储能器已经被完全充满,再生制动就不能实现,所需的制动力就只能由常规的液压制动系统来提供。

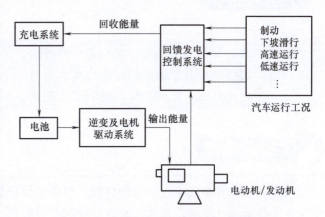

图5-28 再生制动系统能量回收原理图

在制动过程中,除去空气阻力和行驶阻力消耗掉的能量,一般希望能最大限度地回收所有能量。然而,并不是所有的制动能量都可以回收。在电动汽车上,只有驱动轮的制动能量可以沿着与之相连接的驱动轴传送到能量存储系统,另一部分的制动能量将由车轮上的摩擦制动以热的形式散失掉。同时,在制动能量回收过程中,能量传递环节和能量存储系统的各部件也将会造成能量损失。另外一个影响制动能量回收的因素是,在再生制动时,制动能量通过电机转化为电能,而电机吸收制动能量的能力依赖于电机的速度,在其额定转速范围内制动时,可再生的能量与车速基本上成正比。当所需要的制动能量超出能量回收系统的范围时,电机可以吸收的能量保持不变,超出的这部分能量就要被摩擦制动系统所吸收。从另一个角度,该点还表明,在驱动电机额定转速内再生制动可以提供较大的制动转矩,而当转速进一步上升,则电动汽车再生制动所能提供的制动力则受电机弱磁恒功率工作区特点限制而减小。

电动汽车的再生制动力矩通常不能像传统燃油车中的制动系统一样提供足够的制动减速度,所以,在电动汽车中,再生制动和液压制动系统通常共同存在。不过应该注意,只有当再生制动已经达到了最大制动能力而且还不能满足制动要求时,液压制动才起作用。

电动汽车制动可分为以下三种模式,不同模式应辅以不同的控制策略。

1)紧急制动对应于制动减速度大于$2m/s^2$的过程,出于安全性方面的考虑应以机械摩擦制动为主,电气制动仅起辅助作用。在紧急制动时,可根据初始速度的不同,由车上ABS

控制提供相应的机械摩擦制动力。

2）一般制动对应于汽车在正常工况下的制动过程,如遇红灯或者靠站停车等,可分为减速过程与停止过程。电气制动负责减速过程,停止过程由机械摩擦制动完成。

3）汽车长下坡时的制动。电动汽车长下坡一般发生在盘山公路下缓坡时,在制动力要求不大时,可完全工作于纯再生制动模式。

任务三 空调系统

学习目标

1. 掌握电动汽车空调系统的构成和作用。
2. 掌握电动汽车空调系统制冷的工作原理。
3. 掌握电动汽车空调系统制暖的工作原理。

知识储备

汽车空调系统能使车内空气的温度、湿度、流速和清洁度等达到驾驶员和乘员所希望的程度。采暖系统可使乘客在天气寒冷的冬天着装轻便,为车窗提供除雾和除霜,保证乘坐舒适性和驾驶安全性;制冷系统则通过制冷和除湿,使乘员在炎热的夏天乘坐舒适,驾驶员保持警醒,并能够除去风窗玻璃上的雾,给驾驶员一个清晰的视野,确保行车安全。

一、电动汽车空调系统概述

在各种气候环境条件下,电动汽车车厢内应保持如传统汽车的舒适状态,以提供舒适的驾驶和乘坐环境。空调已成为现代汽车的一种必要装备,一方面对驾驶员提高安全驾驶、减少交通事故有着重要作用;另一方面,满足了人们对车内舒适环境提出的更高要求。因此一套节能高效的空调系统对电动汽车开拓市场也起到至关重要的作用。

1. 电动汽车空调的特点

电动汽车驱动能量来源于动力蓄电池,有别于传统燃油汽车,由于作为驱动能量来源的动力蓄电池容量有限,空调系统的能耗对电动汽车的续驶里程有较大的影响。空调使用环境如图5-29所示。

因此,同燃油汽车相比,电动汽车对空调系统的节能高效提出了更高的要求。同时,

图5-29 空调使用环境示意图

电动汽车空调必须要解决制冷、制热两大问题。为解决上述问题，优化并合理匹配空调系统就显得尤为重要。与传统汽车相比，电动汽车空调装置以及车内环境主要有以下特点：

1）由发动机驱动改为电机驱动，能量利用率更高，降低了空调工作对整车能量的消耗。

2）空调压缩机由电机直接驱动，工作性能不受其他设备的影响。

3）电动汽车空调使用的是车上动力蓄电池提供的直流电源，压缩机工作效率高，控制可靠性高，维护方便。

4）电动汽车采用驱动电机直接驱动空调运转，因此需要消耗大量电能和占用较多电功率，对电池性能和空调节能技术提出更高要求。

5）为了提高电动汽车驾乘人员的环境和舒适度，要求空调具有快速制冷、制热和低速运行能力。

6）电动汽车没有发动机，无法利用发动机余热进行采暖，所以需要独立的采暖系统。

2. 电动汽车空调的分类

对于传统燃油汽车空调系统，制冷主要采用发动机驱动的蒸气压缩式制冷系统进行降温，制热主要采用燃油发动机产生的余热。而对于电动汽车中的纯电动汽车以及燃料电池汽车来说，没有发动机作为空调压缩机的动力源，也不能提供作为汽车空调冬天制热用的热源，因此无法直接采用传统汽车空调系统的解决方案。根据电动汽车空调的工作原理，目前电动汽车空调可分为热电（偶）式空调系统和电动热泵式空调系统两种。

（1）热电（偶）式空调系统 该方式实质是对半导体制冷技术的应用。其工作原理是 N 型和 P 型半导体通过金属导流片连接，形成热电偶对，电流由 N 极通过 P 极时，在接口处就会产生温差和热量的转移，在导流片上吸热，另一端放热。借助于热交换器等各种传热手段，使热电堆的热端不断散热并且保持一定的温度，而把热电堆的冷端放到工作环境中去吸热降温。

热电（偶）式空调系统具有以下特点：

1）直流电源满足热电元件制冷和制热需求，无须逆变器等电流转换部件。

2）通过调整供电方向就可以实现制冷、制热双重效果，实现调节冷却器或散热器的工作电流，改变其制冷量来控制驾驶舱的温度调节。

3）制冷速度快，制热效率高。在正确设计和应用条件下，制冷效率可达 90% 以上，热电制冷片热惯性非常小，在热端散热良好并且冷端空载的情况下，在不到 1min 的时间内，制冷片就能达到最大温差。

4）导体制冷片是电流换能型片件，整合温度检测和控制方法，调节组件工作电流可实现高精度控制制冷速度和温度，结合遥控、程控、计算机控制技术，实现能量的连续调节和精确控制。

5）热电（偶）式空调系统无须转动，因此该系统无振动、无摩擦、无噪声，有利于整车 NVH 优化。

6）热电（偶）式空调系统体积小、重量轻、结构紧凑，从而降低了整车质量和油耗。

热电（偶）式空调系统可靠性高、寿命长并且维护方便，其工作原理如图 5-30 所示。

但热电（偶）式空调系统存在以下缺点：

1）热电材料的优值系数较低，制冷性能效率较低。

2）半导体稀有金属产量较低，限制该系统生产。

3）该系统相较于热泵式空调系统，技术不够成熟。

(2) 电动热泵式空调系统　工作过程如图 5-31 所示。

1) 制冷过程。实线箭头表示制冷运行方式,ECU 控制逆变器向驱动电机输入交流电,驱动电机带动压缩机工作。压缩机压缩制冷剂至高温高压状态,通过四通阀,将加压后的制冷剂泵入车外换热器,制冷剂放热转变为液体,通过阀膨胀流向车内换热器,制冷剂在车内换热器蒸发吸热,此时

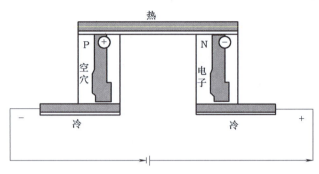

图 5-30　热电(偶)式空调系统工作原理

空调鼓风机向车厢内吹入冷气,使车内降温。制冷剂再次通过四通阀,流向压缩机完成循环。

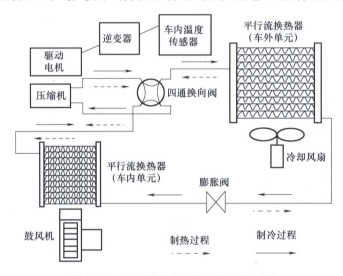

图 5-31　电动热泵式空调系统工作过程

2) 制热过程。虚线箭头表示制热运行方式,ECU 控制逆变器向驱动电机输入交流电,驱动电机带动压缩机工作。压缩机压缩制冷剂至高温高压状态,通过四通阀,将加压后的制冷剂泵入车内换热器,制冷剂放热转变为液体,此时空调鼓风机向车厢内吹入热气,使车内升温。制冷剂通过膨胀阀膨胀并流向车外换热器,制冷剂在车外换热器蒸发吸热,制冷剂再次通过四通阀,流向压缩机完成循环。

电动热泵式空调系统是基于传统燃油汽车空调系统设计和优化而来,继承了热泵式先进技术优势,增加了电力驱动控制精度特点,所以该空调系统具有以下优点:

制冷、制热效率高,在测试条件为环境温度 40℃、车内温度 27℃、相对湿度 50% 的工况下,系统稳定时它能以 1kW 的能耗获得 2.9kW 的制冷量;当环境温度为 -10℃,车内温度 25℃,以 1kW 的能耗可以获得 2.3kW 的制热量。

电动热泵式空调系统由电机驱动,相比于发动机驱动,具有噪声低、振动小、结构紧凑、质量轻等优点。

驱动电机采用变频控制技术,控制精度更高,制冷效果更佳,节约能源,提高乘客舒适度。

但在冬季处于制热过程中，由于外界气温较低，车外换热器作为蒸发器吸收热量致使表面结霜，影响制热效果。所以，汽车制造商更倾向于采用电动热泵式空调系统制冷，采暖系统更多的使用 PTC 加热器。如丰田普锐斯采用电动热泵式空调系统制冷。

普锐斯空调系统控制策略：空调 ECU 采集座舱温度、发动机状况、环境温度、蒸发器温度、光照强度、制冷循环压力、功能选择信号和风门的反馈信号等参数，并计算给出目标蒸发器温度。通过比较目标蒸发器温度与实测蒸发器温度值，空调 ECU 计算给出压缩机目标转速，并将结果输入给 HV ECU。HV ECU 控制空调逆变器脉冲信号，调整压缩机转速，并自动开启和关闭冷凝器风扇、电动冷却液泵和 PTC 加热器，调整混合空气挡板的位置，保持进风口和出风口处的最佳送风空气温度和空气流量。

当目标蒸发器温度高于实测蒸发器温度值时，空调 ECU 计算给出压缩机低转速信号。HV ECU 降低空调逆变器脉冲信号占空比，降低压缩机转速。当目标蒸发器温度低于实测蒸发器温度值时，空调 ECU 计算给出压缩机高转速信号。HV ECU 提高空调逆变器脉冲信号占空比，提高压缩机转速，如图 5-32 所示。

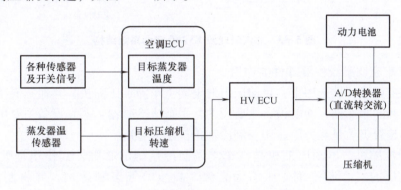

图 5-32　普锐斯空调系统控制策略

二、电动汽车空调系统的组成和作用

1. 电动汽车空调系统的组成

汽车空调系统通常包含下列子系统：

（1）制冷系统　主要包括压缩机、冷凝器、储液干燥器、膨胀阀和蒸发器等，对车内的空气或车外吸进来的新鲜空气进行冷却除湿，降低车内的温度和湿度。

（2）采暖系统　电动汽车暖风装置主要由 PTC 加热器和鼓风机等组成。暖风系统的作用是在寒冷的季节为车内提供暖气；在车内外因温差较大结霜或雾时，去除车窗玻璃上的霜或雾。

（3）送风系统　主要由鼓风机和风门组成，作用是把车外的新鲜空气吸进车内进行换气，并调节车内的气流。

（4）空气净化系统　主要包含空气滤清器和杀菌灯等。用来过滤净化空气，并对空气杀菌消毒，去除异味。另外，有些豪华型客车上还装有专门的加湿装置。

北汽新能源 EV160 空调系统主要由电动压缩机、冷凝器、储液干燥器、膨胀阀、蒸发器、PTC 加热器及连接管路组成。除 PTC 加热器外，各部件用耐压金属管或特制的耐压橡胶软管依次连接形成一个封闭的系统，系统内充有一定量的制冷剂和压缩机机油。

电动压缩机内置电机，电机直接驱动压缩机工作，相较于传统燃油汽车空调系统，控制更加精确。PTC 加热器的元件特性符合汽车的制热性能要求——具备在低温区的高制热性能，采用高压供电，制热效率更高。北汽新能源 EV160 空调系统结构如图 5-33 所示。

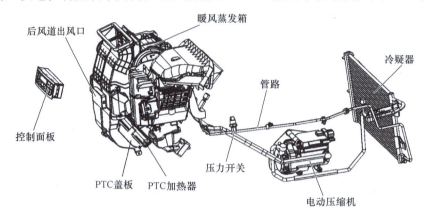

图 5-33　北汽新能源 EV160 空调系统结构

2. 电动汽车空调系统主要部件的作用

在空调的主要零部件选用上，目前国内的电动汽车除了压缩机，其他主要零部件还是沿用燃油汽车空调的零部件，冷凝设备主要用的是平行流冷凝器，蒸发设备主要用的是层叠式蒸发器，节流装置仍然是热力膨胀阀，制冷剂仍然是 R134a。

（1）电动压缩机　电动压缩机是汽车空调制冷系统的心脏，其作用是吸入来自蒸发器的低温、低压的气态制冷剂，压缩为高温、高压的气态制冷剂，并将制冷剂送往冷凝器。

电动汽车空调系统继承了传统汽车空调基本结构，压缩机驱动动力源由发动机变为了驱动电机，电池组的直流电经逆变器输入驱动电机，带动压缩机旋转，从而形成制冷循环，产生制冷效果。两种空调系统结构区别如图 5-34 所示。

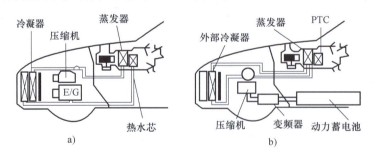

图 5-34　燃油汽车空调系统与电动汽车空调系统
a）燃油汽车　b）电动汽车

客车多采用变频器控制高压三相电机驱动压缩机，因此有独立的电机变频器，电机和压缩机之间采用带传动方式。而轿车多采用整体式电动压缩机，这种压缩机内部有电机。

电动涡旋式压缩机由静涡旋体、机壳、动涡旋体、电机、曲轴、液压泵等组成，具体结构如图 5-35 所示。静涡旋盘和动涡旋盘构成压缩工作气腔，如图 5-36 所示。涡旋式压缩机比活塞式压缩机和滚动转子式压缩机适用于更宽的速度范围，能效比更高。更加适合电动汽车的功率分配特性。

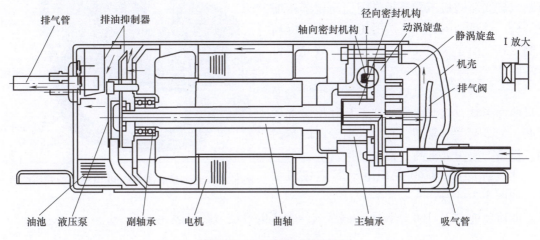

图 5-35 电动涡旋式压缩机

电动涡旋式压缩机工作过程中，静涡旋盘固定在机架上，动涡旋盘由曲轴驱动并由防自转机构制约，围绕静涡旋盘基圆中心，做很小半径的行星运动。气体通过滤芯吸入静涡旋盘的外围，随着曲轴的旋转，动涡旋盘在静涡旋盘内按轨迹运转时，动、静涡旋盘之间形成若干个月牙形压缩腔，这些月牙腔由外向内逐渐缩小，气体在动、静涡旋盘所组成的若干个月牙形压缩腔内被逐步压缩，最后由静涡旋中心部件的轴向孔连续排出。在整个过程，所有工作腔均处于不同的压缩阶段，从而保证压缩机连续不断地吸气、压缩、排气，如图 5-37 所示。

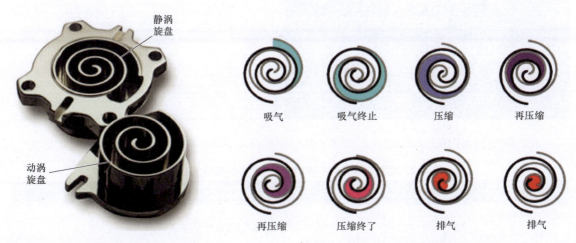

图 5-36 电动涡旋式压缩机工作气腔   图 5-37 电动涡旋式压缩机工作原理

电动涡旋式压缩机具有以下优点：相邻两室的压差小，气体的泄漏量少；压缩过程平稳，从吸气到压缩到排气要用三圈完成，吸气、压缩、排气过程是同时连续进行的，压力上升速度较慢，因此转矩变化幅度小、工作平稳，振动小，噪声低；涡旋压缩即没有余隙容积，被吸入的气体可以完全被排出，故不存在引起输气系数下降的膨胀过程；容积效率可以达到 98%，活塞压缩机容积效率只有 70%；电动涡旋式压缩机不需要吸气阀，简化了压缩机结构，并且消除打开气阀的压力损失，提高压缩效率；由于采用气体支撑机构，故允许带液压缩。

电动涡旋式压缩机缺点是其运动机件表面多呈曲面形状，这些曲面的加工及其检验均较复杂，加工精度非常高，必须采用专用的精密加工设备。密封要求高，密封机构复杂。

北汽新能源 EV160 采用电动涡旋式压缩机，如图 5-38 所示。

图 5-38 北汽新能源 EV160 电动涡旋式压缩机

北汽新能源 EV160 空调电动涡旋式压缩机的性能参数见表 5-1。

表 5-1 压缩机的性能参数表

项目	参数
工作电压范围/V	DC 330~450
额定输入电压/V	DC 384
额定输入功率/W	2437
控制电源电压范围/V	DC 9~15
控制电源最大输入电流/mA	500
电机类型	无刷无传感器电机，6 极
额定转速/(r/min)	6500
最小转速/(r/min)	1000
转速误差	<1%
排量/(mL/r)	27
制冷剂	R134a
冷冻油	RL68H（POE68）
制冷量/W	4875

北汽新能源 EV160 电动涡旋式压缩机的引脚定义如图 5-39 和表 5-2 所示。

表 5-2 北汽新能源 EV160 电动涡旋式压缩机的引脚定义

接插件	端口	接口定义	备注
高压两芯（动力接口）	A	高压正	控制器与动力蓄电池连接
	B	高压负	
低压六芯（控制信号接口）	1	DC 12V 正极	
	2	空调开关信号输入	高电平或悬空为关闭（OFF），低电平或接地为开启（ON）；高电平输入范围：DC 5~15V，15mA 低电平输入范围：DC 0~0.8V，15mA

（续）

接插件	端口	接口定义	备注
低压六芯 （控制信号接口）	3	空调调速信号输入	信号形式为400Hz PWM占空比信号，电压：0～15V，高电平5～15V 15mA，低电平0～0.8V
	4	DC 12V 负极	
	5	CAN-H 接口	
	6	CAN-L 接口	

（2）冷凝器 冷凝器对压缩机排出的高温高压制冷剂蒸气进行冷却，使之凝结成高温高压液体，制冷剂放出的热量排到大气中。

空调系统的冷凝器一般安装在前机舱散热器的前面，由管子和散热片组成，如图5-40所示，其作用是将压缩机排出的高温、高压气态制冷剂冷凝成高温（50～55℃）、高压（1100～1400kPa）的液态制冷剂，制冷剂在冷凝器中散热而发生状态的改变，冷凝器将热量散发到大气中。冷凝器的散热面积越大，冷却效果越好。为了保证更好的冷却效果，提高制冷能力，常在冷凝器前装设电控风扇，风扇有高速和低速两个档位。冷凝器常见类型有管片式、管带式和平流式三种。

（3）储液干燥器 储液干燥器用于膨胀阀式制冷循环系统中，安装在冷凝器和膨胀阀之间，通常由储液罐、干燥剂和过滤器组成，如图5-41所示。

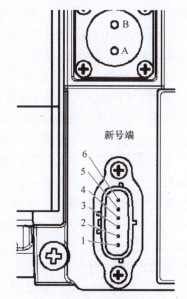

图5-39 北汽新能源EV160电动涡旋式压缩机引脚

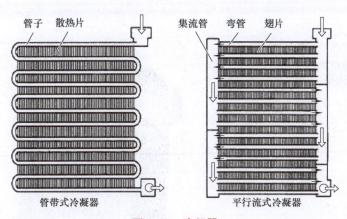

图5-40 冷凝器

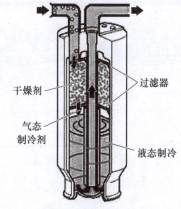

图5-41 储液干燥器

储液干燥器的作用：

1）储存制冷剂。接收从冷凝器来的制冷剂并加以储存，根据蒸发器的需要提供所需的制冷剂量。

2)过滤。将系统中经常会出现的杂质、脏物（锈蚀、污垢、金属微粒）等过滤掉，这些杂质会损伤压缩机轴承，还会堵塞过滤网和膨胀阀。

3)吸收湿气。汽车空调系统中要求湿气越少越好，因为湿气会造成"冰塞"并腐蚀系统管道等，使之不能正常工作。

(4) 膨胀阀 也称节流阀，是一个感压和感温阀，是汽车空调制冷系统中的一个主要部件。它安装在蒸发器的入口处，通常由针阀、膜片、热敏杆压力弹簧组成，如图5-42所示。其作用主要包括以下几点：

1)节流降压。使从冷凝器过来的高温高压液态制冷剂节流降压成为容易蒸发的低温低压雾状制冷剂进入蒸发器，即分开了制冷剂的高压侧和低压侧。

2)自动调节制冷剂流量。根据制冷负荷的改变和压缩机转速的变化，自动调节制冷剂进入蒸发器的流量以满足制冷循环的需要。

(5) 蒸发器 蒸发器是汽车空调制冷系统中的另一个热交换器，由箱、管和散热片组成，如图5-43所示。作用与冷凝器相反，它是将经过节流降压后的液态制冷剂在蒸发器内蒸发汽化，吸收蒸发器表面周围空气的热量而使之降温，鼓风机将冷风吹到车室内，达到降温目的，分为管片式、管带式和层叠式三种。

进入蒸发器排管内的低温、低压雾状液态制冷剂，通过管壁吸收穿过蒸发器表面的空气的热量，使之降温。与此同时，空气中所含的水分由于冷却而凝结在蒸发器表面，经收集排出，使空气减湿，被降温、减湿后的空气由鼓风机吹进车辆室内，使车内获得冷气。

(6) PTC (Positive Temperature Coefficient, PTC) 加热器 PTC加热器是采用PTC热敏电阻元件作为发热源的一种加热器，一般配置在驾驶席和副驾驶席之间地板下方。PTC热敏电阻通常是用半导体材料制成的，阻值随温度变化成正向变化，外界温度降低，电阻值减小，外界温度增加，电阻值增加。因此PTC元件具备在低温区的高制热性能的特性，符合汽车的制热性能要求。

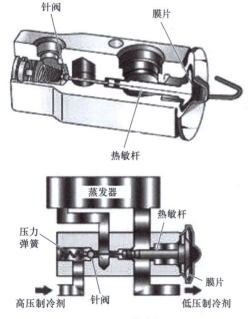

图5-42 膨胀阀

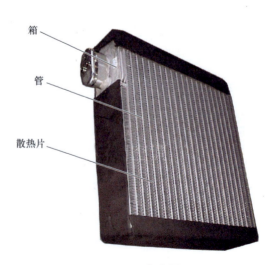

图5-43 蒸发器

PTC 加热器需要产生大量的热量满足乘客取暖需求。因此，PTC 加热器的电源采用电动汽车动力电源高压电，而非辅助电池（12V）。如果采用低压电源输出高功率，将导致线路过粗而不能布置在车上。

PTC 加热器可以分为粘接式陶瓷 PTC 加热器和金属 PTC 管状加热器。金属 PTC 管状加热器发热材料采用镍铁合金丝，并在其外部安装铝质散热片，保证良好的散热效果。因为具备良好的加热特性，获得较多汽车厂商的追捧。北汽新能源 EV160 PTC 加热器和内部结构参数如图 5-44 和表 5-3 所示。

表 5-3　北汽新能源 EV160 加热器内部结构参数表

项　目	技术要求	实验条件
额定输入电压/V	随动力蓄电池电压/V	336
额定功率/W	3500	环境温度：25±1℃ 施加电压：DC 384V±1V 风速：4.5m/s
功率偏差率	-10% ~ +10%	
冷态最大起始电流/A	20	环境温度：25±1℃ 施加电压：DC 336V±1V
单级冷态电阻/Ω	80 ~ 300	在 25±1℃ 环境下，放置 >30min 后测量

图 5-44　EV200 PTC 加热器

3. 电动汽车空调系统的工作原理

（1）制冷工作原理　汽车空调的制冷工作过程主要包括压缩过程、放热过程、干燥过程、节流过程和吸热过程，如图 5-45 所示。

1) 压缩过程。压缩机由电机驱动旋转，将蒸发器中因吸热而汽化的低温低压制冷剂蒸气吸入后压缩成温度为 70℃ 左右、压力为 1.3 ~ 1.5MPa 的高温高压制冷剂气体，经高压管送入冷凝器。

2) 放热过程。经冷凝器及风扇冷却，将高温高压的制冷剂气体冷凝成温度为 50℃ 左右、压力为 1.1 ~ 1.4MPa 的液态制冷剂，释放出热量，再送入储液干燥器。

3) 干燥过程。在储液干燥器中，将中温、高压的液态制冷剂过滤，除去制冷剂中的水分和杂质，然后经高压管送入膨胀阀。

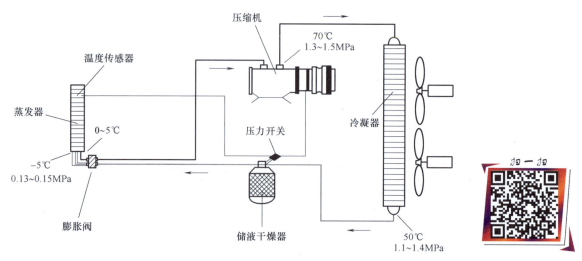

图 5-45 制冷过程工作原理

制冷工作原理

4）节流过程。制冷剂液体经过膨胀阀的小孔喷出，节流降压。经过膨胀阀的制冷剂变为压力为 0.13～0.15MPa、温度为 -5℃ 左右的低温低压湿蒸气，然后进入蒸发器。膨胀阀能够根据制冷负荷的大小调节制冷剂的流量。

5）吸热过程。在蒸发器内，由于容积增大、压力降低，制冷剂汽化，吸收大量的热量，从而使制冷剂变成温度为 0～5℃ 的气态，使蒸发器表面及其周围空气的温度降低。当鼓风机将车外或车内空气强制吹过蒸发器表面时，便将空气冷却并送进车厢内。在蒸发器内吸热了汽化后的制冷剂蒸气再次被压缩机吸入，然后重复上述过程。

电动汽车空调制冷剂与传统燃油汽车空调比没有变化，都采用 R134a，R134a 具有无色、无味、无毒、渗透性强等特性。但它能腐蚀某些塑料，与聚烷乙二醇润滑油混合后会腐蚀钢件，在液态时能吸收少量的水分，到了气态时能吸收大量水分。R134a 特性如图 5-46 所示。

（2）空调制冷影响因素 汽车空调控制电路是汽车空调的重要组成部分，当汽车空调电路系统中的熔断器、继电器或连接线路等出现故障后，会导致系统出现压力异常、压缩机不工作等故障。

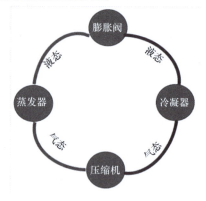

图 5-46 R134a 特性图

空调 ECU 采集座舱温度、环境温度、蒸发器温度、光照强度、制冷循环压力、功能选择信号和风门的反馈信号等参数，改变压缩机的转速，实现制冷量的调整。由于各制造厂家的设计不同，汽车空调控制电路也不尽相同，但其基本原理是相同的。北汽新能源 EV160 制冷系统控制原理如图 5-47 所示。

（3）制热工作原理 热泵式空调系统在风道内安装一个车内换热器，在制冷模式下为蒸发器，制热模式下为冷凝器。采用这种结构的热泵式空调系统，不仅需要开发允许双向流动的膨胀阀，并且在热泵工况下，系统融霜时，风道内换热器上的冷凝水将迅速蒸发，在风窗玻璃上结霜，不利于安全驾驶。因此现在电动汽车厂商大部分采用安全性更高的 PTC 加

项目五　电动辅助系统

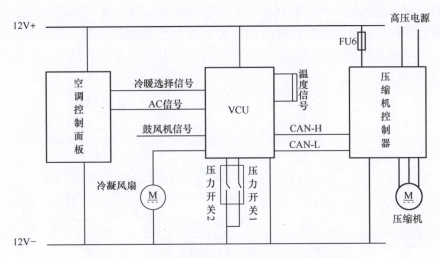

图 5-47　北汽新能源 EV160 制冷系统控制原理图

热器作为取暖的主要设备。PTC 加热器外形尺寸与暖风芯体接近，布置于原汽油版车型暖风芯体位置。

北汽新能源 EV160 的暖风蒸发箱总成内取消了传统车的暖风芯体，以 PTC 加热器进行替换，将原车利用发动机冷却液热量进行制暖的原理变更为采用加热器直接加热风道内部空气的方式，如图 5-48 所示。

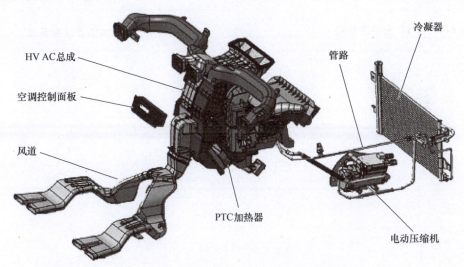

图 5-48　北汽新能源 EV160 的空调暖风系统

PTC 加热器有两组电热阻丝并联组成，单独控制。PTC 加热器结构如图 5-49 所示。温度传感器检测加热器本体的温度，控制加热器的导通和切断。熔断器防止加热器失控发生火灾。

PTC 加热器制热工作原理：当 PTC 加热器控制模块接收到加热请求后，控制 PTC 加热器通高压电，因为 PTC 具有低温低电阻特性，所以能够在温度较低时，提供大功率制热，在较短时间内提供大量制热能量。同时，空调 ECU 控制鼓风机工作，向 PTC 加热器输送空气，当空气吹过 PTC 加热器时，空气被加热变为暖风送入车内。

133

（4）PTC 加热器控制　PTC 控制模块采集信息内容包括风速、冷暖程度设置、出风模式、加热器启动请求、环境温度。通过 PTC 控制模块采集加热请求，同时根据 VCU 控制信号、PTC 总成内部传感器温度反馈等信号综合控制 PTC 的通断。PTC 加热器控制原理如图 5-50 所示。

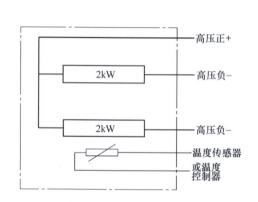

图 5-49　PTC 加热器结构

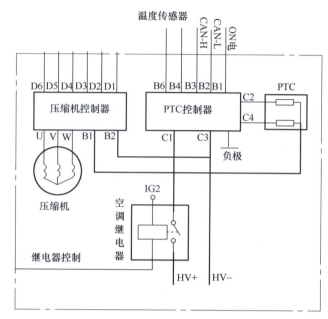

图 5-50　PTC 加热器控制原理

Project 6

项目六

总线系统结构与原理

任务一 车载总线系统基础知识

1. 了解车载网络技术的产生。
2. 掌握车载网络技术的功能和特点。
3. 掌握车载网络技术常用基础术语。
4. 掌握车载网络系统的分类及其基本工作原理。

一、车载网络系统概述

随着汽车电子技术的迅猛发展及其在汽车上的广泛应用,特别是进入21世纪以来,汽车电子化程度越来越高。汽车各系统之间除了各自的电源、传感器和执行器外,还需要互相通信,且信息传输量急剧加大。如果各个控制单元之间依然采用传统的布线方式,对于复杂控制系统,其连接线束的数量将急剧增加,庞大的线束、插接器也会降低车辆电气系统的可靠性,使故障率升高。为了简化线路,提高信息传输的速度和可靠性,降低故障率,一种新的信息传输技术,如控制器局域网(CAN)、局部连接网络(LIN)和局域网(LAN)等车载网络技术应运而生。

网络总线系统作为汽车控制网络平台,所有的ECU控制单元和车载电器都将逐步搭载到汽车网络平台上,以达到数据信息共享、实现全车智能化控制,如图6-1所示。在汽车朝着综合集成控制发展的趋势下,车载网络总线系统作为汽车全车控制网络及通信平台,对汽车全车通信、智能化控制及提升整车性能、安全性、操控性至关重要。

图6-1 汽车车载网络总线系统

车载总线系统简介

现代汽车技术集电子技术、汽车技术、信息技术、计算机技术和网络技术等于一体,包括基础技术层、电控系统层和人车环境交互层三个层面，经历了分立电子元器件控制、部件独立控制及智能化、网络化集成控制应用三个发展阶段。

二、车载网络系统基本知识

车载网络技术是汽车电子控制技术与现场总线技术、计算机网络技术相结合的产物。

1. 车载网络系统的功能

（1）多路传输功能　为了减少车辆电气线束的数量，多路传输通信系统可使部分数字信号通过共用传输线路进行传输。系统工作时，由各个开关发送的输入信号通过中央处理器（CPU）转换成数字信号，该数字信号以串行信号方式从传感器传输给接收装置，发送的信号在接收装置处将被转换为开关信号，再由开关信号对有关元件进行控制。

（2）"唤醒"和"休眠"功能　"唤醒"和"休眠"功能用于减少在关闭点火开关时蓄电池的额外能量消耗。当系统处于"休眠"状态时，多路传输通信系统将停止诸如信号传输和 CPU 控制等功能，以节约蓄电池的电能；当系统有人为操作时，处于"休眠"状态的有关控制装置立即开始工作，同时还将"唤醒"信号通过传输线路发送给其他控制装置。

（3）失效保护功能　失效保护功能包括硬件失效保护功能和软件失效保护功能。当系统的 CPU 发生故障时，硬件失效保护功能使其以固定的信号进行输出，以确保车辆能继续行驶；当系统某控制装置发生故障时，软件失效保护功能将不受来自有故障的控制装置的信号影响，以保证系统能继续工作。

（4）故障自诊断功能　故障自诊断功能包括多路传输通信系统的自诊断模式和各系统输入线路的故障自诊断模式，既能对自身的故障进行自诊断，又能对其他系统进行故障诊断。

2. 车载网络系统的特点

汽车网络信息传输方式是利用数据总线将汽车上的各个功能模块（电控单元等）连接起来，形成汽车信息传输网络系统。发送数据和控制信号的功能模块将数据和控制信号以编码的方式发送到同一根总线上，接收数据或控制信号的功能模块通过解码获得相应的数据和控制命令（或某个开关动作）。

总线每次只传送一个信息，多个信息分时逐个（串行）传输。其传输特点如下：用一根总线替代了多根导线，减少了导线的数量和线束的体积，简化了整车线束，线路成本和质量都有所下降；由于减少了线路和节点，信号传输的可靠性得以提高，并提高了整车电气线路的工作可靠性；改善了系统灵活性，通过系统软件即可实现控制系统功能变化和系统升级；网络结构将各控制系统紧密连接，达到数据共享的目的，各控制系统的协调性可进一步提高；为诊断提供通用的接口，利用多功能测试仪对数据进行测试与诊断，方便了维修人员对电子系统的维护和故障检修；便于后续开发采用开放式的车载网络技术，为后续技术的开发留有充分的余地。随着技术的不断进步，新的电子控制系统可以很方便地融入已有的系统之中，而不必对现有系统进行太大的改动。

同时，也便于实现控制器与执行器的就近安装，甚至采用控制器与执行器的一体化安装，进一步节省了安装空间，提高了控制的实时性和精度，从而实现了良性循环。

3. 车载网络系统的常用基本术语

（1）局域网　局域网络是在一个有限区域内连接的计算机的网络，简称局域网。一般这个区域具有特定的职能，通过这个网络实现这个系统内的资源共享和信息通信。连接到网络上的节点可以是计算机、基于微处理器的应用系统或智能装置。数据传输速度一般在10～103kbit/s，传输距离在几十米范围内。

（2）现场总线　现场总线（Field Bus）是在工业过程控制和生产自动化领域发展起来的一种网络体系，是在过程现场安装在控制室先进自动化装置中的一种串行数字通信链路。该系统是用于过程自动化和制造自动化最底层的现场设备或现场仪表互连的通信网络，是现场通信网络与控制系统的集成。

（3）数据总线　数据总线是模块间运行数据的通道，即所谓的信息高速公路。数据总线可以实现在一条数据线上传递的信号被多个系统（控制单元）共享，从而最大限度地提高系统整体效率，充分利用有限的资源。如果把这种方式应用在汽车电气系统上，就可以大大简化目前的汽车电路。可以通过不同的编码信号来表示不同的开关动作信号，解码后，根据指令接通或断开对应的用电设备（前照灯、刮水器、电动座椅等）。这样，就能将过去一线一用的专线制改为一线多用制，大大减少了汽车上电线的数目，缩小了线束的直径。当然，数据总线还将使计算机技术融入整个汽车系统之中，加速汽车智能化的发展。

（4）模块/节点　模块就是一种电子装置。传感器是一个模块装置，根据温度和压力的不同，产生不同的电压信号，这些电压信号在计算机（一种数字装置）的输入接口被转变成数字信号。在计算机多路传输系统中一些简单的模块被称为节点。

（5）多路传输　多路传输是指在同一通道或线路上同时传输多条信息。如图6-2所示

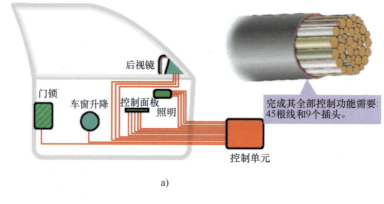

a)

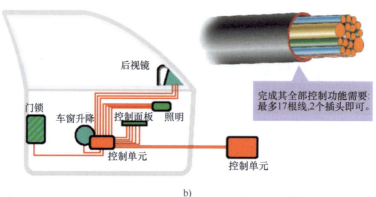

b)

图6-2　常规线路与多路传输线路

a) 常规线路的车门控制单元　b) 多路传输系统的车门控制单元

可以看出多路传输系统所用导线比常规线路系统所用导线少得多。事实上数据信息是依次传输的,由于传输速度非常快,似乎就是同时传输的。如果将 0.1s 分成若干段,许多单个的数据都能被传输(每一段传输一段),这就叫作分时多路传输。

汽车上用的是单线或双线分时多路传输系统。ECU 可以触发仪表板上的警告灯或故障指示灯等,由于多路传输可以通过一根线(数据总线)执行多个指令,因此可以增加许多功能装置。

(6) 网络　为了实现信息共享而把多条数据总线连在一起,或者把数据总线和模块当作一个系统称为网络。从物理意义上讲,汽车上许多模块和数据总线距离很近,因此被称之为 LAN(局域网)。

(7) 网关　因为汽车上有很多总线和网络,所以必须用一种有特殊功能的计算机达到信息共享和不产生协议间的冲突,实现无差错数据传输,这种计算机就叫作网关,汽车 CAN-Bus 数据总线如图 6-3 所示,其中 J533 即为网关。

(8) CAN　CAN 全称为"ControllerArea Network",即局域网控制器,是国际上应用最广泛的现场总线之一。最初,CAN 被设计作为汽车环境中的微控制器通信,

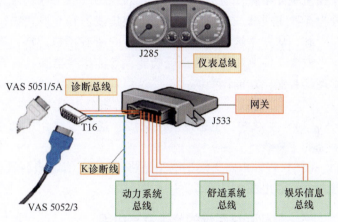

图 6-3　汽车 CAN-Bus 数据总线

在车载各电子控制装置 ECU 之间交换信息,形成汽车电子控制网络。如发动机管理系统、变速器控制器、仪表装备、电子主干系统中均嵌入 CAN 控制装置。

(9) 通信协议　两个实体模块要想成功地通信,它们必须"说同样的语言",并按既定控制法则来保证相互的配合。具体地说,在通信内容、怎样通信以及何时通信等方面,两个实体要遵从相互可以接受的一组约定和规则。这些约定和规则的集合称为协议。因此,协议可定义为在两实体间控制信息交换的规则之集合。

通信协议的主要内容如下:

1)在一个简单的通信协议中,模块不分主从,根据规定的优先规则,模块间相互传递信息,并且都知道该接收什么信息。

2)一个模块是主模块,其他则为从属模块,根据优先规则,它决定哪个从属模块发信息以及何时发送信息。

3)所有的模块都像旋转木马上的骑马人,一个上面有"免费券"挂环的转圈绕着他们旋转。当一个模块有了有用的信息,它便抓住挂环挂上这条信息,任何一个需要这条信息的模块都可以从挂环上取下这条信息。

通信协议的三要素包括:

1)语法。确定通信双方之间"如何讲",即由逻辑说明构成,要对信息或报文中各字段格式化,说明报头(或标题)字段、命令和应答的结构。

2)语义。确定通信双方之间"讲什么",即由过程说明构成,要对发布请求、执行动

作以及返回应答予以解释,并确定用于协调和差错处理的控制信息。

3) 定时规则。指出事件的顺序以及速度匹配、排序。

(10) 传输仲裁　当出现数个使用者同时申请利用总线发送信息时,会发生数据传输冲突,传输仲裁是为了避免数据传输冲突,保证信息按其重要程度发送。

(11) 架构　网络特定的通信协议称为架构,架构在其输入和输出端规定能进和能出的信息。架构通常包括1或2条线路。采用双线时数据的传输基于两条线的电位差;采用1条线传输数据时,对搭铁有个参考电压。

(12) 集线器　集线器(Hub)相当于一个有多个端口的中继器,随机选出某一端口,并独占全部带宽,与集线器的上连设备(如交换机、路由器或服务器)进行通信。集线器分为无源集线器、有源集线器、智能集线器和交换式集线器。无源集线器只将传输介质连接在一起,从一个端口接收数据,然后向所有端口广播;有源集线器具有支持多种传输介质、信号放大、检测和修复数据等功能;智能集线器除具有有源集线器的全部功能外,还有网络管理等智能化功能;交换式集线器可均衡网络负载和提高网络可用带宽。

(13) 子总线　子总线是指从主总线分出至电控单元或传感器的线束。

(14) 主总线　主总线是指总线(通信线路)中两个终端电路间的线束,是CAN通信系统的主总线。

(15) 终端电路　终端电路是将CAN通信电流转换成总线电压而设置的电路,由电阻器和电容器组成。

三、车载网络系统的分类及其应用

1. 车载网络系统的分类

(1) 按网络拓扑结构分类　网络的拓扑结构(Topological Structure)是指网上计算机或设备与信息传输介质形成的节点与数据传输线的物理构成模式。车载网络的拓扑结构主要有总线形结构、星形结构和环形结构等。

1) 总线形拓扑结构在两根总线上多个节点并列连接,从其中一个节点能同时向所有节点进行传送呼叫。它的所有节点都通过相应硬件接口连接到两条公共总线上,任何一个节点发出的信息都可沿着总线传输,并被总线上其他任何一个节点接收。这种结构中总线具有信息的双向传输功能,普遍用于控制器局域网的连接,总线一般采用同轴电缆或双绞线,总线形拓扑结构如图6-4所示。

总线形拓扑结构安装简单,扩充或删除一个节点很容易,不需停止网络的正常工作,节点的故障不会殃及整个系统。由于各个节点共用一个总线作为数据通路,信道的利用率高。但总线形拓扑结构也有其缺点:由于信道共享,连接的节点不宜过多,并且总线自身的故障可以导致整个系统的崩溃。

车载网络多采用这种结构,应用在CAN总线系统上。动力CAN数据总线(高速)速率为1Mb/s,用于动力系统和底盘系统数据总线;舒适CAN数据总线(低速)速率为125kb/s,用于将中央门锁系统、车窗玻璃升降等系统联网。

2) 星形拓扑结构是以中央节点控制数据传输的网络方式,即以一台中心处理机为主组成的网络,中心处理机接收从各个节点来的数据,并进行处理,再向各节点发出指令,把若干外围节点连接起来的辐射式互联结构,如图6-5所示,这种结构适用于局域网。

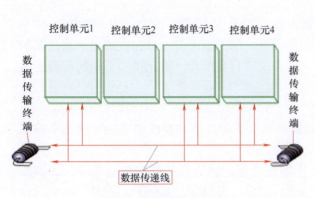

图 6-4 总线形拓扑结构

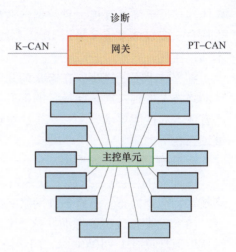

图 6-5 星形拓扑结构

星形拓扑结构的特点：结构简单，安装容易，费用低，通常以集线器作为中央节点，便于维护和管理。中央节点的正常运行对网络系统来说是至关重要的。中央节点负载重，扩充困难，信道（线路）利用率较低。

3）环形拓扑结构是将节点连接成环形，顺次进行数据传输，将被传送的信息数据进行中转，以到达需要的节点为止。环形网络中的信息传输是单向的，即沿一个方向从一个节点传到另一个节点；每个节点需安装中继器，以接收、放大、发送信号，如图6-6所示。

环形拓扑结构的特点：结构简单，建网容易，便于管理。其缺点：当节点过多时，将影响传输效率，不利于扩充，另外某一个节点发生故障时，整个网络就不能正常工作。

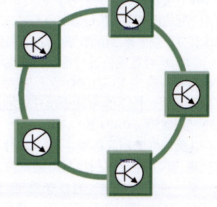

图 6-6 环形拓扑结构

（2）按信息传输速率分　目前汽车网络标准很多，其侧重功能各不相同。为方便研究和设计应用，SAE（美国机动车工程师协会）将汽车数据传输网分为 A、B、C、D 类型。

按照系统的复杂程度、信息量、必要的动作响应速度、可靠性要求等，车载网络系统又可以分为低速（A）、中速（B）、高速（C、D）三类，如图6-7所示。

就目前的技术水平而言，以上几种网络技术在汽车上多采用组合方式，即车身和舒适性控制单元都连接到低速CAN总线上，并借助于LIN总线进行外围设备控制。而汽车高速控制系统，通常会使用高速CAN总线将其连接在一起。

远程信息处理和多

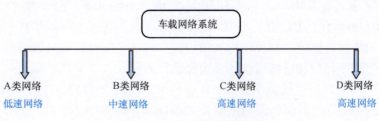

图 6-7 车载网络系统的分类

媒体连接需要高速互连，且数据传输量大，视频传输又需要同步数据流格式，因此，影音娱乐信息、多媒体系统多采用 DDB 总线或 MOST 总线。无线通信则通过蓝牙（Bluetooth）技术加以实现。

随着技术不断进步，在未来的几年时间触发协议 TTP 和 FlexRay 将得到广泛使用，使车载网络技术得到一次脱胎换骨的提升。目前，仍没有一个通信网络可以完全满足未来汽车的所有成本和性能要求，多种总线、协议并存，各自发挥自身所长，彼此协同工作的局面还将继续存在下去。

2. 车载网络标准与协议

19 世纪 80 年代，国际上众多知名汽车制造商和电子服务商就积极地研究并应用车载网络技术，迄今为止，已有多种网络标准面世。

（1）A 类总线协议标准　这类标准主要面向传感器、执行器控制的低速网络，数据传输速率通常只有 1～10kbit/s。网络协议种类主要有 LIN、UART、CCP 等，适用于对实时性要求不高的场合。主要应用于车身控制，如电动门窗、中央门锁、后视镜、座椅调节、灯光照明及早期的汽车故障诊断等。

A 类网络目前首选的标准是 LIN 总线。LIN 总线是用于汽车分布式电控系统的一种新型低成本串行通信系统，是一种基于 UART 的数据格式，主从结构的单线 12V 的总线通信系统，主要用于智能传感器和执行器的串行通信，这是 CAN 总线的带宽和功能不要求的部分。由于目前尚未建立低端多路通信的汽车标准，因此 LIN 正试图发展成为低成本的串行通信的行业标准。

（2）B 类总线协议标准　这类标准主要面向独立电控单元之间数据共享的中速网络，传输速率一般为 10～100kbit/s。主要应用于车辆电子信息中心、故障诊断、组合仪表等，以减少冗余的传感器和其他电子部件。网络协议种类主要有 ISO11898-1（2003），J2284、VAN 和 J1850（OBD-Ⅱ）等。

B 类网络的国际标准是 CAN 总线。CAN 总线是德国 BOSCH 公司从 20 世纪 80 年代初为解决现代汽车中众多的控制与测试仪器之间的数据交换问题而开发的一种串行数据通信协议，是一种多主总线，通信介质可以是双绞线或同轴电缆。CAN 总线通信接口中集成了 CAN 协议的物理层和数据链路层功能，可完成对通信数据的成帧处理，包括位填充、数据块编码、循环冗余检验、优先级判别等工作。数据段长度最多为 8 个字节，不会占用总线时间过长，从而保证了通信的实时性。CAN 协议采用 CRC 检验，可提供相应的错误处理功能，保证了数据通信的可靠性。近年来，基于 ISO11519-2—1994 的容错 CAN 总线标准在各种车型中得到广泛应用，ISO11519-2 的容错低速 CAN 总线接口标准在轿车中得到普及，其物理层比 ISO11898-1 要慢一些，成本较高，但其故障检测能力非常突出。

（3）C 类总线协议标准　这类标准主要面向高速、实时闭环控制的多路传输，最高传输速率可达 1Mb/s，主要用于发动机、ABS/ASR、悬架等控制。网络协议种类主要有 ISO11898-1（高 CAN）、TTP/C、FlexRay 等。随着汽车网络技术的发展，将会使用具有高速实时传输特性的一些总线标准和协议，包括采用时间触发通信的 X-by-Wire 系统总线标准和用于安全控制和诊断通信的总线标准、协议。

（4）D 类总线协议标准　D 类网络称为智能数据总线（IDB），主要面向信息、多媒体系统等。D 类网络协议的速率为 250kbit/s～400Mbit/s。

D 类网络使用在信息多媒体系统中，多采用 DDB、MOST 光纤传输和 IDB-Wireless 无线通信技术，用于实时的音频和视频通信，如 MP3、DVD 和 CD 等。

DDB 是用于汽车多媒体和通信的分布式网络，通常使用光纤作为传输介质，可连接 CD 播放器、语音电控单元、电话和因特网。

MOST 是车辆内 LAN 的接口规格，用于连接车载导航器和无线设备等，数据传输速率为 24Mbit/s，其规格主要由德国 Oasis Silicon System 公司制定。

在无线通信方面，采用 Bluetooth 规范，主要面向下一代汽车应用，如声音系统、信息通信等。目前已有一些公司研制出基于 Bluetooth 技术的处理器，如美国德州仪器公司不久前宣布推出一款新型基于 ROM 的蓝牙基带处理器，可用于通信及娱乐或 PC 外设等方面。

随着网络技术在汽车上的广泛应用，大大提高了汽车的动力性、操作稳定性和安全性，给汽车技术的发展注入了新的活力。

任务二　CAN 总线系统的结构与原理

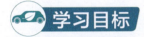

学习目标

1. 掌握 CAN 总线系统的组成。
2. 掌握 CAN 总线系统主要部件的功能。
3. 掌握 CAN 总线系统的特点。
4. 了解 CAN 总线系统的工作原理及其在汽车上的具体应用。
5. 区别动力 CAN、舒适 CAN 总线系统的异同。
6. 了解 CAN 总线系统的波形特点。

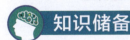

知识储备

一、CAN 总线系统的基本知识

1. CAN 的定义

CAN 是控制器局域网络（Controller Area Network，CAN）的简称，是国际上应用最广泛的现场总线之一，是德国 BOSCH 公司为解决现代汽车中众多的控制与测试仪器之间的数据交换而开发的一种串行通信协议。

2. CAN 网络系统的传输介质

CAN 总线是一种多主总线，是一种双线串行数据通信总线，通信介质可以是双绞线、同轴电缆或光导纤维，通信速率可达 1Mbit/s。

（1）双绞线　双绞线的结构如图 6-8 所示，采用双绞线结构之后，在进行数据传输时，两根数据线上的波形电压信号是相反的，若一根数据线上的电压约为0V，则另一根数据线上的电压就是约为5V，双绞线波形信号如图6-9所示。

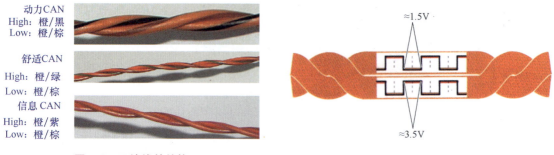

图6-8 双绞线的结构　　　　　　　　图6-9 双绞线波形信号

双绞线的特点如下：技术上容易实现、造价低廉；理论上节点数无限制、对环境电磁辐射有一定的抑制能力；随着频率的增长，双绞线线对的衰减迅速增高；适合网络5kb/s～1Mb/s的传输速率。

目前，采用双绞线的CAN总线分布式系统已经得到了广泛的应用，如汽车、电力系统以及远程传输等。

（2）同轴电缆　如图6-10所示，由于其不容易弯曲而且造价较高，目前在CAN网络系统中已经几乎不采用同轴电缆作为传输介质。

（3）光纤　如图6-11和图6-12所示，光纤的工作半径较大而且其不容易弯曲，又由于光纤的成本非常高，目前在CAN网络系统中很少不采用光纤作为传输介质。

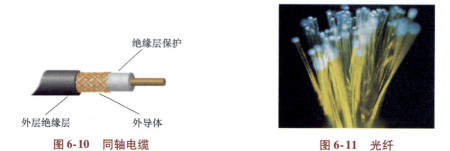

图6-10 同轴电缆　　　　　　　　图6-11 光纤

3. CAN总线

如果系统可以发送和接收数据，则这样的数据总线就称之为双向数据总线。数据总线实际是一条导线，或许是两条导线。CAN总线包含大量的数据信息，如图6-13所示。为了抗电子干扰，双线制数据总线的两条线是绞在一起的，双绞线结构如图6-14所示。

各汽车制造商一直在设计各自的数据总线，如果不兼容，就称为专用数据总线。如果是按照某种国际标准设计的，就是非专用的。为使不同厂家生产的零部件能在同一辆汽车上协调工作，必须制定标准。按照ISO有关标准，CAN的拓扑结构为总线形，因此也称为CAN总线（CAN-Bus）。

4. CAN总线系统的分类

汽车上的CAN总线主要有两种：高速CAN总线主要应用在一些要求高实时性的系统中，如驱动系统、电子制动系统等，故常称为动力CAN总线；低速CAN总线主要应用在一些对实时性要求不高的系统中，如舒适系统、灯光系统等，故常称为舒适CAN总线。

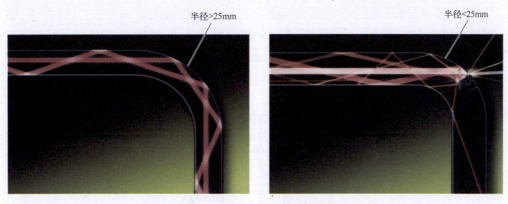

图6-12　光纤工作特性

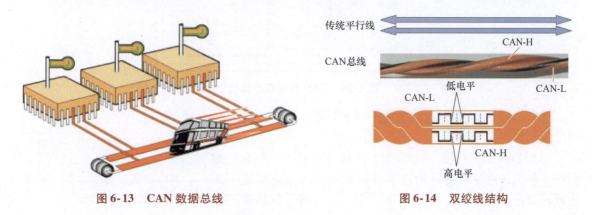

图6-13　CAN数据总线　　　　　图6-14　双绞线结构

二、动力CAN总线系统的结构与工作原理

1. 动力CAN总线系统的结构组成

在动力CAN总线系统中，每个连接在CAN总线上的节点内部都安装了一个CAN控制器、一个CAN收发器、两条数据传输线和数据总线终端，如图6-15所示。

（1）CAN控制器　如图6-16所示，CAN控制器的作用是：接收来自控制单元微处理器中的数据、处理数据并传送给CAN发送器；同时也接受CAN接收器的数据、处理数据并传送给微处理器。

控制功能包含数据发送时间控制、数据接收控制、数据格式转换等。

（2）CAN收发器　在每个节点内都有两个CAN收发器分

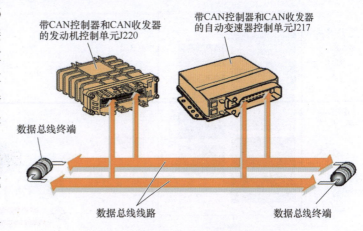

图6-15　动力CAN总线的组成结构

别负责 CAN 高位线和 CAN 低位线的数据传送。CAN 收发器是一个发送器和一个接收器的组合,它将 CAN 控制器提供的数据转化成电信号并通过数据总线发送出去;同时,它也接收总线上的电信号,并转化成数据传给 CAN 控制器,如图 6-17 所示。

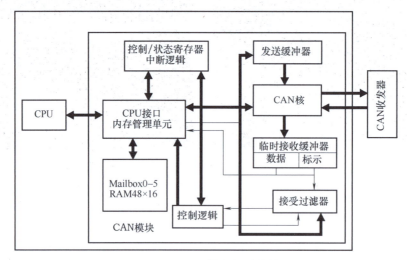

图 6-16　CAN 控制器的结构

TJA1054A 是汽车上比较常用的 CAN 收发器,其内部结构如图 6-18 所示。

（3）数据总线终端　数据总线终端实际上是一个电阻器,作用是避免数据传输终了反射回来,产生反射波使数据遭到破坏。在高速 CAN-Bus 中,只有两个数据传递终端,它装在 CAN 高位（CAN-H）和低位（CAN-L）数据线之间。将点火开关断开后,可以用万用表测量 CAN-H 线和 CAN-L 线之间的电阻值。高速 CAN 总线传递终端如图 6-19 所示,其中每一个终端电阻的电阻值为 120Ω。

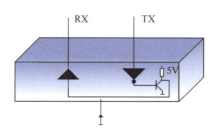

图 6-17　CAN 收发器结构示意图

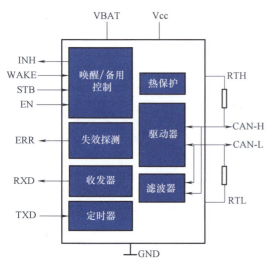

图 6-18　TJA1054A 内部结构图

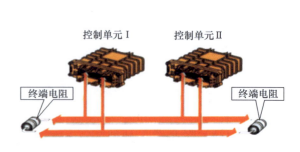

图 6-19　CAN 总线终端布置图

（4）CAN 总线　CAN 总线是用以传输数据的双向数据线，分为 CAN 高位（CAN-H）和低位（CAN-L）数据线。数据没有指定接收器，通过数据总线发送给各控制单元，各控制单元接收后进行计算。CAN-H 线和 CAN-L 线正常传输信号时的波形如图 6-20 所示。

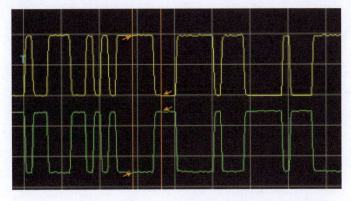

图 6-20　CAN-H 线和 CAN-L 线正常传输信号时的波形图

对 CAN-H 线的波形信号来说，数据通信时的波形是上升沿，如图 6-21 所示。

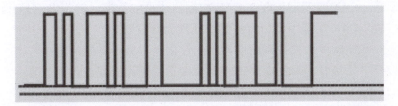

图 6-21　CAN-H 线的波形信号

对 CAN-L 线的波形信号来说，数据通信时的波形是下降沿，如图 6-22 所示。

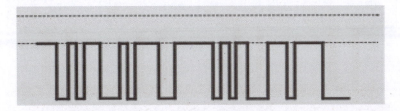

图 6-22　CAN-L 线的波形信号

为了防止外界电磁波干扰和向外辐射，CAN 总线采用两条线缠绕在一起的方式，CAN 数据传输系统差分原理图如图 6-23 所示。采用这种方式之后，CAN-H 与 CAN-L 两条线上的电位是相反的，两条线的电压和等于常值。

采用双绞线结构之后，当存在电磁干扰时，两条线上的干扰相互抵消，CAN 总线得到保护，同时 CAN 总线向外辐射保持中性，即无辐射。

2. 动力 CAN 总线系统的工作原理

（1）CAN 的特点　CAN 总线为多主方式工作，总线上的任一个节点均可以在网络空闲的任意时刻，主动向网络上的其他节点发送信息，所有节点不分主次，通信方式灵活。CAN 网络上的各个节点信息分成不同的优先级，可以满足不同的实时要求，高优先级的信息优先

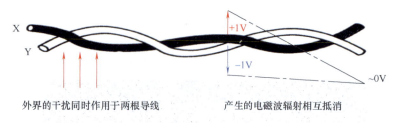

图 6-23　CAN 数据传输系统差分原理图

传递。CAN 总线采用非破坏性的仲裁机制，当出现两个节点同时向总线发送数据时，优先级低的节点会主动退出发送转为接收，优先级高的节点会继续发送数据不受影响，有效避免了总线冲突，提高信息传输效率。如安全方面的信息比舒适方面的信息优先。

CAN 总线信息传输采用广播模式，即一个节点发送，所有连接在总线上的节点都可接收。当某一个 CAN 总线节点出现严重错误时，具有自动关闭功能，使其他节点不受影响。

（2）CAN 的数据传递过程　CAN 的数据传递过程如图 6-24 所示，主要包括如下过程：

1）数据准备。控制单元向 CAN 控制器提供需要发送的数据。
2）数据发送。CAN 收发器接收由 CAN 控制器传来的数据，转为电信号并发送。
3）数据接收。CAN 系统中，所有控制单元转为接收器。
4）数据检验。控制单元检查判断所接收的数据是否为所需要的数据。
5）数据接受。如接收的数据需要，它将被接受并进行处理，否则忽略。

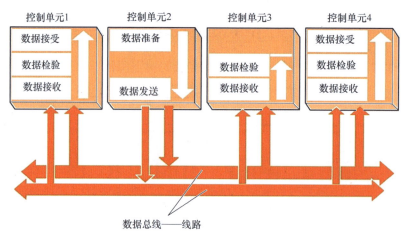

图 6-24　数据传递过程

CAN 总线分为 CAN 高位（CAN-H）和低位（CAN-L）数据线，对地电压分别用 VCAN-H 和 VCAN-L 表示，它们之间的差值称为差分电压 V_{diff}，即 $V_{diff} = V_{CAN-H} - V_{CAN-L}$。电压波形与逻辑电平定义如图 6-25 所示，当 $V_{diff} = 2.0V$ 时，当前传送的数据位为"显性"，用逻辑数字"0"表示；当 $V_{diff} = 0V$ 时，当前传送的数据位被称为"隐性"，用逻辑数字"1"表示。

控制单元在某一时间段只能进行发送或接收一项功能。逻辑"1"表示所有控制器的开关断开，总线电平为 5V 或是 3.5V，CAN 总线未通信；逻辑"0"表示某一控制器闭合，总

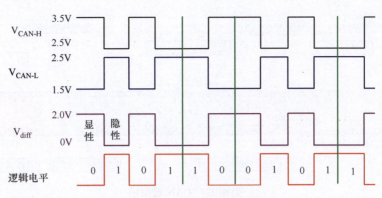

图 6-25 电压波形与逻辑电平定义

线电平为 0V；CAN 总线进行通信。

3. 动力 CAN 总线系统的数据传输

动力 CAN 总线的数据传递实际是物理电平在数据总线上的传递过程。在发送时，控制单元将信息转换成二进制数据，再用电平来模拟二进制数据；在接收时，控制单元将电平转换成二进制数据，再将二进制数据转换成正常数据。

在 CAN 总线收发器的接收器是安装在接收一侧的差动信号放大器，如图 6-26 所示。它将来自 CAN-H 和 CAN-L 线的电平信号进行差分运算，得到相应的差分电压，并将差分电压转换为二进制数据，传递给 CAN 总线的控制器。由此实现了物理电平到二进制数据的转换过程。

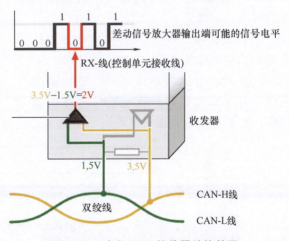

图 6-26 动力 CAN 接收器结构简图

4. CAN 数据帧

为了可靠地传输数据，通常将原始数据分割成一定长度的数据单元，这就是数据传输的单元，称其为帧。一个数据帧由开始域、仲裁域、检验域、数据域、安全域、确认域和结束域构成，如图 6-27 所示。CAN 以报文为单位进行信息传送，CAN 中一个报文称一帧。

（1）开始域　开始域代表数据传输的开始，用一位"0"代表。

（2）仲裁域　仲裁域用于确定数据协议的优先权。如果两个控制单元都要同时发送各自的数据，那么，具有较高优先权的控制单元优先发送。

仲裁机制如下：总线空闲时，任何单元都可以开始传送报文；如果两个以上的单元同时开始传送报文，就会出现总线访问冲突，通过使用标识符的逐位仲裁就可以解决这个冲突。仲裁的机制确保了报文和时间均不损失。仲裁期间，每个发送器都对发送位的电平与被监控的总线电平进行比较。如果电平相同，则这个单元继续发送。如果发送的是一"隐性"（1）电平，而监视到总线电平是一"显性"（0）电平，则这个单元就失去了仲裁，必须退出发送状态，改为接收状态，如图 6-28 所示。

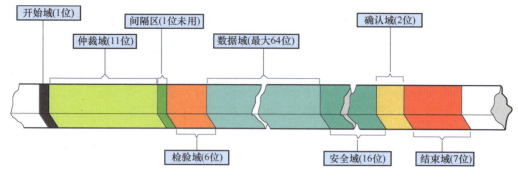

图 6-27　CAN 数据帧

（3）检验域　用于确定数据信息数量，显示在数据域中所包含的信息项目数，由保留位和数据长度码组成，如图 6-29 所示。数据长度码指示出数据场中的数据字节数，其数值大小为 0～8。

（4）数据域　在数据域中，信息被传递到其他控制单元。

（5）安全域　检测数据传输中的错误，有助于识别传输的干扰。

（6）确认域　在确认域中，接收器接收信号并通知发送器其所发信号已被正确

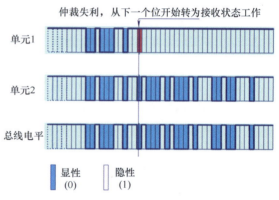

图 6-28　仲裁过程

接收；如果检查到错误，接收器立刻通知发送器，发送器会再发送一次数据。

图 6-29　检验域结构图

（7）结束域　结束域用于标志数据帧的结束。由 7 位隐性位序列表示，通过这 7 位隐性位接收器可以判断一帧是否结束。

5. 优先级确认

因为 CAN 总线采用多主串行数据传递方式，如果有多个控制器同时需要发出信号，那么在总线上一定会发生数据冲突。为了避免出现数据冲突，当出现多个控制器同时发送信号的情况时，系统就必须决定哪个控制单元首先进行发送，哪个控制单元等待发送。CAN 总线采取的措施是：每个控制单元在发送信号时，通过数据帧前列的状态域来识别数据优先权，具有最高优先权的数据首先发送。

在信息数据列中有 11 位的状态区，这 11 位二进制中前 7 位既是发送信息的控制器标识符，同时又表示了它的优先级。仲裁规则如下，标识符中的号码越小，即从前往后数，前面零越多，优先级越高。而后 4 位则是这个控制器发送不同信息的编号，如发动机控制单元既

要发送转速信号，又要发送冷却液温度等信号，则后4位就有所不同。

3个控制单元同时发送数据，此时需要在数据传输线上一位一位进行比较，如果1个控制单元发送了隐形电平而检测到1个显性电平，那么该控制单元就自动停止发送，改为接收状态。优先级确认工作过程如图6-30所示。

6. 动力CAN总线系统的常见故障

装有动力CAN总线系统的车辆如果出现故障，维修人员应该首先检测汽车车载网络系统是否正常。如果车载网络系统有故障，则整个汽车车载网络系统中的有些信息将无法传输，

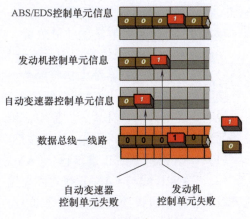

图6-30 优先级确认工作过程

接收这些信息的电控模块将无法正常工作，从而出现故障灯亮起、废气排放超标、怠速不稳、动力不足等故障现象。因此，对于汽车车载网络系统故障的检修，应根据车载网络系统的具体结构和控制回路进行具体分析。

（1）CAN总线的故障特点　当CAN总线出现故障时一般有三种表现，一是没有外在故障现象，只是在自诊断系统中储存故障码，总线进行应急工作状态，出现这种故障时，车主无法察觉车辆有故障，二是出现某一个模块与其他模块无法通信，所有需要从总线上取得的信号都无法得到，相关的控制功能会受到影响，这时会出现外在故障现象；三是整个网络失效，各节点都无法通信，此时会出现大范围的故障表现。

（2）车载网络系统的故障类型　一般说来，引起汽车车载网络系统故障的原因有三种：一是汽车电源系统引起的故障；二是汽车车载网络系统的链路故障；三是汽车车载网络系统的节点故障。

1）汽车电源系统故障引起的网络故障。汽车车载网络系统的核心部分是含有通信IC芯片的控制单元，控制单元的正常工作电压为10.5~14.5V。如果汽车电源系统提供的工作电压低于该值，就会造成一些对工作电压要求高的控制单元出现短暂的停止工作，从而使整个汽车车载网络系统出现短暂的无法通信。这种现象就如同用故障诊断仪在未起动发动机时就已经设定好要检测的传感器界面，当发动机起动时，往往故障诊断仪又回到初始界面。

这类故障产生的原因主要是蓄电池、发电机、供电线路、熔断丝等元器件有故障。

2）链路故障（数据导线故障）。当汽车车载网络系统的链路（通信线路）出现故障时，如通信线路的短路、断路以及线路物理性质引起的通信信号衰减或失真，都会引起多个电控单元无法工作或电控系统错误动作。判断是否为链路故障时，一般采用示波器或汽车专用诊断仪来观察通信数据信号是否与标准通信数据信号相符。

3）节点故障。节点是汽车车载网络系统中的电控模块，因此节点故障就是控制单元的故障。这类故障产生的原因主要是各类控制单元、传感器等元器件有故障。

① 软件故障。即传输协议或软件程序有缺陷或冲突，从而使汽车车载网络系统通信出现混乱或无法工作，如果出现这种故障一般成批出现，且无法维修。

② 硬件故障。一般由于通信芯片或集成电路故障，造成汽车车载网络系统无法正常工作。对于采用低版本信息传输协议的点到点信息传输协议的汽车车载网络系统，如果有节点

故障,将出现整个汽车车载网络系统无法工作。

7. 动力 CAN 总线系统的波形分析

在动力 CAN 总线系统检测中示波器具有不可代替的作用,可以让我们看到总线上传输的信号,让我们可分析系统中运行的数据是否正常,还可看出哪里出现了问题。

接下来将逐一对动力 CAN 总线的各种波形进行分析。

说明:在下列的各种故障波形中,用示波器的通道 A 测量 CAN-H 线的电压波形,用示波器的通道 B 测量 CAN-L 线的电压波形。

(1) CAN 总线系统正常传输 CAN 总线系统正常波形如图 6-31 所示。

(2) CAN-H 线与 CAN-L 线之间短路 如图 6-32 所示,两条数据线短路会造成整个总线失效,可以通过拔插高速 CAN 总线上的控制单元来判断是由于控制单元引起的短路还是由于 CAN-H 线与 CAN-L 线连接引起的短路。在拔插控制单元的过程中,注意观察示波器的波形,当故障单元被拔下后,波形恢复正常。

(3) CAN-H 线对搭铁短接 如图 6-33 所示,CAN-H 线的电压位于 0V,可以通过拔插高速 CAN 总线上的控制单元来判断是由于控制单元引起的短路还是由于数据线引起的短路。在拔插控制单元的过程中,注意观察示波器的波形,当故障单元被拔下后,波形恢复正常。

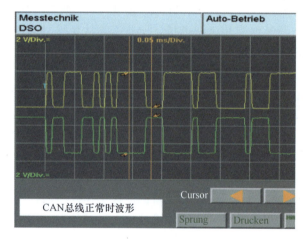

图 6-31 CAN 总线系统正常

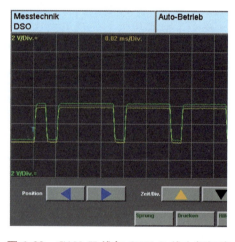

图 6-32 CAN-H 线与 CAN-L 线之间短路

(4) CAN-H 线对正极短接 如图 6-34 所示,CAN-H 线的电压电位为 12V,这是由于在控制单元的收发器内的 CAN-H 线和 CAN-L 线的内部错接引起的。

(5) CAN-L 线对搭铁短接 如图 6-35 所示,CAN-L 线的电压位于 0V,可以通过拔插高速 CAN 总线上的控制单元来判断是由于控制单元引起的短路还是由于数据线引起的短路。在拔插控制单元的过程中,注意观察示波器的波形,当故障单元被拔下后,波形恢复正常。

(6) CAN-L 线对正极短接 如图 6-36 所示,CAN-L 线的电压电位为 12V,这是由于在控制单元的收发器内的 CAN-H 线和 CAN-L 线的内部错接引起的。

(7) CAN-H 断路 如图 6-37 所示,当 CAN-H 线断路时,系统无法正常工作。

(8) CAN-L 断路 如图 6-38 所示,当 CAN-L 线断路时,系统无法正常工作。

项目六　总线系统结构与原理

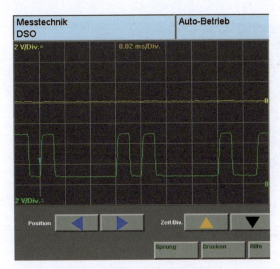

图 6-33　CAN-H 线对搭铁短接

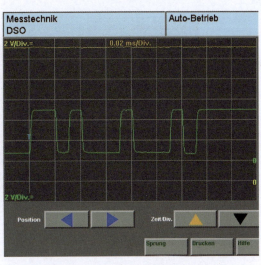

图 6-34　CAN-H 线对正极短接

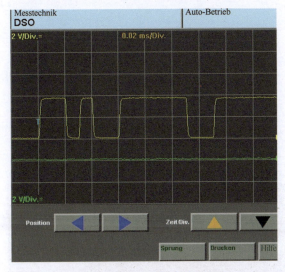

图 6-35　CAN-L 线对搭铁短接

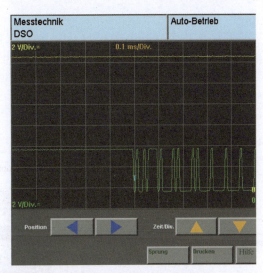

图 6-36　CAN-L 线对正极短接

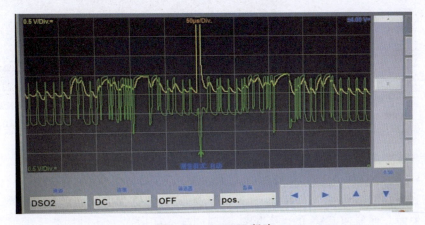

图 6-37　CAN-H 断路

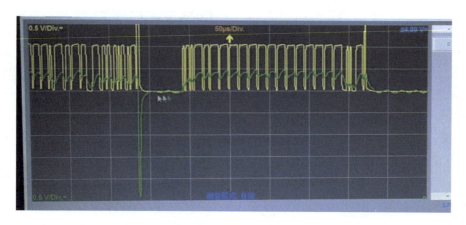

图 6-38　CAN-L 断路

三、舒适 CAN 总线系统的结构与工作原理

1. 舒适 CAN 总线系统的波形电压

在隐性状态（静电平）时，CAN-H 线信号为 0V，在显性状态时 ≥3.6V。对于 CAN-L 信号来说，隐性电平为 5V，显性电平 ≤1.4V，舒适系统的信号波形如图 6-39 所示。

在示波器上显示的舒适 CAN 总线波形图（静态）如图 6-40 所示，与动力 CAN 总线相比，电压提升增大了，显性电平和隐性电平交替转换，在显性状态时，CAN-H 线的信号电压为 3.6V，CAN-L 线的信号电压为 1.4V。在波形中 CAN-H 与 CAN-L 信号采用不同的零点将两个信号彼此分开。

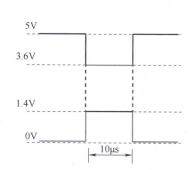

图 6-39　舒适系统的信号波形图

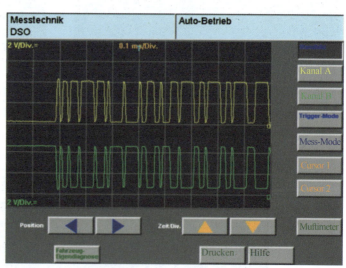

图 6-40　示波器上显示的舒适 CAN 总线波形

2. 舒适 CAN 总线系统的数据传递

低速 CAN 通信速率最高可达 125kb/s，通信数据格式与高速 CAN 总线一样，不同处在于通信速率和外在故障保护上。高速 CAN 的两条网线只要其中一条网线出现断路或短路，则整个网络失效。而低速 CAN 的两条网线出现同样的问题时，还可用剩下的另一条完好网

线进行数据传递（即单线功能）。

低速 CAN 主要应用在一些对实时性要求不高的系统中、如舒适系统、灯光系统等。

（1）数据的发送　低速 CAN 发射器的电路简图如图 6-41 所示。低速 CAN 与高速 CAN 的发射器是不同的，其发送的电平信号也不一样。这是为了增强抗干扰性和降低电流消耗而做的一些改动。

首先，由于使用了单独的驱动器（功率放大器），这两个 CAN 信号就不再有彼此依赖的关系。与动力 CAN 数据总线不同，舒适 CAN 数据总线的 CAN-H 线和 CAN-L 不是通过电阻相连的，也就是说，CAN-H 线和 CAN-L 线不再彼此相互影响，而是作为独立的电压源来工作，也就是说当某一条总线出现断路、短路或者相互短路时，还可以继续传递数据（单线模式）。

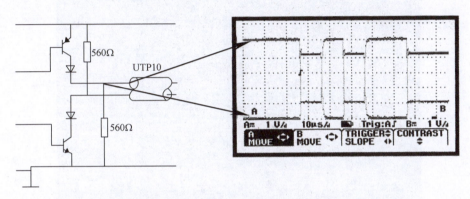

图 6-41　低速 CAN 发射器结构简图

（2）数据的接收　舒适 CAN 总线的接收器如图 6-42 所示，其工作原理与动力 CAN 总线的收发器基本一致，正常工作模式下采用的是"差动数据传递"原理。

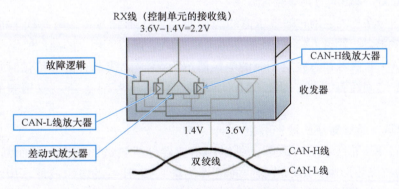

图 6-42　舒适 CAN 总线的接收器

低速 CAN 和高速 CAN 数据总线的收发器输出的电压电平不一样，而且低速 CAN 还可以在出现故障时切换到 CAN-H 线或 CAN-L 线（单线工作模式）进行单线数据传输。另外，CAN-H 线和 CAN-L 线之间的短路会被识别出来，并且在出现故障时会关闭 CAN-L 驱动器，在这种情况下，CAN-H 线和 CAN-L 的信号是相同的。

低速 CAN 数据总线 CAN-H 线和 CAN-L 线上的数据传递，由安装在收发器内的故障逻辑电路来监控，故障逻辑电路检验两条 CAN 导线上的信号，如果出现故障（如某条 CAN 导线断路），那么故障逻辑电路会识别出该故障，从而使用完好的那一条导线（单线工作模式）。这样就可将故障对舒适/信息 CAN 数据总线的两条导线的影响降至最低。

（3）单线工作模式下的舒适 CAN 总线　如果因断路、短路或与蓄电池电压相连而导致两条 CAN 导线中的一条不工作了，那么就会切换到单线工作模式。在单线工作模式下，舒适 CAN 总线仍可工作。在单线工作模式下，控制单元不受影响，一个专用的故障输出用于通知控制单元，现在收发器是工作在单线模式下，如图 6-43 所示。

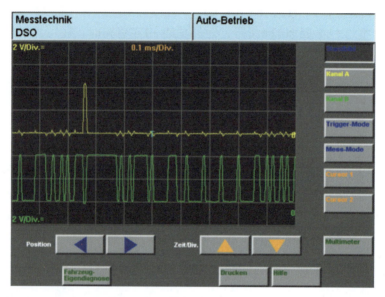

图 6-43　示波器上显示的舒适 CAN 总线工作在单线模式下的波形（静态）

3. 舒适 CAN 总线的万用表检测

CAN-H 信号在总线空闲时的电压值约为 0V，总线上有信号传输时总线上的电压值在 0V 和 5V 之间高频波动，因此 CAN-H 线的主体电压为 0V，所以万用表的测量值应在 0.35V 左右。

同理，CAN-L 信号在总线空闲时的电压值约为 5V，总线上有信号传输时总线上的电压值在 5V 和 0V 之间高频波动，因此 CAN-L 线的主体电压为 5V，所以万用表的测量值应在 4.65V 左右。

4. 舒适 CAN 总线系统的波形分析

对于舒适 CAN 总线系统的故障，可以用示波器分析测试的波形，从而判断故障部位。在下列的各种故障波形中，用示波器的通道 A 测量 CAN-H 线的电压波形，用示波器的通道 B 测量 CAN-L 线的电压波形。

（1）CAN-L 线断路　如图 6-44 所示，CAN-H 线电压电位正常。在 CAN-L 线上为 5V 的隐性电压电位和一个比特长的 1V 显性电压电位。当一个信息内容被正确地接受，则控制单元发送这个显性电压电位。

故障分析：CAN-L 线断路时，舒适 CAN 总线变为单线工作。

（2）CAN-H 线断路　如图 6-45 所示，CAN-L 线电压电位正常。在 CAN-H 线上为 0V 的隐性电压电位和一个比特长的 5V 显性电压电位。

项目六 总线系统结构与原理

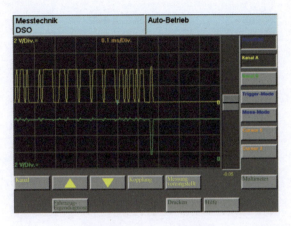

图 6-44　CAN-L 线断路

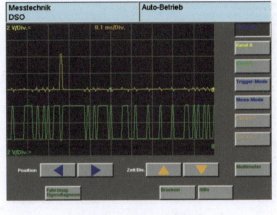

图 6-45　CAN-H 线断路

故障分析：CAN-H 线断路时，舒适 CAN 总线变为单线工作。

(3) CAN-H 线与蓄电池正极短接　如图 6-46 所示，CAN-H 线的电压约为 12V 或蓄电池电压，CAN-L 线的电压电位正常。

故障分析：CAN-H 线与蓄电池正极短接时，舒适 CAN 总线变为单线工作。

(4) CAN-L 与地短接　如图 6-47 所示，CAN-L 线的电压为 0V，CAN-H 线的电压电位正常。

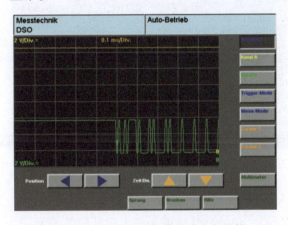

图 6-46　CAN-L 线与蓄电池正极短接

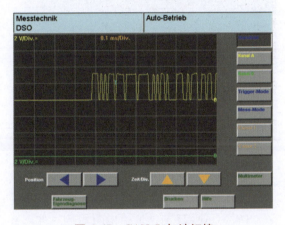

图 6-47　CAN-L 与地短接

故障分析：CAN-L 线与地短接时，舒适 CAN 总线变为单线工作。

(5) CAN-L 线与 CAN-H 线短接　如图 6-48 所示，CAN-H 线和 CAN-L 线的电压电位相同。CAN-H 线与 CAN-L 线之间短路影响所有的低速 CAN 总线通信。低速 CAN 总线因此而单线工作。这意味着，通信仅为一条线路的电压电位起作用。控制单元利用该电压电位对地值确定传输数据。

(6) CAN-L 线与 CAN-H 线交叉连接　CAN-L 线与 CAN-H 线交叉连接的故障波形如图 6-49 所示。

(7) CAN-L 线与蓄电池正极短接　如图 6-50 所示，CAN-L 线的电压约为 12V 或蓄电池电压，CAN-H 线的电压电位正常。

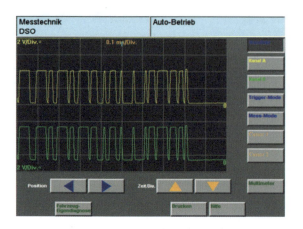
图 6-48　CAN-L 线与 CAN-H 线短接

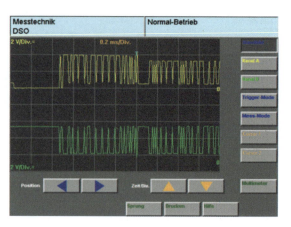
图 6-49　CAN-L 线与 CAN-H 线交叉连接

故障分析：CAN-L 线与蓄电池正极短接时，舒适 CAN 总线变为单线工作。

（8）CAN-H 与地短接　如图 6-51 所示，CAN-H 线的电压为 0V，CAN-L 线的电压电位正常。

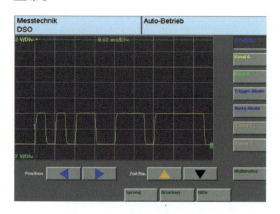
图 6-50　CAN-L 线与蓄电池正极短接

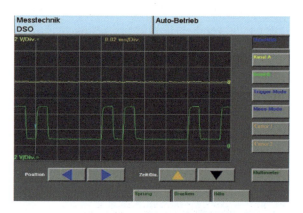
图 6-51　CAN-H 与地短接

故障分析：CAN-H 线与地短接时，舒适 CAN 总线变为单线工作。

（9）CAN-H 与地通过电阻短接　如图 6-52 所示，CAN-H 线的显性电位移向接地方向。从故障波形中可以看出，CAN-H 线的显性电压比正常值要小，这是受连接电阻的影响造成的，电阻越小，则显性电压越小。在没有连接电阻的情况下短路，该电压为 0V。

（10）CAN-L 与正极通过电阻短接　如图 6-53 所示，CAN-L 线的隐性电位移向正极方向，从故障波形中可以看出，CAN-L 线的隐性电压值比正常值要大，这是受连接电阻的影响造成的，电阻越小则隐性电压越大。在没有连接电阻的情况下短路，该电压为 12V。

（11）CAN-L 与地通过电阻短接　如图 6-54 所示，CAN-L 线的隐性电位移向接地方向。从故障波形中可以看出，CAN-L 线的隐性电压比正常值要小，这是受连接电阻的影响造成的，电阻越小，则隐性电压越小。在没有连接电阻的情况下短路，该电压为 0V。

（12）CAN-H 线与 CAN-L 之间相互短接　如图 6-55 所示，从图中可以看出，CAN-H 线与 CAN-L 线的输出波形是一致的。

项目六 总线系统结构与原理

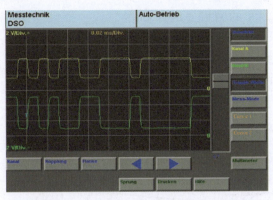

图 6-52 CAN-H 与地通过电阻短接

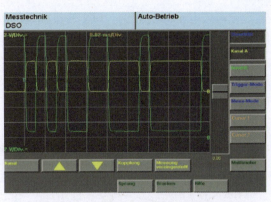

图 6-53 CAN-L 与正极通过电阻短接

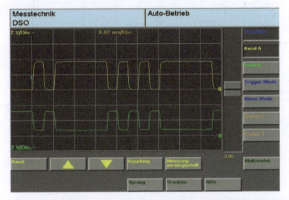

图 6-54 CAN-L 与地通过电阻短接

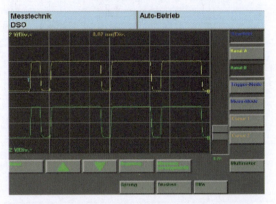

图 6-55 CAN-H 线与 CAN-L 之间相互短接

任务二 LIN 总线系统的结构与原理

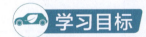

1. 熟知 LIN 总线系统在汽车上的作用。
2. 掌握 LIN 总线系统的组成及结构。
3. 掌握 LIN 总线系统的基本工作原理。

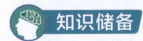

一、LIN 总线系统的结构组成

1. LIN 的定义

LIN（Local Interconnect Network，LIN）是一种低成本的串行通信网络，用于实现汽车

159

中的分布式电子系统控制。LIN 的目标是为现有汽车的网络（例如 CAN 总线）提供辅助功能，因此 LIN 总线是一种辅助的通信总线网络。

LIN 总线多用在不需要 CAN 总线的场合，目前主要应用于空调、车门、顶窗、刮水器等系统的传输控制上。按 SAE 的车上网络等级标准，LIN 属于汽车上的 A 级网络。LIN 总线的应用如图 6-56 所示。

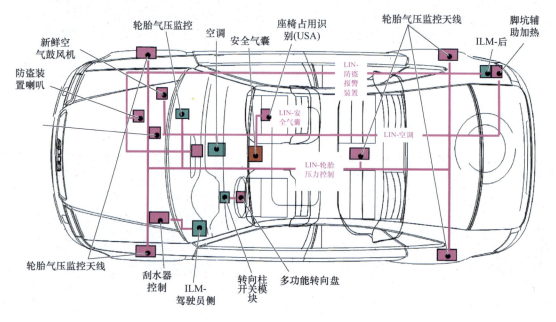

图 6-56　LIN 总线的应用

LIN 总线系统采用低成本的单线连接，传输速度最高可达 20kbit/s，它的媒体访问采用单主/多从的机制，不需要进行仲裁。其主要目标是为现有汽车网络提供辅助功能，目标用于低端系统，无须 CAN 的带宽、性能以及复杂性。从某种意义上来讲，LIN 总线就是 CAN 总线的经济版通信网络。

2. LIN 总线系统的结构

LIN 总线的网络结构通常由一个主节点、一个或多个从节点构成，如图 6-57 所示。所有节点都有一个通信任务，主节点可以执行主任务也可以执行从任务，从节点只能执行从任务。总线上的信息传送由主节点来进行控制。

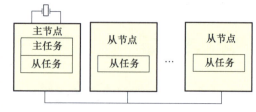

图 6-57　LIN 总线的结构

3. LIN 总线系统的特点

LIN 总线的特点如下：单主/多从结构无须仲裁机制；成本低：基于通用 UART 接口几乎所有微控制器都具备 LIN 必需的硬件；传输速率最高可达 20kbit/s；一条数据线；从节点不需晶振或陶瓷振荡器就能实现自同步；故障节点的检测功能；不需要改变 LIN 从节点的硬件和软件就可以在网络上增加节点；通常一个 LIN 网络上节点数目小于 12 个，共有 64 个标志符。

4. LIN 总线与 CAN 总线的比较

在车上网络系统中，LIN 总线处于低端，属于 A 级网络，与 CAN 以及其他 B 级或 C 级网络比较，它的传输速度低、结构简单、价格低廉；在汽车上，LIN 总线与其他那些网络是互补的关系。由于汽车上的不同部件和整机对于价格和复杂性的要求非常敏感，因此，在汽车车载网络系统中，低端系统使用 LIN 总线会显现其必要性和优越性。

二、LIN 总线系统的工作原理

1. LIN 总线系统的数据传输

（1）LIN 的协议　LIN 网络的通信任务分为发送任务和接收任务；主节点则有一个主发送任务。LIN 网络上的通信是由主节点的主发送任务所发起的，主控制单元发送一个起始报文，相应地接受并且滤除消息标识符后，一个从任务被激活并且开始本消息的应答传输，起始报文和应答部分构成一个完整的报文帧。

LIN 系统中可以采用多种方式进行数据交换，主要有以下三种：

1）由主节点到一个或多个从节点。

2）由一个从节点到主节点或其他的从节点。

3）通信信号可以在从节点之间传播，而不经过主节点或者通过主节点广播消息到网络中的所有的从节点。

（2）LIN 的传输原理　LIN 总线的数据传输线是单线，数据线最长可以达到 40m。在节点内配置 1kΩ 的电阻并接 12V 电压供电，在从节点内配置 30kΩ 的电阻并接 12V 电压供电。每个节点都可通过内部发送器拉低总线电压。LIN 总线的接口电路如图 6-58 所示。

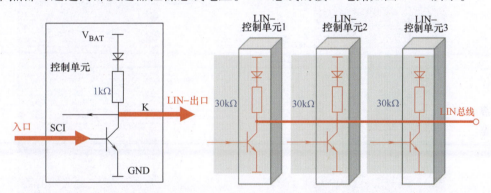

图 6-58　LIN 总线的接口电路

2. LIN 总线系统的信号波形

在示波器上显示的 LIN 总线的信号波形如图 6-59 所示。LIN 系统支持休眠工作模式。当主节点向网络上发送一个休眠命令时，所有节点进入休眠状态，直到被唤醒之前总线上不会有任何活动。这时总线处于隐性状态，节点没有内部活动，驱动器处于接收状态。

（1）隐性电平　如果所有节点的收发器都没有驱动晶体管导通，此时在 LIN 总线上的电压就是蓄电池电压，为显性电平，表示为逻辑数字"1"。

（2）显性电平　当有节点需要向外发送信息时，发送控制单元内的收发器驱动晶体管导通，将 LIN 数据线接地，此时在 LIN 总线上的电压就是 0V，为显性电平，表示为逻辑数字"0"。

3. LIN 总线电平的抗干扰设置

在收发隐性电平和显性电平时，通过预先设定公差值来保证数据传输的稳定性，发送信

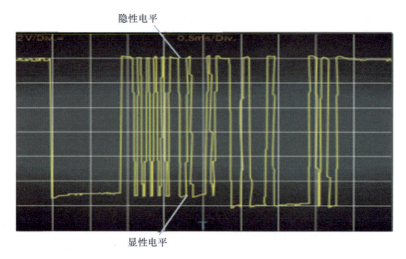

图 6-59　LIN 总线信号波形

号的电压范围如图 6-60 所示。

为了能在有干扰辐射的情况下仍能收到有效的信号，接收的允许电压值要稍高一些，接收信号允许的电压范围如图 6-61 所示。

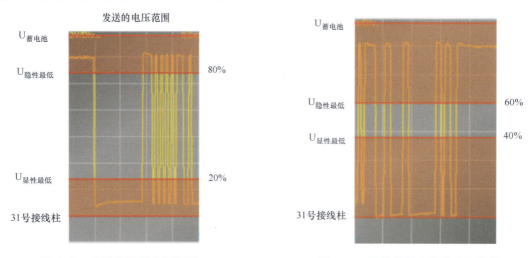

图 6-60　发送信号的电压范围　　　　图 6-61　接收信号允许的电压范围

4. LIN 总线的数据格式

LIN 总线的数据格式如图 6-62 所示。

带有从控制单元回应的信息：LIN 主控制单元要求 LIN 从控制单元发送的信息标题内包含这样一些信息，如开关状态或测量值。该回应由 LIN 从控制单元来发送。

带有主控制单元命令的信息：LIN 主控制单元通过标题内的标志符要求 LIN 从控制单元使用包含在回应内的数据。该回应由 LIN 主控制单元来发送。

（1）信息标题　信息标题由 LIN 主控制单元按周期发送，信息标题分为：同步暂停区、同步分界区、同步区和识别区，如图 6-63 所示。

1）同步暂停区：同步暂停区的长度至少为 13 位（二进制的），它以显电平发送。这样

图 6-62 LIN 总线的数据格式

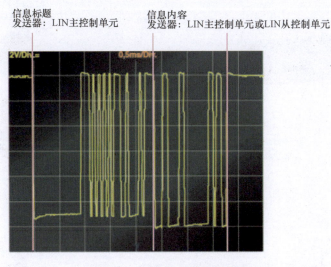

图 6-63 信息标题

才能准确地通知所有的 LIN 从控制单元有关信息的起始点的情况。其他的信息是以最长为 9 位（二进制的）显位来一个接一个传递的。

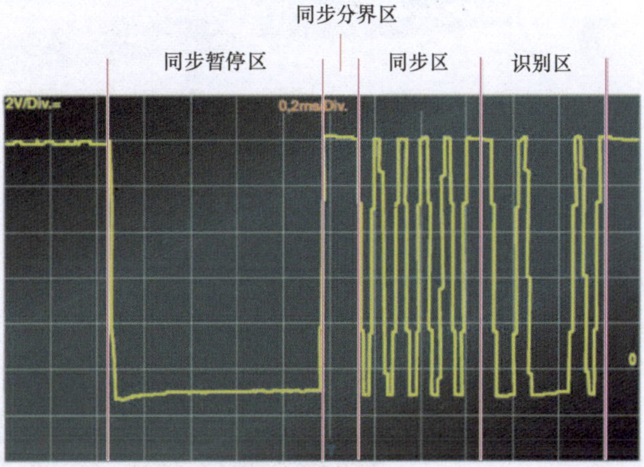

2）同步分界区：至少为一位（二进制的）长，且为隐性。

3）同步区：由 0101010101 这个二进制位序构成，所有的 LIN 从控制单元通过这个二进制位序来与 LIN 主控制单元进行匹配（同步）。所有控制单元同步对于保证正确的数据交换是非常必要的。如果失去了同步性，那么按收到的信息中的某一数位值就会发生错误，该错误会导致数据传递错误。

4）识别区：识别区的长度为 8 位（二进制的），头 6 位是回应信息识别码和数据区的个数。回应数据区的个数在 0~8 之间。后两位是校验位，用于检查数据传递是否有错误。当出现识别码传递错误时，校验可防止与错误的信息适配。

（2）信息内容　对于带有从控制单元回应的信息，LIN 从控制单元会根据识别码给这个回应提供信息，如图 6-64 所示。

对于主控制单元带有数据请求的信息，LIN 主控制单元会提供回应。根据识别码的情况，相应的 LIN 从控制单元会使用这些数据去执行各种功能，如图 6-65 所示。

这个回应由 1~8 个数据区构成，每个数据区是 10 个二进制位，其中一位是显性起始位，一个是包含信息的字节和一个隐性停止位。起始位和停止位用于再同步，从而避免传递错误的。有回应的信息波形如图 6-66 所示。

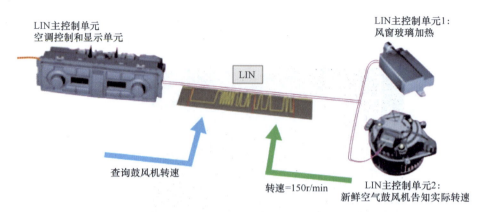

图 6-64 从控制单元给回应提供信息

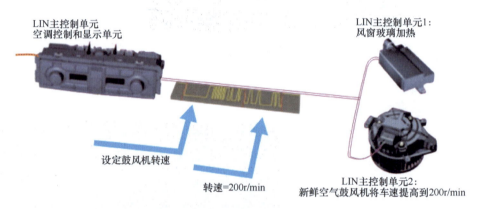

图 6-65 从控制单元使用数据执行各种功能

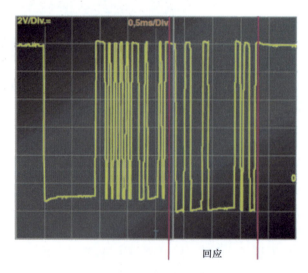

图 6-66 有回应的信息波形

Project 7

项目七

电动汽车基础设施

任务一 家庭充电设施

学习目标

1. 了解家庭充电设施的组成。
2. 了解家庭充电使用与注意事项。

知识储备

广义上的电动汽车充电装置泛指将公共电网或发电装置的电能转变为车载动力蓄电池组中的电化学能的各种形式的转换装置的总称。充电机、充电桩、充电站、车载充电机、驱动电机系统中的能量回收装置、燃料电池汽车动力系统中双向DC/DC变换器的充电部分等都应纳入电动汽车充电装置的范畴。但是，本项目所论述的充电装置是指前者，即用公共电网的交流电能为车载动力蓄电池组充电的装置。

电动汽车的基础设施主要指与大批量电动汽车正常运行有关的基本配套设施和维修服务等。基础设施是影响电动汽车产业化与推广应用的一个非常关键的因素，电动汽车基础设施主要包括充电机、充电站及其附属设施，例如充电机、充电站监护系统、充电桩、配电室以及安全防护设施等。充电设施既可以安装于用户家庭，也可以安装在公共区域。本任务主要讲述家庭充电设施的组成和使用。

一、家庭充电设施的组成

家庭充电设施采用家庭交流电网，使用车载充电机及配套设施对电动汽车进行能量补充，通常由车载充电机、充电枪、导线、220V/16A 交流电插座等组成。车载充电机是家庭充电设施的核心部分，连接动力蓄电池和交流电网，将电网提供的交流电，通过整流、升压转换成动力蓄电池充电所需的稳定的高压直流电，为动力蓄电池充电。车载充电机受整车质量和安装空间限制，功率较小，一般在5kW以下。北汽新能源 EV150 车载充电机如图 7-1 所示，充电枪如图 7-2 所示。

上述充电方式属于常规充电模式，采用恒压、恒流的传统充电方式对电动汽车进行充电，以较低的充电电流为动力蓄电池充电，电流大小约为15A。以容量为 91.5A·h（332V，即串联91只3.65V单体蓄电池）的北汽新能源 EV200 三元锂电池为例，充电时间要持续6个多小时。在我国，大部分用户选择家庭充电设施为电动汽车充电，这种充电方式具有以下优点：

1）方便快捷，易于操作。只需连接正确并接通电源即可自动完成充电。
2）不受充电场地影响。只需将车载充电机的插头插到车库或其附近的电源插座上即可

图 7-1　北汽新能源 EV150 车载充电机

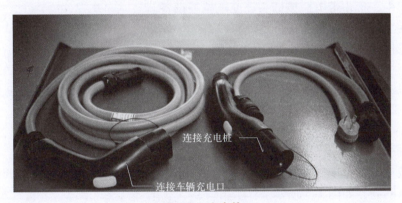

图 7-2　充电枪

进行充电。

3）充电成本低。充电时间多在夜间或其他用电低谷期，充电费用较低。

4）充电效率高。延长了电池的使用寿命。

主要缺点是充电时间过长，不能满足紧急充电需求。限制了车辆续驶里程，现有纯电动汽车的续驶里程仅能满足车辆一天的运营需要。

车载充电机是指安装在汽车上的，将电网交流电能变换为直流电能，为电动汽车动力蓄电池进行充电，并具备相应测控保护功能的汽车电子模块。北汽新能源 EV150 车载充电机安装位置如图 7-3 所示。

电动汽车车载充电机采用高频开关电源技术，主要功能是将 220V 交流电转换为高压直流电给动力蓄电池进行充电，保证车辆正常行驶。同时车载充电机提供相应的保护功能，包括

图 7-3　车载充电机的安装位置

过电压、欠电压、过电流、欠电流等多种保护措施，当充电系统出现异常会及时切断供电。

二、家庭充电使用与注意事项

电动汽车动力蓄电池电压通常达到几百伏，所以安全驾驶和安全充电必须规范。

1. 充电操作前的准备工作

1）电动汽车电池为高压动力蓄电池，充电操作前，应认真学习充电注意事项说明书。

2）操作前，请确认充电插座是否为16A插座，并确认该插座是否连接接地，建议使用空调插座，保证充电安全。

3）操作前，确认关闭电动汽车电源。

4）操作前，确认充电插座关闭。

5）操作前，确认电动汽车使用单相交流电220V充电，功率小于5kW。

2. 充电操作前的注意事项

充电过程中，禁止带电插拔插头、充电枪等设备。

在雷电雨雪等恶劣天气条件下，如果没有保护设备，为保证设备不受损和人员安全，建议停止充电操作。

充电过程中，严禁未成年人接触和操作充电设备。

为保证电动汽车动力蓄电池的性能并延长使用寿命，建议对动力蓄电池浅充浅放。

3. 家庭充电操作

家用220V/16A充电，使用前，务必将三芯充电插头接转换接头并拧紧，防止雨水进入，对人身安全造成影响，如图7-4所示。

使用车载充电机充电，请检查插座是否为16A插座，并确认连接在空调专用插座上，以防引起安全问题，如图7-5所示。

图7-4　拧紧转换接头

图7-5　连接充电插座

打开充电盖板，如图7-6所示。

连接充电枪和电动汽车充电插座，如图7-7所示。

图7-6　打开充电盖板

图7-7　连接充电枪和电动汽车充电插座

接通 16A 电源插座，电动汽车即可自动完成充电。

任务二　公共充电设施

学习目标

1. 掌握公共充电设施的组成。
2. 掌握公共充电设施的管理。

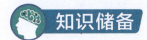

一、公共充电设施的组成

公共充电设施采用交流电网，使用车载充电机、非车载充电机及充电枪、电缆等配套设施对电动汽车进行能量补充，通常指安装在公共场所，提供有偿充电服务的公共充电站或充电机（桩）及配套设施。根据车型的不同，电池组的容量、电压等级也不完全统一。公共场所的充电装置必须具有适应多种类型电池系统的能力，具有多种类型电池的充电控制算法，可与各类电动汽车上的不同电池系统实现充电特性匹配。公共充电站和充电机（桩）应分布广泛，以保证电动汽车用户能够随时为电动汽车充电。

1. 充电机（桩）的组成

充电桩主要由功率单元、控制单元、计量单元、充电接口、供电接口及人机交互画面等部分组成。充电桩根据不同工作原理和工作方式，具有不同的电路结构。本任务重点介绍当前市场使用较多的高频开关类型充电机（桩）。电动汽车高频开关电源充电机（桩）由整流电路、调整控制及保护电路、功率因数校正网络、充电桩控制单元（CPU）、人机接口单元、远程通信单元、电能计量单元等部分组成，系统框图如图 7-8 所示。

（1）辅助电源　辅助电源可以是独立的，也可以由开关电源本身产生。保证开关电源正常工作，用于保护信号、事故报警、通信接口等供电。

（2）控制单元（CPU）　控制单元（CPU）为充电机的顶层控制系统。在进行充电操作时，CPU 采集不同信号，如输出电流、输出电压、输入电压、散热片温度、驱动板信号、风扇信号、过电压和过电流保护信号等。控制驱动脉冲信号的生成，实现控制充电操作，并将数据与其他 CPU 共享。

（3）人机接口　人机接口包含按键和彩屏，可以实现远程监控、电池充电、监控通信、故障显示等功能。

（4）远程通信接口　对接电网调度通信网络，实现远程监控充电机和传输充电站数据。

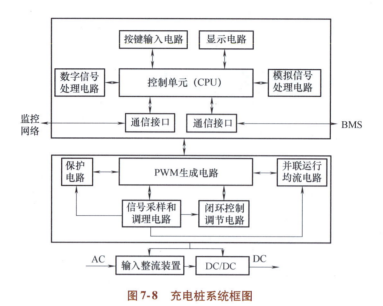

图7-8 充电桩系统框图

（5）电能计量单元　电能计量方式有现场缴费和储值卡预付费两种方式。主要应用智能电能表计算充电量。

2. 充电机（桩）的分类

按照安装位置不同，分为车载充电机、地面充电机；按照输入电源不同，分为单相充电机和三相充电机；按照连接方式不同，分为传导式充电机和感应式充电机；按照使用功能不同，分为普通充电机和多功能充电机；按照整流方式不同，分为相控整流型充电机和高频开关整流型充电机；按照充电电流形式不同，分为交流充电机和直流充电机两类，如图7-9所示。充电机（桩）具备以下功能：

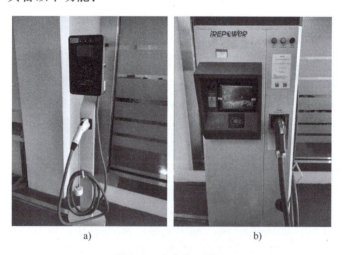

图7-9 充电机（桩）
a) 交流充电机（桩）　b) 直流充电机（桩）

1）实现方便快捷人机交互界面操作，包括显示提示信息、IC卡管理、充电模式、充电时间信息、充电电量信息、充电计费信息。

2）具有较高的安全性、可靠性；具备完备的安全防护措施；具有紧急停止功能；具备防止过电压、过电流、过热功能；具备短路保护、欠电压报警功能；具备漏电保护功能和阻燃功能；具备智能判断插接器连接是否良好的功能，插接器连接正常则通电，接触不良则断电。

3）充电机（桩）壳体防护等级达到 IP32（在室内）或 IP54（在室外）标准，具备防潮湿、防霉变、防烟雾、防锈功能。

4）能够接收远程控制信息，并完成相关控制指令。

5）用户可实现定金额、定电量、定时间、充满等模式的选择；显示当前充电电量（完成比例、未完成比例）、时间（已完成时间、未完成时间）、相关计费信息。

6）能收取充电费用，具备充电票据打印功能。

3. 充电机（桩）的工作原理

电动汽车高频开关电源充电机（桩）电路原理如图 7-10 所示。

（1）滤波 交流电首先经过 EMI 滤波电路，抑制尖峰。主要作用是消除来自电网的干扰，防止电网上的尖峰和谐波干扰串入模块中，防止开关电源产生的高频噪声向电网扩散而污染电网。当电网瞬时停电

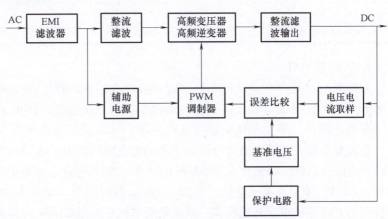

图 7-10 高频开关电源充电机（桩）基本原理

时，滤波电容器储存的能量尚能使开关电源输出维持一定的时间。

（2）整流和功率因数校正 将电网输入的交流电进行整流滤波，为逆变器提供波纹较小的直流电压。交流电经过全桥整流后变成脉动的直流在滤波电容和电感组成的 PFC 电路的作用下，输出直流电压。电感同时具有无源功率因数校正的作用，使模块的功率因数达到 0.92。

（3）电压转换 主开关 DC/AC 电路将直流电转换为高频脉冲电压在变压器的次级输出。DC/AC 变换采用移相谐振高频软开关技术。

（4）输出整流滤波 变压器输出的高频脉冲经过高频整流、LC 滤波和 EMI 滤波，防止高频噪声对负载产生干扰，并输出需要的直流电压。

（5）PWM 控制 通过检测输出电压，并比较基准电压，采用电压电流双环控制，调制输出脉冲宽度，限制输出电压和电流，保持输出电压的稳定，提高模块工作的可靠性。

（6）电路保护 监测电路的电压、电流等信息，如发现异常，使电源停止输出，并发出警告。

4. 交流充电桩

交流充电桩安装在一固定场所，用于连接交流电网和电动汽车车载充电机，向外输出交流电。交流充电桩通过充电枪连接电动汽车车载充电机提供交流电，车载充电机完成电流的交流转直流，向动力蓄电池供电。所以交流充电桩充电方式属于常规充电模式。使用特点与

家庭充电设施相似。

交流充电接口是为具有车载充电机的乘用车辆提供能源补给的连接接口，如图 7-11 所示，它包含 7 个端子，其功能定义见表 7-1。

表 7-1 交流充电桩接口功能定义

功　　能	单　相　交　流	功　能　定　义
L　（交流电源）	220V/32A	动力 L 线，提供交流电源
N　（中性线）	220V/32A	动力 N 线，中线
PE　（保护接地）	故障（用）规定值	设备地线和底盘地线连接处
NC1　（备用 1）	30V/2A	通信端子
NC2　（备用 2）	30V/2A	通信端子
CC　（充电控制）	30V/2A	充电连接确认
CP　（控制确认）	30V/2A	控制确认

5. 直流充电桩

直流充电桩是指在电动汽车外固定安装地点的充电机、与交流输入电源连接、与需要充电的电动汽车充电接口相连接，为电动汽车提供直流电源的供电装置。直流充电桩可以提供大功率电流输出，不受车辆安装空间的限制，可以满足电动汽车大功率快速充电的要求。

直流充电桩直接输出直流电能给车载动力蓄电池充电，电动汽车只需提供充电及相关通信接口。直流充电桩能够输出大于 50kW 的功率，相应的额定充电电压和电流分别为 200～750V 和 65～250A，使用直流充电桩，在 20～30min 的时间里，能够为动力蓄电池充电 50%～80%。这种充电方式属于快速充电模式，保证电动车辆在充电 20min 内达到行驶 50km 的能量需求。

与交流充电桩相比，直流充电桩具有以下优缺点：充电时间短；充电速度快，与加油时间相仿；节约场地面积。但充电效率较低，制造和运行成本较高；充电电流较大，容易造成动力蓄电池过热，存在安全隐患，对充电技术提出更好的要求；大电流充电会对公用电网产生冲击，可能会影响电网的供电质量和安全。

与交流充电桩接口不同，直流充电桩的接口如图 7-12 所示，其插接器具有 9 个功率或信号触头，功能定义见表 7-2。

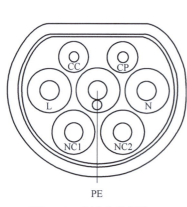

图 7-11　交流充电桩接口

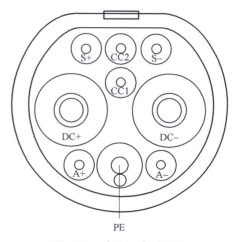

图 7-12　直流充电桩接口

表7-2 直流充电桩接口功能定义

功　　能	单相交流	功能定义
DC+（直流电源+）	750V/250A	直流电源+
DC-（直流电源-）	750V/250A	直流电源-
PE　（保护接地）	故障（用）规定值	设备地线和底盘地线连接处
S+　（CAN-H通信）	30V/2A	通信端子
S-　（CAN-L通信）	30V/2A	通信端子
CC1（控制确认）	30V/2A	控制引导1
CC2（控制确认）	30V/2A	控制引导2
A+　（辅助电源+）	30V/5A	提供低压电源+
A-　（辅助电源-）	30V/5A	提供低压电源-

6. 充电控制原理

电动汽车动力蓄电池电压高达几百伏，在充电过程中，需要充电桩与车辆通信，确保充电电压、充电电流信息准确，并防止出现过充电和动力蓄电池过热等现象，确保设备与车辆安全。交流充电桩与直流充电桩充电控制逻辑相近，并且直流充电桩结构更加复杂，这里主要介绍直流充电桩充电控制原理，如图7-13所示。

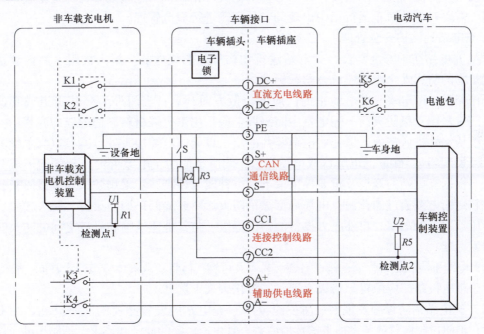

图7-13　直流充电控制原理

（1）充电枪未插入状态　S开关闭合（S开关处于充电枪接口处），充电枪未插入车辆充电插座。此时检测点1的电压为6V。

（2）充电枪提枪准备状态　提枪并按下S开关，S开关断开，充电枪未插入车辆充电插座。此时检测点1的电压为12V。

（3）充电枪插入充电插座状态　充电枪插入充电插座之初，S开关依旧处于断开状态，

CC1 触点首先接通，此时检测点 1 电压变为 6V。S 开关闭合后，电子锁锁定充电枪，此时检测点 1 的电压变为 4V。

（4）充电握手状态　电子锁锁定充电枪后，K3、K4 闭合，充电桩向车辆 BMS 提供低压电源，唤醒车辆 BMS。充电桩与车辆 BMS 通过 CAN 总线发送握手报文并检测接触器外侧电压。

（5）绝缘检测状态　绝缘检测电路打开，K1、K2 闭合，充电桩自检绝缘是否良好。绝缘检测完成，泄放电路打开，直至外侧电路电压降至 60V 以下。泄放完成，K1、K2 断开。

（6）辨识状态　充电桩向车辆 BMS 相互发送辨认报文信息。

（7）配置状态　K5、K6 闭合，车辆 BMS 向充电桩发送准备就绪报文信息。充电桩检测车辆动力蓄电池电压。电压正常，充电桩闭合 K1、K2，充电桩向车辆 BMS 发送准备就绪报文。

（8）充电状态　充电桩输出电流、电压，并与车辆 BMS 通信动力蓄电池电压、温度、SOC 等信息。

（9）充电结束状态　充电桩与车辆 BMS 互通充电结束报文信息，直流充电线路电流降至 5A 以下，K1、K2、K5、K6 断开。泄放电路打开，泄放剩余电能。K3、K4 断开，车辆进入休眠状态。电子锁解锁，充电完成。

二、公共充电设施管理

电动汽车普及程度越来越高，而动力蓄电池具有相当大的危险性，为保证电动汽车的安全使用，需要对电动汽车运行当中出现的各种问题进行规范管理。

1. 充电站的防护安全管理

（1）充电站防护安全要求　充电站建筑物构件的燃烧性能、耐火极限、站内建筑物与站外建筑物的防火安全距离应符合国家标准。

变压器室、配电室、蓄电池室的门应向疏散方向开启；当门外为公共走道或其他房间时，该门应采用乙级防火门。配电室中间隔墙上应采用不燃烧材料制作的双向弹簧门。

电缆从室外进入室内入口处、电缆竖井的出入口处、电缆接头处、监控室与电缆夹层之间，以及长度超过 100m 的电缆沟或电缆隧道，均应采取防止电缆火灾蔓延的阻燃或分隔措施，并应根据充电站的规模及重要性采取下列一种或两种措施：采用防火隔墙或隔板，并用防火材料封堵电缆通过的孔洞；电缆局部涂覆防火涂料或局部采用防火带、防火槽盒。

变压器室、配电室、户外电力设备的耐火等级、与其他建筑物和设备之间的防火间距应符合国家标准。

电力电缆不应和热力管道、输送易燃、易爆及可燃气体管道或液体管道敷设在同一管沟内。

对于带电设备，应配置干粉灭火器、二氧化碳灭火器。

（2）充电站消防设施及报警装置安全要求　充电站应设置必要的消防设施，并不得改变用途；消防设施放置或装设地点的环境应符合其生产厂家的规定和要求；消防用砂应保持充足和干燥。消防砂箱、消防桶和消防铲、斧把上应涂红色；灭火剂的选用应检查其灭火的有效性，以降低对设备和人体的影响；充电站应设置火灾自动报警系统，当发生火灾时或受火灾威胁时，应立即切断电源；室内可能出现可燃气体或有毒气体时，应设置相应的检测报警器。

（3）充电站人员保护安全要求　充电站应设有便于监控室、办公室、休息室及充电区工作人员安全撤离的通道；应尽可能提高充电站设施以及充电操作过程中对充电车辆、动力蓄电池和操作人员的安全性；应采取有效的隔离措施并设置醒目的警示标志，防止无关人员进入充电站。

2. 充电操作规范管理

作业人员应穿戴工作服、安全帽、绝缘鞋、绝缘手套，以确保安全；认真学习充电操作说明，必须规范操作；检查充电设备连接是否牢固；检查设备运行状况、运行参数是否正常；检查触摸屏、风扇、充电电流、充电电压，并监测动力蓄电池温度变化；对动力蓄电池更换设备，禁止上电状态接触动力蓄电池电极；充电设备定期保养维护，完成工作记录，出现问题及时反馈；严格按照消防管理规定进行充电作业。

三、电动汽车充电桩的使用

1. 充电操作前的准备工作

充电桩提供电压高达数百伏，充电操作前，认真学习充电桩使用说明书。

1）操作前，工作人员着工作服、安全帽、绝缘鞋、绝缘手套，以确保安全。

2）操作前，确认充电桩接口与电动汽车充电桩接口匹配。

3）操作前，确认关闭电动汽车电源。

4）操作前，确认充电桩接口电源关闭。

5）操作前，确认电动汽车使用单相交流电 220V 充电，功率小于 5kW。

纯电动汽车充电作业注意事项

2. 充电操作的注意事项

充电过程中，禁止带电插拔插头、充电枪等带电设备；在雷电雨雪等恶劣天气条件下，如果没有保护设备，为保证设备不受损和人员安全，建议停止充电操作；充电过程中，严禁未成年人接触和操作充电设备；为保证电动汽车动力蓄电池的性能并延长使用寿命，建议对动力蓄电池浅充浅放；关闭电源时，禁止用湿手拔插电源线；禁止打开产品外壳；发现充电故障，请快速起动紧急停止按钮，断开电源，并迅速联系管理人员，禁止自行处理故障。

3. 交流充电桩的操作

使用前，务必将交流充电桩匹配的充电枪转接头拧紧，如图 7-14 所示。防止雨水进入，对人身安全造成影响。

打开充电盖板，如图 7-15 所示。

图 7-14 连接充电枪

图 7-15 打开充电盖板

连接交流充电桩和充电枪，如图 7-16 所示。

连接充电枪和电动汽车充电插座，如图 7-17 所示。此时，仪表盘充电指示灯点亮，如图 7-18 所示。

图 7-16　连接交流充电桩与充电枪

图 7-17　连接电动汽车与充电枪

向交流充电桩插入电动汽车充电卡，如图 7-19 所示。

图 7-18　充电指示灯

图 7-19　插入充电卡

输入电动汽车充电卡密码，如图 7-20 所示。

查看账户余额，并选择充电方式，如图 7-21 所示。

图 7-20　输入密码

图 7-21　选择充电方式

选择充电插口并确认，充电卡自动弹出，选择充电插口，如图 7-22 所示。

充电桩触摸屏显示充电电压、充电电流、充电电量、充电金额、充电时间等充电信息，如图 7-23 所示。

图 7-22　选择充电插口

图 7-23　充电显示

选择充电界面的插卡中止，充电完成，如图 7-24 所示。

充电完成后，系统提示重新插入充电卡，系统自动完成账单结算，如图 7-25 所示。

项目七 电动汽车基础设施

图 7-24 完成充电

图 7-25 账单结算

断开充电枪与充电桩、电动汽车的连接，充电结束，如图 7-26 所示。

图 7-26 充电结束

任务二 动力蓄电池更换站

学习目标

1. 了解电动汽车充电站的构成和功能。
2. 掌握电动汽车充电机的使用。
3. 掌握电动汽车动力蓄电池的更换。

知识储备

电动汽车充电站主要是为各种电动汽车提供动力蓄电池电能补充服务的基础设施，为提高车辆的使用效率和使用方便性，除采用动力蓄电池车载充电以外，还可采取电动汽车动力蓄电池系统与备用电池系统更换的方案使电动汽车获得行驶必需的电能。

一、充电站的构成和功能

充电站的主要功能决定其总体布局。充电站按照功能可以划分为配电系统、充电系统、换电系统、监控系统及其他配套设施四个子模块。一个完整的充（换）电站需要配电室、中央监控室、充电区、更换动力蓄电池区和动力蓄电池维护间五个部分。充电站可同时满足

177

整车充电方式和动力蓄电池组更换方式，且考虑了相关维护操作需求。

（1）配电室 配电室为电动汽车充电站的动力设备、监控系统和办公场所等提供交流电源，内部建有变配电变压器、配电柜、计量装置、配电监控系统、相关的控制和补偿设备。电动汽车充电站的电力负荷级别确定为2级，采用双路供电但不配置后备电源。配电电压为380V/220V。动力（充电机）采用三相四线制、380V供电，照明采用单相220V供电。配电系统如图7-27所示。

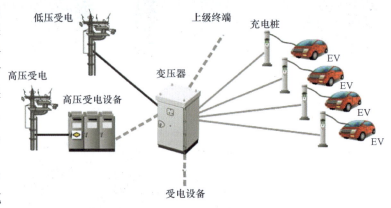

图7-27 配电系统

（2）中央监控室 中央监控室用于监控整个充电站的运行情况，由监控主站、监控终端及通信网络构成，实现对整个充电站的监控、调度和管理，主要包括配电监控系统、烟雾和视频安保监视系统、充电机监控系统主机、视频监视终端等。

（3）充电区 完成动力蓄电池组电能的补给，为电动汽车的动力蓄电池补充充电提供符合技术要求的电源，是整个充电站的核心部分，配备交流充电桩、直流充电桩、计费装置、动力蓄电池更换设备，满足多种形式的充电需求，提供方便、安全和快捷的全方位充电服务，如图7-28所示。

图7-28 充电系统

（4）更换动力蓄电池区 更换动力蓄电池区是车辆更换动力蓄电池的场所，充满电的电池箱按车辆编组完毕后，放于电池存储间，车辆动力蓄电池卸载完毕后，从这里领取充满电的动力蓄电池进行装车。

（5）动力蓄电池维护间 动力蓄电池维护间对所有的动力蓄电池实时进行数量、质量和状态的监控和管理，实现动力蓄电池存储、动力蓄电池更换、动力蓄电池重新配组、动力蓄电池组均衡、动力蓄电池组实际容量测试、动力蓄电池故障的应急处理等功能。

二、电动汽车动力蓄电池的更换

电动汽车动力蓄电池的更换是指采用更换动力蓄电池组的方式为电动汽车补充能量的一种充电方式。现在在建和已建的大型充电站和更换站都能实现动力蓄电池快速更换，满足电动汽车快速更换需求，极大地提升了电动汽车续驶里程。由于动力蓄电池组重量较大，更换动力蓄电池的专业化要求较高，需配备专业人员并借助专业机械来快速完成动力蓄电池的更换、充电和维护。

1. 动力蓄电池更换设备

为迅速更换动力蓄电池，更换站或充电站需要配备厂房专门存放动力蓄电池，还需要配备电池箱、充电架、动力蓄电池更换设备等。

（1）电池箱 电池箱主要作用是充电过程中，连接动力蓄电池和充电架，所以电池箱需具备以下基本特征：电池箱的尺寸和电器参数能够适应不同电动汽车的需求；充电接口标准化；具备与充电机、电动汽车的通信功能，并配置动力蓄电池监控单元；壳体防护等级高于IP32，机械强度、抗振能力达标。

（2）充电架 充电架主要作用是充电过程中，连接电池箱和充电机。主要包括机械、电气、通信等部分。充电架具备以下特征：充电架的尺寸设计应能使用电池箱的需求；为充分利用空间资源，充电架应设计为多层；充电架应具备足够的机械强度，承担动力蓄电池组的重量；充电架接口标准化；充电架设置散热通风孔，实现充电动力蓄电池热量及时散发；充电架具有通信模块，并实时监测充电动力蓄电池的状态。

（3）动力蓄电池更换设备 动力蓄电池更换设备主要作用是拆卸电动汽车已用的动力蓄电池组，并从充电架取出满电动力蓄电池安装至电动汽车。动力蓄电池更换设备可选择叉式升降装卸车或更换电池机器人（见图7-29）等进行电池更换。

2. 更换动力蓄电池的工作原理及特点

（1）更换动力蓄电池的工作原理 更换动力蓄电池充电模式相比常规充电模式、快速充电模式，速度快，但需要机械装置的运用，所以又称为机械充电。其工作原理如下：

当电动汽车动力蓄电池电量较低时，车主首先将电动汽车开往更换站或充电站动力蓄电池更换区域，充电站工作人员利用叉式升降装卸车或机器人将电动汽车动力蓄电池组取出，取出动力蓄电池时，操作机械从原地伸出工作臂，把叉式升降装卸臂伸入动力蓄电池组底部的槽内，然后把动力蓄电池移动到正确的位置上。对拆卸的动力蓄电池组进行故障检测，如果动力蓄电池有故障，则进行动力蓄电池维护，如果动力蓄电池没有故障，则进行动力蓄电池组充电，如图7-30所示。

图 7-29　动力蓄电池更换机器人　　　　图 7-30　更换动力蓄电池

（2）更换动力蓄电池的优点　更换动力蓄电池充电模式既包含动力蓄电池的更换，也包含动力蓄电池的充电和维护，所以具备以下优点：

1）方便快捷。用户租用动力蓄电池的充电方式控制在 10min 内完成充电，与传统燃油车加油时间接近，容易被用户接受。

2）提高车辆利用率。车辆更换动力蓄电池完毕即可投入使用，消除车辆等待时间。

3）提高动力蓄电池使用寿命。电量耗尽的动力蓄电池可以集中维护充电，避免了快速充电对动力蓄电池的损坏。

4）降低使用成本。更换的动力蓄电池可以利用晚间用电低谷时间充电，费用更低。

5）提高电动汽车的续驶能力　更换动力蓄电池能够快速完成新能源汽车的充电，更换的动力蓄电池是经过检查和维护后的健康电池，能够保证用户的长途用电需求。

（3）更换动力蓄电池存在的问题　因为更换动力蓄电池需要较大的场地、配电系统、充电系统、监控系统、换电系统和相关配套设施等硬件投入，所以动力蓄电池更换充电模式存在以下问题：

1）建设成本高。相比充电桩供电，充电站、更换站的先期设施投入更大。

2）技术和管理要求更高。大批量动力蓄电池的更换、充电和维护需要更高的技术支持，必须保证充电安全、设备运行安全。

3）政策支持需求更高。市场培育、通信规范、接口标准化都需要政府和协会的协调和支持，单独靠几家企业难以规范。

参 考 文 献

[1] 曾鑫，刘涛. 新能源汽车动力蓄电池与驱动电机［M］. 北京：人民交通出版社，2017.
[2] 付铁军. 新能源汽车［M］. 北京：机械工业出版社，2014.
[3] 陈家瑞. 汽车构造下册［M］. 2版. 北京：机械工业出版社，2005.
[4] 何洪文，等. 电动汽车原理与构造［M］. 北京：机械工业出版社，2012.
[5] 崔胜民，韩家军. 新能源汽车概论［M］. 北京：北京大学出版社，2011.
[6] 李涵武. 电动汽车技术［M］. 北京：化学工业出版社，2014.
[7] 陈全世，朱家琏，田光宇. 先进电动汽车技术［M］. 2版. 北京：化学工业出版社，2013.
[8] 赵振宁. 新能源汽车技术概述［M］. 北京：北京理工大学出版社，2016.
[9] 段敏. 电动汽车技术［M］. 北京：北京理工大学出版社，2015.
[10] 吴兴敏，崔辉. 电动汽车结构原理与检修［M］. 北京：化学工业出版社，2017.
[11] 王震坡，孙逢春，刘鹏. 电动汽车原理与应用技术［M］. 北京：机械工业出版社，2014.

"十三五" 职业教育新能源汽车专业 "互联网+" 创新教材

电动汽车结构与原理实训工单

主　编　杨效军　朱小菊
参　编　赵卫健　郭化超　房伟萍　刘本超　孙春玲
　　　　陈　波　吴国霞　罗庆文　周泽天　李　琼
　　　　冉成科　赵永磊　王铁成　刘浩丰　吴志强
　　　　何文锋

机械工业出版社

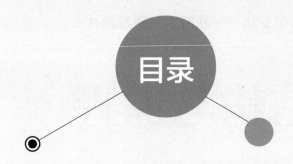

项目一　电动汽车概述 ··· 1
　　实　训　电动汽车基本结构识别 ··· 1
项目二　动力蓄电池系统 ··· 8
　　实　训　动力蓄电池系统结构识别 ··· 8
项目三　驱动电机系统 ·· 14
　　实　训　驱动电机系统结构识别 ··· 14
项目四　充电系统 ·· 20
　　实　训　充电系统结构识别 ·· 20
项目五　电动辅助系统 ·· 27
　　实训一　电动助力转向系统结构识别 ··· 27
　　实训二　电动制动系统结构识别 ··· 34
　　实训三　空调系统结构识别 ·· 40
项目六　总线系统结构与原理 ··· 47
　　实　训　快充 CAN 线路导通测试 ··· 47
项目七　电动汽车基础设施 ·· 52
　　实　训　智能充电站扫码充电 ··· 52

项目一 电动汽车概述

实训 电动汽车基本结构识别

学院		专业	
姓名		学号	
小组成员		组长姓名	

一、接收工作任务　　　　　　　成绩：

王磊是新能源汽车维修服务站的一名学徒工,跟随技师刘强学习纯电动汽车故障检测与维修技术。前几日刘强给王磊详细介绍了纯电动汽车的主要结构组成,今早车间新接收了一辆待维修车辆北汽新能源 EV200,技师刘强委派学徒工王磊对车辆进行检查,要求王磊对部件和线束破损等情况进行记录。

二、信息收集　　　　　　　成绩：

1）电动汽车是指由_____提供全部或部分动力,用电机驱动车轮行驶,符合道路交通、安全法规等各项要求的汽车。

2）按汽车行驶动力来源的不同,将电动汽车划分为_____、_____、_____三种基本类型。

3）燃料电池电动汽车（FCEV）以_____或者_____与作为混合动力源的电动汽车。

4）纯电动汽车（BEV）是其他类型电动汽车的基础,应用越来越广泛,其主要特点有_____、_____、_____、_____、_____、使用维修方便。

5）理解串联式混合动力电动汽车的结构布局,在下列色块内补充填写部件名称。

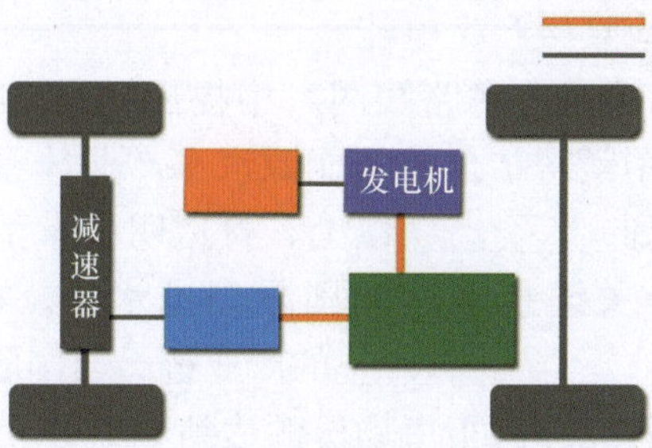

6）理解并联式混合动力电动汽车的结构布局，在下列色块内补充填写部件名称。

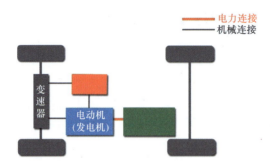

7）理解混联式混合动力电动汽车的结构布局，在下列色块内补充填写部件名称。

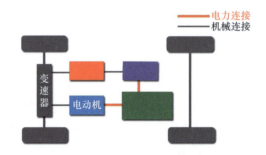

8）在燃料电池电动汽车结构图中填写箭头所示部件名称。

9）燃料电池（Fuel Cell）是燃料电池电动汽车的_____，利用氢气和_____在催化剂的作用下经电化学反应直接产生电能。

10）《中国制造 2025 重点领域技术路线图》中提出：到 2020 年，初步建成以市场为导向、企业为主体、产学研用紧密结合的新能源汽车产业体系，自主新能源汽车年销量突破_____，市场份额达到_____以上，打造明星车型，进入全球销量排名前十；动力蓄电池、驱动电机等关键技术达到国际先进水平，在国内市场占有率达到 80%。到 2025 年，形成_____的产业链，与国际先进水平同步的新能源汽车年销量_____，自主新能源汽车市场份额达到 80% 以上。

11）识别部件，在图片下方填写部件名称。

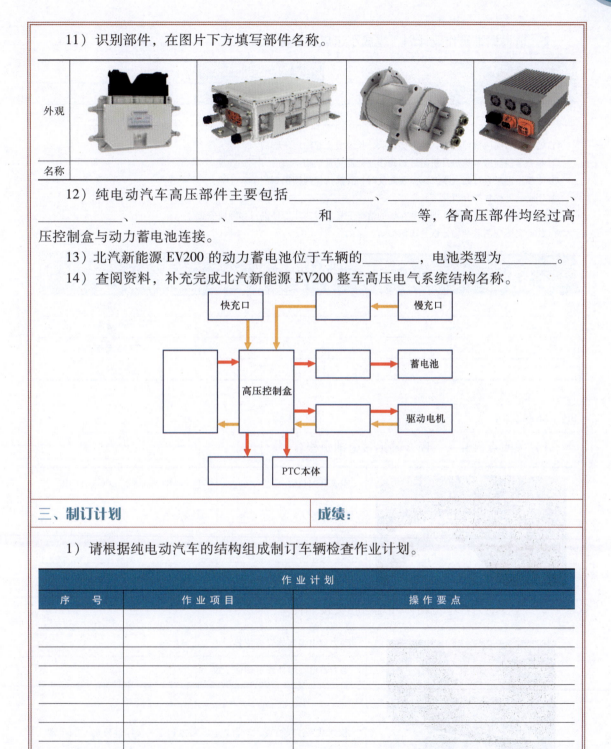

外观				
名称				

12）纯电动汽车高压部件主要包括_____、_____、_____、_____、_____、_____和_____等，各高压部件均经过高压控制盒与动力蓄电池连接。

13）北汽新能源 EV200 的动力蓄电池位于车辆的_____，电池类型为_____。

14）查阅资料，补充完成北汽新能源 EV200 整车高压电气系统结构名称。

三、制订计划　　　　　　　　　　　成绩：

1）请根据纯电动汽车的结构组成制订车辆检查作业计划。

作业计划		
序　号	作业项目	操作要点
计划审核	审核意见： 年　月　日　签字：	

2）请根据维修作业计划，完成小组成员任务分工。

操 作 人		记 录 员	
监 护 人		展 示 员	
作业注意事项			

① 实训开始前应摘掉首饰，换上实训服，长发应挽起固定于脑后。
② 举升车辆前应清除举升机附近妨碍作业的器具及杂物。
③ 车辆不可举升过高，举升到需要高度时，要确认保险锁销到位。
④ 不得频繁操作举升机起落。
⑤ 严禁非专业人员或无实训教师在场的情况下私自对高压部件进行移除或安装。
⑥ 作业完毕应清除杂物，恢复场地整洁。

检测设备、工具、材料		
序 号	名 称	数 量	清 点
			□ 已清点
			□ 已清点
			□ 已清点
			□ 已清点

四、计划实施　　　　　　　　成绩：

1）关闭点火开关，断开辅助蓄电池负极。

点火开关位置	□START □ON □ACC □LOCK
钥匙保管人	姓名：
变速旋钮档位	
负极柱头绝缘处理方式	

2）检查动力蓄电池箱体外观与相关接插件。

动力蓄电池箱体安装位置	
动力蓄电池箱体固定螺栓个数	

检查结果：经检查，动力蓄电池箱体和相关接插件外观　□正常
□异样_____

项目一　电动汽车概述

3）检查驱动电机系统高压部件和相关线束插件。

	驱动电机铭牌信息	类型	
		型号	
		额定功率	
		极对数	
		冷却方式	
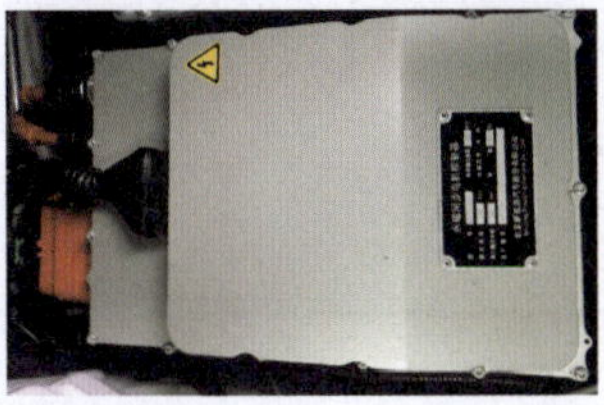	电机控制器铭牌信息	型号	
		额定电压	
		最大输出电流	
		冷却方式	
		重量	

检查结果：经检查，驱动电机、电机控制器和相关线束插件外观　□正常　□异样_____

4）检查充电系统的相关部件和线束插件。

	慢充口开关位置	
	慢充口位置	
	快充口位置	
	快充口开启方法	
	填写标号所示部件名称	
	1._____ 2._____ 3._____	
	车载充电机指示灯名称	
	高压控制盒接插口个数	
	DC/DC 变换器接插口个数	

观察各高压线束的外形特点，在图片下方填写线束名称

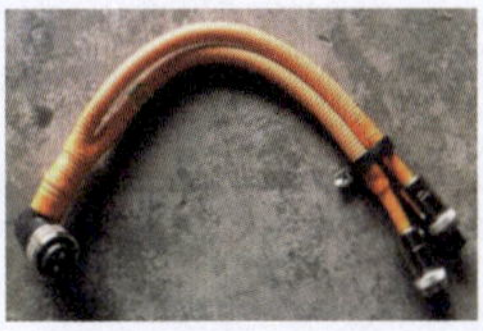

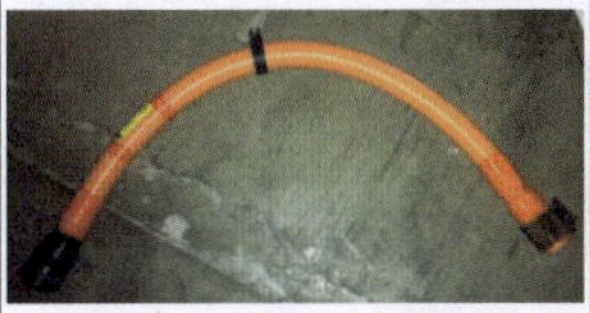

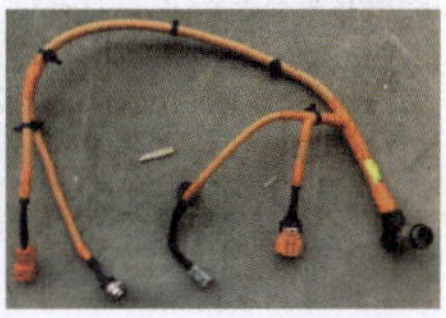

检查结果：经检查，充电系统相关部件和线束插件的外观　□正常　□异样_____

5

5）检查辅助系统。

① 检查转向助力电机及其控制线束插件。

转向助力电机外观颜色	□黑色 □银色
转向助力电机插件最外层橡胶套颜色	□黑色 □橙色

检查结果：经检查，转向助力电机以及其控制线束插件的外观
　□正常　□异样_____

② 检查制动助力真空泵、真空罐及其控制线束插件。

真空泵外观颜色	□黑色 □银色
真空罐外观颜色	□黑色 □银色

检查结果：经检查，制动助力真空泵、真空罐以及其控制线束插件的外观　□正常　□异样_____

③ 检查空调压缩机及其控制线束插件。

空调压缩机安装位置	
空调压缩机 2 个线束插件的颜色	

检查结果：经检查，空调压缩机及其控制线束插件的外观
□正常　□异样_____

五、质量检查　　成绩：

请实训指导教师检查本组作业结果，并针对实训过程出现的问题提出改进措施及建议。

序　号	评价标准	评价结果
1	安全、规范地完成动力蓄电池系统相关部件和线束检查工作	
2	安全、规范地完成驱动电机系统相关部件和线束检查工作	
3	安全、规范地完成充电系统相关部件和线束检查工作	
4	安全、规范地完成辅助系统相关部件和线束检查工作	
5	准确记录检查结果	
综合评价	☆ ☆ ☆ ☆ ☆	
综合评语 （作业问题及改进建议）		

六、评价反馈　　　　　成绩：

请根据自己在课堂中的实际表现进行自我反思和自我评价。

自我反思：_____。

自我评价：_____。

实训成绩单

项　目	评价标准	分　值	得　分
接收工作任务	明确工作任务，准确了解工作结果要求	5	
信息收集	掌握工作相关知识	15	
制订计划	按照该计划可顺利且高效地完成工作任务	5	
计划实施	规范完成停车断电操作	5	
	正确识别前机舱内的高压部件并完成外观检查	15	
	正确识别快充口和慢充口并能规范开启	10	
	正确识别转向助力电机、真空泵和真空罐并完成外观检查	10	
	正确识别驱动电机和空调压缩机并完成外观检查	10	
	准确识别整车高低压线束并完成外观检查	10	
	操作结束后恢复场地整洁	5	
质量检查	按照要求完成相应任务	5	
评价反馈	经验总结到位，合理评价	5	
得分（满分100）			

项目二 动力蓄电池系统

实训 动力蓄电池系统结构识别

学院		专业	
姓名		学号	
小组成员		组长姓名	

一、接收工作任务   成绩：

新能源汽车维修服务站组织新员工开展动力蓄电池系统基础知识学习，建议技师刘强利用采购的动力蓄电池结构展示台架等设备进行授课。课中刘强布置实训任务，要求学员按实训工单完成学习任务。

二、信息收集   成绩：

1）在国家标准 GB/T 19596—2017《电动汽车术语》中动力蓄电池（Traction Battery）的定义为：为电动汽车_____提供能量的蓄电池。

2）动力蓄电池按工作介质可分为_____、_____、_____和_____。

3）锂电池的负极是_____，电解质是_____，正极材料主要有_____、磷酸铁锂、_____和三元材料等。目前，车用锂电池正极主要选用_____和_____两种材料。

4）完全充电的蓄电池在规定条件下所释放出的总容量称为_____。常用单位为安培·小时，简称安·时，符号为_____。电池的容量可分为_____、初始容量和_____。

5）查阅资料，比较各类锂电池的性能参数。

项 目	钴酸锂	锰酸锂	三元锂	磷酸铁锂
电压/V				
比能量/(W·h/kg)				
循环寿命（100%DOD）/次				
安全性				
热稳定性				
过渡金属资源				
原料成本				

6）超级电容器是至少有_____主要是通过电极/电解质界面形成的双层电容或_____形成的赝电容实现储能的电化学储能器件。

7）飞轮电池是 20 世纪 90 年代才提出的新概念蓄电池，它突破了化学蓄电池的局限，用_____方法实现储能。

8）在国家标准 GB/T 19596—2017《电动汽车术语》中蓄电池管理系统的定义为：监视蓄电池的状态（_____、_____、荷电状态），可以为蓄电池提供通信、安全、电芯均衡及管理控制，并提供_____的系统。

9）BMS 有_____、_____、_____三种不同的结构形式。

10）对于圆柱形电芯，如 ICR 18650 型号即指直径_____、_____的通用 18650 圆柱形锂离子电芯。

11）n 个电池通过串联构成电池模块时，电池模块的电压为单体蓄电池电压的_____，而电池模块的额定容量为_____。

12）电池并联方式通常用于满足_____的工作需要。m 个单体蓄电池通过并联构成电池模块时，电池模块的容量为_____，_____为单体蓄电池的标称电压。

13）明确动力蓄电池各项定义，补充完成下列等式。

动力蓄电池的额定电压 = 单体电芯额定电压 × _____

动力蓄电池的容量 = 单体电芯容量 × _____

动力蓄电池总能量 = _____ × 动力蓄电池系统的容量

三、制订计划　　　　　　　　　　　　　　成绩：

1）根据实训任务要求制订作业计划。

作业计划		
序　号	作业项目	操作要点
计划审核	审核意见： 年　月　日　签字：	

2）根据作业计划完成小组成员任务分工。

操 作 人		记 录 员	
监 护 人		展 示 员	

作业注意事项
① 举升车辆时严格遵守举升机使用方法，禁止在车底嬉戏打闹。 ② 台架内含 300V 以上高压电，严禁用手直接触摸高压回路导体部分。 ③ 实训过程中严禁私自拆解任何动力蓄电池系统内零部件。 ④ 实训过程中出现故障时，务必第一时间中止实训，报备实训指导教师。

检测设备、工具、材料			
序　号	名　称	数　量	清　点
			□已清点
			□已清点
			□已清点
			□已清点
			□已清点
			□已清点

四、计划实施　　　　　　　　　成绩：

1）将动力蓄电池结构展示台架置于良好水平地面，观察并查阅相关资料，完成信息填写。

① 实训前设备检查及准备。

锁紧滑轮状态：□锁止　　□未锁止
台架外观检查：□良好　　□损坏
防尘盖板状态：□已取　　□未取
电池内部状态：□完好整洁　□明显残缺
注：若台架外观及内部受损，应立即停止实训，报备实训教师

② 观察动力蓄电池铭牌，记录技术参数，并判断电池类型。

额定电压：_____ V　　　　额定容量：_____ A·h
能量密度：_____ W·h/kg　　容量密度：_____ A·h/kg
动力蓄电池类型：□三元锂电池　　□磷酸铁锂电池
　　　　　　　　□钴酸锂电池　　□钛酸锂电池

③ 观察动力蓄电池系统的组成部分，并简述各部分功用。

动力蓄电池系统主要由_____四部分组成。电池模组指_____组合体。电池箱体具有_____的作用

2）取下防尘盖板，根据标签顺序记录部件名称。

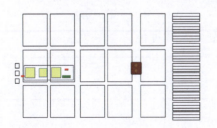

标号	部件名称
1	
2	
3	
4	
5	
6	
7	
8	
9	
10	
11	

3）观察动力蓄电池内部高压线束连接方式，并计算单体蓄电池数量。
① 观察动力蓄电池，计算单体蓄电池数量。

动力蓄电池系统含_____个单体蓄电池，单体蓄电池通过串并联组合形成_____个 3P2S 结构，_____个 3P3S 结构

② 绘制电池包内部高压线束连接方式。

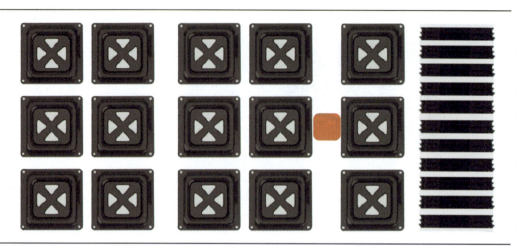

五、质量检查　　　成绩：

请实训指导教师检查本组作业结果，并针对实训过程出现的问题提出改进措施及建议。

序　号	评 价 标 准	评 价 结 果
1	设备仪器规范使用且恢复场地	
2	作业计划完善且保证安全实施	
3	测试记录数据准确且分析合理	
4	团队实训成果正确展示	
综合评价	☆ ☆ ☆ ☆ ☆	
综合评语 （作业问题及改进建议）		

六、评价反馈　　　成绩：

请根据自己在课堂中的实际表现进行自我反思和自我评价。

自我反思：　　　　　　　　　　　　　　　　　　　　　　　　。

自我评价：　　　　　　　　　　　　　　　　　　　　　　　　。

实训成绩单

项　目	评价标准	分　值	得　分
接收工作任务	明确工作任务及结果要求	5	
信息收集	掌握工作相关知识及操作要点	15	
制订计划	按照该计划可顺利且高效地完成工作任务	10	
计划实施	准确识别动力蓄电池部件	20	
计划实施	熟知各部件功能及作用	10	
计划实施	正确计算单体蓄电池、模组容量、能量	15	
计划实施	正确绘制动力蓄电池内部高压回路示意图	15	
质量检查	按照要求完成相应任务	5	
评价反馈	经验总结到位，合理评价	5	
得分（满分100）			

项目三 驱动电机系统

实 训 驱动电机系统结构识别

学院		专业	
姓名		学号	
小组成员		组长姓名	

一、接收工作任务　　　　成绩：

新能源汽车服务站组织新员工开展驱动电机系统基础知识学习，建议技师刘强利用动力系统结构展示台架等设备进行授课。课中刘强布置实训任务，要求学员按实训工单要求完成学习任务。

二、信息收集　　　　成绩：

1）驱动电机系统作为电动汽车三大核心构成之一，是车辆行驶的主要_____，其特性决定了车辆的主要性能指标，直接影响_____、_____和_____。

2）驱动电机系统的主要功能是将储存在动力蓄电池中的_____高效地转化为车轮的机械能，并能够在汽车减速或制动时，将车轮的_____转化为电能充入_____。

3）驱动电机在电动汽车中被要求承担着_____和_____的双重功能。

4）机械传动装置的主要功能是将驱动电机的转速_____、转矩_____，以实现整车对驱动电机的转矩、转速需求。电动汽车较多的采用_____速比的减速装置，省去了变速器、离合器等部件。

5）按照电动汽车上驱动电机的数目不同可以将电动汽车的驱动系统分为_____和_____，其中多电机驱动系统又可分为_____和_____。

6）轮毂电机直接装在汽车车轮里，它主要有_____、_____两种结构。

7）目前正在应用或开发的电动车驱动电机主要有_____、_____、_____、_____四种。

8）查阅资料，完成四种电机及其控制器的性能对比。

部　件	项　目	直流电机	三相交流异步电机	永磁同步电机	开关磁阻电机
电机	控制方式				
	大小、质量				
	高速运转能力				
	维修性				
	效率				
控制装置	尺寸、质量				
	控制性				
	功率元件数				
	综合评价				

9）查阅资料，解析电机型号的具体含义。

型号为 TZ30XS01 的驱动电机，其类型为_____；若为外转子电机，则其外转子铁心外径尺寸为_____；信号反馈元件为_____；冷却方式为_____。

10）三相交流异步电机工作原理：当电源的_____输入三相交流异步电机的定子绕组时，定子周围产生_____，受到旋转磁场产生的"感应"电磁力的作用，在转子绕组中产生_____和_____，受定子电磁力的作用，使转子绕_____的方向旋转。

11）永磁同步电机的调速主要通过改变供电电源的_____来实现。

12）开关磁阻电机的运行遵循_____原理，即磁通总要沿_____路径闭合。

13）驱动电机系统是纯电动汽车三大核心部件之一，是车辆行驶的主要_____，其特性决定车辆的主要性能指标，直接影响车辆_____、_____和用户驾乘感受。

14）驱动电机系统主要由 VCU、驱动电机、_____、机械传动装置和_____等构成。

15）VCU 根据_____发出各种指令，_____响应并反馈，实时调整驱动电机输出，以实现整车的急速、_____、倒车、停车、_____以及驻坡等功能。

16）MCU 是驱动电机系统的_____。它对所有的输入信号进行处理，控制电机的运行状态，并将电机控制系统运行状态的信息发送给_____。MCU 内含_____，当诊断出异常时，它将会激活一个_____，发送给 VCU。

17）旋转变压器用以检测_____位置，控制器解码后可以获知电机_____。

18）温度传感器用以检测电机的_____，控制器可以保护电机避免_____。

三、制订计划	成绩:

1. 根据实训任务要求制订作业计划。

作业计划		
序　号	作业项目	操作要点
计划审核	审核意见：	
		年　月　日　签字：

2. 根据作业计划完成小组成员任务分工。

操　作　人		记　录　员	
监　护　人		展　示　员	
作业注意事项			

① 举升车辆时严格遵守举升机使用方法，禁止在车底嬉戏打闹。
② 台架内含 300V 以上高压电，严禁用手直接触摸高压回路导体部分。
③ 实训过程中严禁私自拆解任何驱动电机系统内零部件。
④ 实训过程中出现故障时，务必第一时间中止实训，报备实训指导教师。

检测设备、工具、材料			
序　号	名　　称	数　　量	清　点
			□已清点
			□已清点
			□已清点
			□已清点
			□已清点

四、计划实施　　　　　　　　　　　　成绩：

1）观察动力总成教学实训平台系统结构布置，将箭头所示部件名称填写至图示对应位置。

2）观察MCU铭牌，记录技术参数，并判断电机类型。

额定电压：_____V　　冷却方式：_____
最大输出电流：_____A　　标称输出容量：_____kV·A
驱动电机类型：□永磁同步电机　　□三相交流异步电机
　　　　　　　□开关磁阻电机　　□直流电机

3）拆卸MCU低压控制端，补充各针脚定义。

针脚	定义	针脚	定义	针脚	定义
1		20		30	
9		21		31	
10		22		32	
11		23		33	
12		24		34	

针脚	定义
35	

项目三　驱动电机系统

17

4）拆卸驱动电机低压线束端，补充各针脚定义。

针脚	定义	针脚	定义	针脚	定义
A		E		G	
B		F		H	
C				L	
D				M	

5）借助实训台架梳理驱动电机系统高低压线束，补充绘制功能连接示意图。

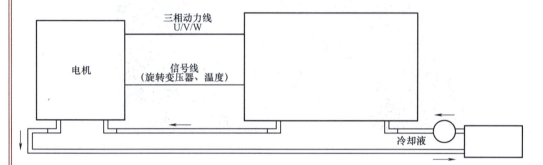

五、质量检查　　成绩：

请实训指导教师检查本组作业结果，并针对实训过程出现的问题提出改进措施及建议。

序　号	评价标准	评价结果
1	设备仪器规范使用且恢复场地	
2	作业计划完善且保证安全实施	
3	测试记录数据准确且分析合理	
4	团队实训成果正确展示	
综合评价	☆ ☆ ☆ ☆ ☆	
综合评语（作业问题及改进建议）		

六、评价反馈　　成绩：

请根据自己在课堂中的实际表现进行自我反思和自我评价。

自我反思:
_____。

自我评价:
_____。

实训成绩单

项　目	评　价　标　准	分　值	得　分
接收工作任务	明确工作任务及结果要求	5	
信息收集	掌握工作相关知识及操作要点	15	
制订计划	按照该计划可顺利且高效地完成工作任务	10	
计划实施	准确识别驱动电机系统部件	20	
	熟知各部件功能及作用	10	
	正确补充低压插件针脚定义	15	
	准确绘制功能连接示意图	15	
质量检查	按照要求完成相应任务	5	
评价反馈	经验总结到位,合理评价	5	
得分(满分100)			

项目四　充电系统

实训　充电系统结构识别

学院		专业	
姓名		学号	
小组成员		组长姓名	

一、接收工作任务　　　成绩：

新能源汽车维修服务站新接收了一辆待维修车辆，车辆型号为北汽新能源EV160，据车主刘先生反映，车辆充电存在故障，技师刘强首先委派学徒工王磊对充电系统涉及的高压部件和高压线束进行检查，要求王磊对部件破损或线束连接松动等情况进行记录。

二、信息收集　　　成绩：

1）电动汽车充电系统是维持电动汽车运行的_____，是从供电电源提取能量对_____充电时使用的有特定功能的_____。

2）电动汽车对充电系统的基本要求有_____、_____、_____、_____和_____。

3）慢充充电系统通过_____与220V家用交流插座或交流充电桩相连，慢充充电系统将220V交流电转化为_____，以实现对动力蓄电池的电能补给。

4）快速充电系统通过_____为动力蓄电池进行快充充电，实现对动力蓄电池快速、_____、安全、合理的电量补给。

5）在慢速充电系统结构组成示意图中补充部件名称。

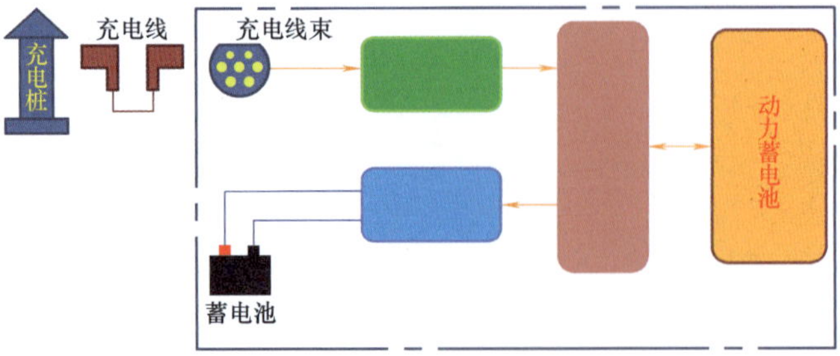

6）查阅资料，解析慢充充电接口各针脚功能定义。

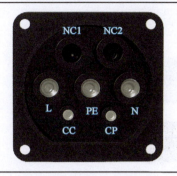

针脚标识	功能定义
L	
NC1	
NC2	
N	
PE	
CC	
CP	

7）快速充电系统主要由_____、_____、_____、_____、_____、高压线束和低压控制线束等组成。

8）查阅资料，解析快充充电接口各针脚功能定义。

针脚标识	功能定义
DC+	
DC−	
PE	
S+	
S−	
CC1	
CC2	
A+	
A−	

9）高压控制盒的主要功能是_____。

10）观察高压控制盒各个端口，明确端口功能。

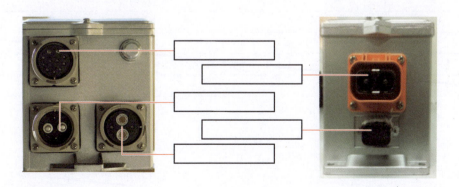

11）DC/DC 变换器的主要功能是_____
_____。

12）将下列高压部件名称与对应外形图进行连线。

车载充电机

DC/DC变换器

高压控制盒

动力蓄电池

13）充电机按照安装位置的不同分为_____和_____；按照连接方式的不同分为_____和_____。

14）DC/DC 变换器在控制系统的控制下，采用_____技术，提供恒定电流输出或恒定电压输出，满足电池组的充电要求。

| 三、制订计划 | 成绩： |

1）根据电动汽车充电系统涉及的高压部件和高压线束，指定充电系统结构检查的作业计划。

作 业 计 划		
序　号	作业项目	操作要点
计划审核	审核意见： 　　　　　　　　　　　　　　　　　　　年　月　日　签字：	

2）请根据维修作业计划，完成小组成员任务分工。

操 作 人		记 录 员	
监 护 人		展 示 员	
作业注意事项			

① 实训开始前应摘掉首饰，换上实训服，长发应挽起固定于脑后。
② 作业前断开辅助蓄电池负极，并用放电工装对车辆进行放电。
③ 举升车辆前应清除举升机附近妨碍作业的器具及杂物。
④ 车辆不可举升过高，举升到需要高度时，要确认保险锁销到位。
⑤ 有人在车底时严禁升降举升机。
⑥ 不得频繁操作举升机起落。
⑦ 作业完毕应清除杂物，打扫举升机周围以保持场地整洁。

检测设备、工具、材料			
序 号	名 称	数 量	清 点
			□已清点
			□已清点
			□已清点
			□已清点
			□已清点
			□已清点
			□已清点
			□已清点

四、计划实施   成绩：

1）明确充电系统相关高压部件和高压线束。

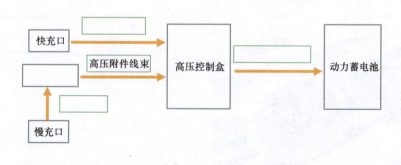

2）关闭点火开关，打开前机舱盖，断开辅助蓄电池负极。

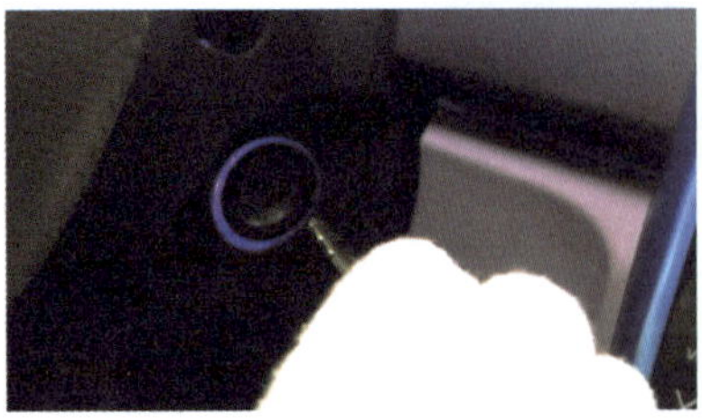

点火开关关闭位置	
□START □ON □ACC □LOCK	
车钥匙保管人	姓名：
前机舱盖开关位置	

3）检查前机舱内高压部件的外观，查看有无破损。

填写标号所示部件名称
1._____ 2._____
3._____ 4._____
检查结果记录

4）打开慢充口，检查针脚和盖板有无损坏。

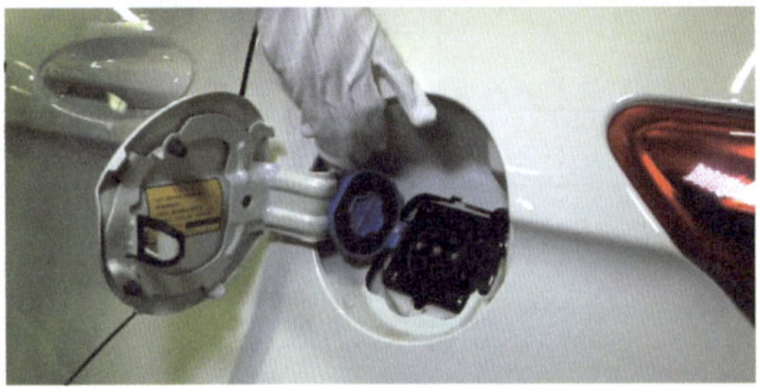

慢充口开关位置	
慢充口针孔个数	
检查结果记录	

5）打开快充口，检查针脚和盖板有无损坏。

快充口位置	
快充口针孔个数	
检查结果记录	

6）识别快充线束，并对快充线束的绝缘套和接插口进行检查。

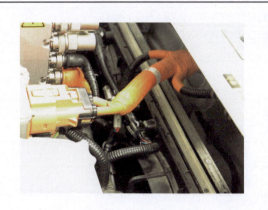

检查项目	检查结果	
快充线束绝缘套检查	□完好	□破损
快充线束与高压控制盒连接状态检查	□紧固	□松动
快充线束搭铁点检查	□紧固	□松动
快充线束低压端与整车低压线束连接状态检查	□紧固	□松动

7）举升车辆，在车底检查动力蓄电池高压电缆和慢充线束绝缘套，以及相关插接口的连接状态。

检查项目	检查结果	
动力蓄电池高压电缆绝缘套检查	□完好	□破损
动力蓄电池高压电缆与动力蓄电池连接状态检查	□紧固	□松动
慢充线束绝缘套检查	□完好	□破损

8）降下车辆，检查前机舱内动力蓄电池高压电缆、慢充线束与高压部件的连接情况。

检查项目	检查结果	
动力蓄电池高压电缆与高压控制盒连接状态检查	□紧固	□松动
慢充线束与车载充电机连接状态检查	□紧固	□松动

五、质量检查　　成绩：

请实训指导教师检查本组作业结果，并针对实训过程出现的问题提出改进措施及建议。

序　　号	评 价 标 准	评 价 结 果
1	安全、规范地完成充电系统高压部件外观检查	
2	安全、规范地完成充电系统高压线束外观检查	
3	安全、规范地完成充电系统高压线束连接状态检查	
4	安全、规范地操作举升机	
5	准确记录检查结果	
综合评价	☆ ☆ ☆ ☆ ☆	
综合评语 （作业问题及改进建议）		

六、评价反馈　　　　成绩：

请根据自己在课堂中的实际表现进行自我反思和自我评价。

自我反思：_____。

自我评价：_____。

实训成绩单

项　　目	评 价 标 准	分　值	得　分
接收工作任务	明确工作任务，准确了解工作结果要求	5	
信息收集	掌握工作相关知识及操作要点	15	
制订计划	按照该计划可顺利且高效地完成工作任务	10	
计划实施	操作前做好场地、设备、工具的准备工作	3	
	了解电动汽车充电系统涉及的高压部件和高压线束	10	
	了解快慢充的能量流动方向	10	
	正确识别前机舱内的高压部件并完成外观检查	10	
	正确开启快充口和慢充口并进行外观和针脚检查	6	
	正确识别动力蓄电池高压电缆并进行外观和连接状态检查	5	
	正确识别慢充线束并进行外观和连接状态检查	8	
	正确识别快充线束并进行外观和连接状态检查	5	
	操作结束后清洁和恢复场地	3	
质量检查	按照要求完成相应任务	5	
评价反馈	经验总结到位，合理评价	5	
	得分（满分100）		

项目五 电动辅助系统

实训一 电动助力转向系统结构识别

学院		专业	
姓名		学号	
小组成员		组长姓名	

一、接收工作任务　　成绩：

新能源汽车维修服务站组织新员工开展电动助力转向系统基础知识学习，建议技师刘强利用 EPS 结构展示台架等设备进行授课。课中刘强布置实训任务，学员按实训工单要求完成任务。

二、信息收集　　成绩：

1）在汽车的发展历程中，转向系统经历了五个发展阶段：从最初的＿＿＿＿＿＿发展为＿＿＿＿＿＿，后来又出现了＿＿＿＿＿＿和＿＿＿＿＿＿，现在又出现了＿＿＿＿＿＿。

2）装配 MS 的汽车，采用＿＿＿＿＿＿实现转向，在泊车和低速行驶时驾驶员的转向操纵负担过于＿＿＿＿。

3）HPS 解决了 MS 转向沉重的问题，但无法兼顾车辆低速时的＿＿＿＿＿＿和高速时的＿＿＿＿＿＿。

4）EPS 是一种直接依靠＿＿＿＿＿＿提供辅助转矩的动力转向系统，它可以根据不同的使用工况控制助力电机提供不同的＿＿＿＿＿＿，使转向更加轻便。

5）EPS 与传统的液压助力转向相比，具有以下优点：结构简单，节省空间，重量减轻；＿＿＿＿＿＿；＿＿＿＿＿＿；＿＿＿＿＿＿；＿＿＿＿＿＿；环保性好。

6）在图片下方填写 EPS 的类型。

27

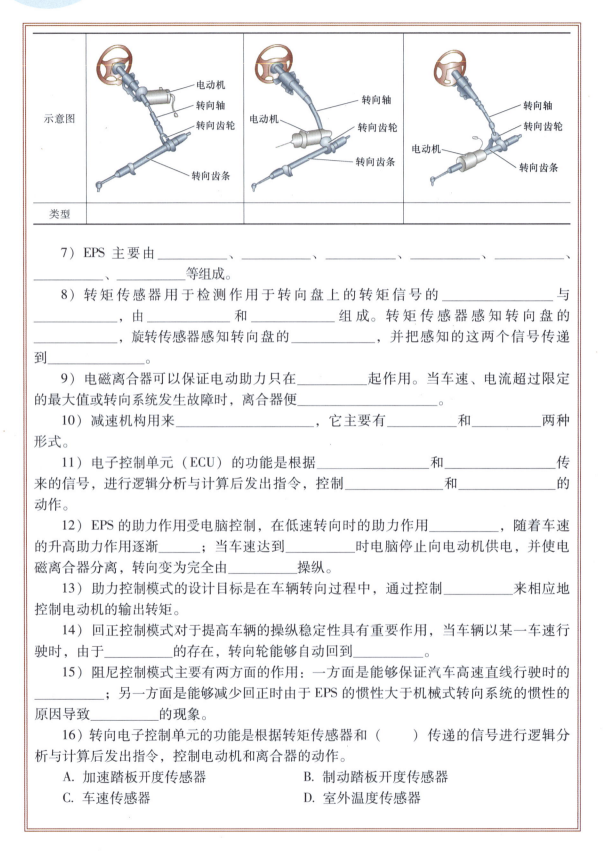

7）EPS 主要由 _____、_____、_____、_____、_____、_____、_____ 等组成。

8）转矩传感器用于检测作用于转向盘上的转矩信号的 _____ 与 _____，由 _____ 和 _____ 组成。转矩传感器感知转向盘的 _____，旋转传感器感知转向盘的 _____，并把感知的这两个信号传递到 _____。

9）电磁离合器可以保证电动助力只在 _____ 起作用。当车速、电流超过限定的最大值或转向系统发生故障时，离合器便 _____。

10）减速机构用来 _____，它主要有 _____ 和 _____ 两种形式。

11）电子控制单元（ECU）的功能是根据 _____ 和 _____ 传来的信号，进行逻辑分析与计算后发出指令，控制 _____ 和 _____ 的动作。

12）EPS 的助力作用受电脑控制，在低速转向时的助力作用 _____，随着车速的升高助力作用逐渐 _____；当车速达到 _____ 时电脑停止向电动机供电，并使电磁离合器分离，转向变为完全由 _____ 操纵。

13）助力控制模式的设计目标是在车辆转向过程中，通过控制 _____ 来相应地控制电动机的输出转矩。

14）回正控制模式对于提高车辆的操纵稳定性具有重要作用，当车辆以某一车速行驶时，由于 _____ 的存在，转向轮能够自动回到 _____。

15）阻尼控制模式主要有两方面的作用：一方面是能够保证汽车高速直线行驶时的 _____；另一方面是能够减少回正时由于 EPS 的惯性大于机械式转向系统的惯性的原因导致 _____ 的现象。

16）转向电子控制单元的功能是根据转矩传感器和（ ）传递的信号进行逻辑分析与计算后发出指令，控制电动机和离合器的动作。

  A. 加速踏板开度传感器   B. 制动踏板开度传感器
  C. 车速传感器   D. 室外温度传感器

17）查阅资料，补充完成北汽新能源 EV160/200 转向系统相关参数填写。

项目	参数	项目	参数
适用的载荷/kg		储存环境温度/℃	
齿条行程/mm		控制器额定电压/V	
线传动比/（mm/rev）		控制器工作电压范围/V	
蜗轮蜗杆传动比		控制器工作电流/A	
电动机额定电流/A		传感器额定电压/V	
电动机额定转矩/（N·m）		传感器类型	
电动机额定电压/V		助力电动机功率/W	
工作环境温度/℃			

18）简述 EPS 的工作原理。

_____

_____

_____

_____

三、制订计划　　　　　　　　　　　成绩：

1）根据实训任务要求制订作业计划。

作业计划		
序　号	作业项目	操作要点
计划审核	审核意见： 　　　　　　　　　　　　　　　　年　月　日　签字：	

2）根据作业计划完成小组成员任务分工。

操 作 人		记 录 员	
监 护 人		展 示 员	
作业注意事项			

① 台架内含 300V 以上高压电，严禁用手直接触摸高压回路导体部分。
② 非授权人员在任何情况下切勿自行改装、加装和变更任何部件。
③ 学生操作必须在实训老师监督下进行。
④ 实训过程中出现故障时，务必第一时间中止实训，报备实训指导教师。

检测设备、工具、材料			
序　号	名　称	数　量	清　点
			□已清点
			□已清点
			□已清点

四、计划实施	成绩：

1）将 EPS 结构展示台架置于良好水平地面，查阅相关资料，完成信息填写。
① 实训前设备检查及准备。

锁紧滑轮状态	□锁止	□未锁止
台架外观检查	□良好	□损坏
台架内部状态	□良好	□损坏
外接动力电源	□否	□是

注：若台架外观及内部受损，应立即停止实训，报备实训教师。

② 根据图示标号填写部件名称。

标号1：_____
标号2：_____
标号3：_____

③ 简述北汽新能源 EV160/200 电动助力转向系统的结构类型，并简述其结构和特点。

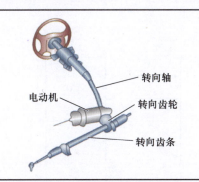

类型	
结构特点	

④ 简述北汽新能源 EV160/200 电动助力转向系统减速机构的类型及用途。

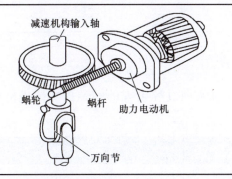

类型	
用途	

⑤ 简述北汽新能源 EV160/200 电动助力转向系统扭力传感器的结构类型及额定电压。

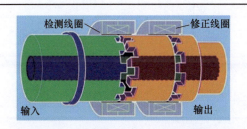

类型	
简述该类型转矩传感器的工作原理	

⑥ 简述北汽新能源 EV160/200 电动助力转向系统电机的类型及额定电压。

类型	
额定电压	

2）查阅相关资料，补充完整北汽新能源 EV160/200EPS 电气控制原理图。

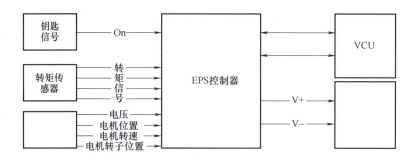

五、质量检查　　　　　　　　　　　　成绩：

请实训指导教师检查本组作业结果，并针对实训过程出现的问题提出改进措施及建议。

序　号	评价标准	评价结果
1	设备仪器规范使用且恢复场地	
2	作业计划完善且保证安全实施	
3	测试记录数据准确且分析合理	
4	团队实训成果展示	
综合评价		☆ ☆ ☆ ☆ ☆
综合评语 （作业问题及改进建议）		

六、评价反馈　　　　　　　　　　　　成绩：

请根据自己在课堂中的实际表现进行自我反思和自我评价。

自我反思：

自我评价：

实训成绩单

项 目	评 价 标 准	分 值	得 分
接收工作任务	明确工作任务及结果要求	5	
信息收集	掌握工作相关知识及操作要点	15	
制订计划	按照该计划可顺利且高效地完成工作任务	10	
计划实施	准确识别 EPS 部件	15	
计划实施	熟知 EPS 各部件类型及功能	15	
计划实施	正确补充 EPS 低压插件针脚定义	15	
计划实施	熟知 EPS 电气控制电路	15	
质量检查	按照要求完成相应任务	5	
评价反馈	经验总结到位,合理评价	5	
得分(满分 100)			

实训二　电动制动系统结构识别

学院		专业	
姓名		学号	
小组成员		组长姓名	

一、接收工作任务　　成绩：

　　新能源汽车维修服务站近期组织新员工开展电动汽车电动制动系统基础知识学习，技师刘强在电动制动系统培训台上详细介绍了电动制动系统的结构组成和工作原理，随后刘强给学员布置了实训任务，以检验学员们对相关知识内容的掌握情况。

二、信息收集　　成绩：

　　1）传统内燃机轿车的制动系统真空助力装置的真空源来自于_____，发动机的转速对真空度的影响较大；电动汽车真空助力系统在传统真空助力系统的基础上增加了_____，来产生足够的真空度，从而实现助力制动的目的。

　　2）电动汽车真空助力制动系统主要由_____、_____、_____及_____、_____和_____组成。

　　3）在下列部件图片下方填写部件名称。

外形图				
名称				

　　4）依据结构方面的差异，电动真空泵可以分为_____、_____和_____三种。

　　5）真空助力器和制动主缸通过螺栓固定在车身前围上，借推杆与_____连接。

　　6）真空助力器所能提供助力的大小取决于其常压室与变压室_____的大小。

　　7）当驾驶员起动汽车时，12V 电源接通，压力延时开关和压力报警器开始_____。如果真空罐内的真空度小于_____，则压力膜片将会挤压触点，从而接通电源，_____开始工作；当真空度增加到 55kPa 时，压力延时开关断开，然后通过_____使真空泵继续工作大约 30s 后停止。

8）请完成鼓式制动器的结构认知。

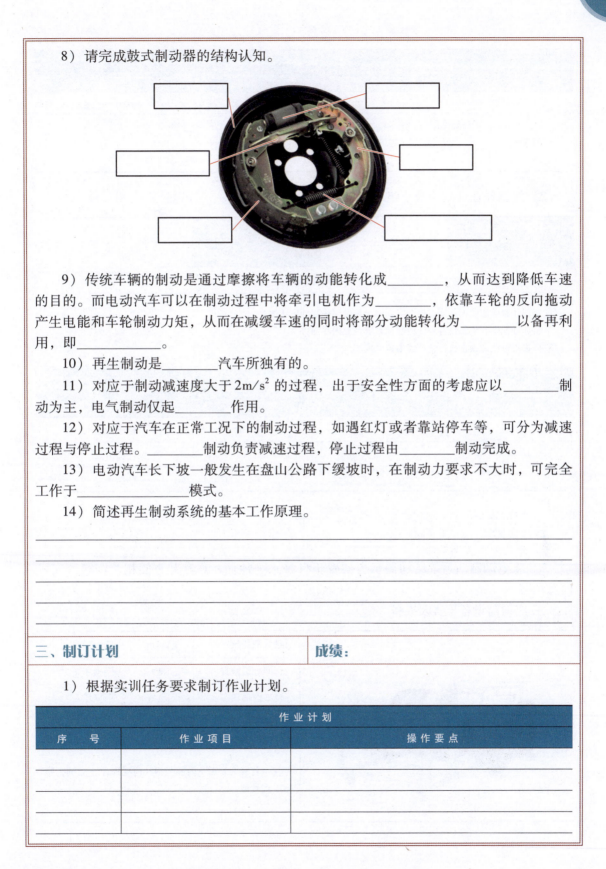

9）传统车辆的制动是通过摩擦将车辆的动能转化成_____，从而达到降低车速的目的。而电动汽车可以在制动过程中将牵引电机作为_____，依靠车轮的反向拖动产生电能和车轮制动力矩，从而在减缓车速的同时将部分动能转化为_____以备再利用，即_____。

10）再生制动是_____汽车所独有的。

11）对应于制动减速度大于 $2m/s^2$ 的过程，出于安全性方面的考虑应以_____制动为主，电气制动仅起_____作用。

12）对应于汽车在正常工况下的制动过程，如遇红灯或者靠站停车等，可分为减速过程与停止过程。_____制动负责减速过程，停止过程由_____制动完成。

13）电动汽车长下坡一般发生在盘山公路下缓坡时，在制动力要求不大时，可完全工作于_____模式。

14）简述再生制动系统的基本工作原理。

_____
_____
_____
_____
_____

三、制订计划   成绩：

1）根据实训任务要求制订作业计划。

作业计划		
序　号	作业项目	操作要点

作业计划		
序 号	作 业 项 目	操 作 要 点
计划审核	审核意见：	年 月 日 签字：

2）根据作业计划完成小组成员任务分工。

操 作 人		记 录 员	
监 护 人		展 示 员	
作业注意事项			

① 实训开始前应摘掉首饰，换上实训服，长发应挽起固定于脑后。
② 实训过程中严禁私自拆解任何制动系统台架内零部件。
③ 插拔线束注意锁止机构，严禁生拉硬拽。

检测设备、工具、材料			
序 号	名 称	数 量	清 点
			□已清点
			□已清点
			□已清点

四、计划实施   成绩：

1）将电动制动系统结构展示台架置于良好水平地面，观察并查阅相关资料，完成信息填写。
① 实训前设备检查及准备。

锁紧滑轮状态：	□锁止	□未锁止
台架外观检查：	□良好	□损坏
台架内部状态：	□良好	□损坏
外接动力电源：	□否	□是

注：若台架外观及内部受损，应立即停止实训，报备实训教师

② 观察电动制动系统结构展示台架，根据所示标签顺序补充填写部件名称。

标签①		标签④	
标签②		标签⑤	
标签③		标签⑥	

③ 观察电动制动系统台架上真空泵及真空罐的各个插件，明确其定义。

标签①	
标签②	
标签③	
标签④	
标签⑤	

④ 观察电动制动系统台架上制动器的结构，完成各零部件名称的填写。

前制动器类型		后制动器类型	

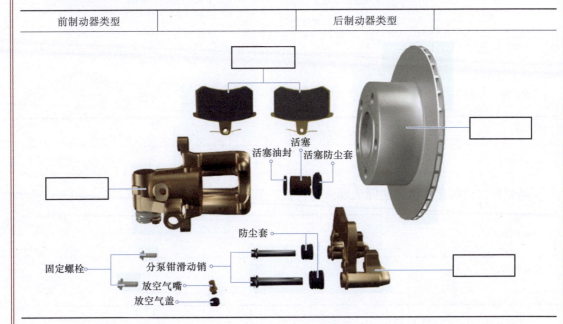

2）观察各部件连接情况，结合电动制动系统控制原理知识补充完成工作原理图。

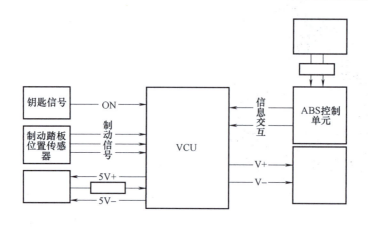

五、质量检查　　　　　　　　　　成绩：

请实训指导教师检查本组作业结果，并针对实训过程出现的问题提出改进措施及建议。

序　号	评价标准	评价结果
1	设备仪器规范使用且有序摆放	
2	作业计划完善且保证安全实施	
3	悉知部件外观及系统工作原理	
4	实训完毕场地及工具恢复原貌	
综合评价		☆ ☆ ☆ ☆ ☆
综合评语（作业问题及改进建议）		

六、评价反馈　　　　　　　　　　成绩：

请根据自己在课堂中的实际表现进行自我反思和自我评价。

自我反思：

自我评价：

项目五　电动辅助系统

实训成绩单

项　目	评　价　标　准	分　值	得　分
接收工作任务	明确工作任务及结果要求	5	
信息收集	掌握工作相关知识及操作要点	15	
制订计划	按照该计划可顺利且高效地完成工作任务	10	
计划实施	准备识别电动汽车真空助力制动系统各部件外观	15	
计划实施	理清电动制动系统各接插件功能	15	
计划实施	掌握制动器的类型及结构	15	
计划实施	绘制真空助力制动系统工作原理示意图	15	
质量检查	按照要求完成相应任务	5	
评价反馈	经验总结到位，合理评价	5	
得分（满分100）			

实训三 空调系统结构识别

学院		专业	
姓名		学号	
小组成员		组长姓名	

一、接收工作任务　　成绩：

新能源汽车维修服务站近期组织新员工开展电动汽车空调系统基础知识学习，技师刘强在电动空调系统培训台上详细介绍了电动空调系统的结构组成和工作原理，随后刘强给学员布置了实训任务，以检验学员们对相关知识内容的掌握情况。

二、信息收集　　成绩：

1）汽车空调系统能使车内空气的_____、_____、_____和_____等达到驾驶员和乘员所希望的程度。

2）采暖系统可使乘客在天气寒冷的冬天着装轻便，为车窗提供_____和_____，保证_____和_____。

3）冷气系统则通过_____和_____，使乘员在炎热的夏天乘坐舒适，驾驶员保持警醒，并能够除去风窗玻璃上的_____，给驾驶员一个清晰的视野，确保_____。

4）电动汽车制冷系统主要包括_____、_____、储液干燥器、_____、蒸发器等，对车内的空气或车外吸进来的新鲜空气进行_____，降低车内的温度和湿度。

5）传统汽车空调压缩机由_____驱动，电动汽车空调压缩机由_____直接驱动，控制可靠性_____，工作性能不受其他设备的影响。

6）电动压缩机是汽车空调_____系统的心脏，其作用是吸入来自_____的低温、低压的气态制冷剂，压缩为_____的气态制冷剂，并将制冷剂送往_____。

7）电动涡旋式压缩机工作原理：工作过程中，静涡旋盘固定在机架上，动涡旋盘围绕_____基圆中心作很小半径的行星运动。气体在动、静涡旋盘所组成的若干个月牙形压缩腔内被逐步_____，最后由静涡旋中心部件的_____连续排出。

8）膨胀阀是汽车空调制冷系统中的一个主要部件，它安装在_____的入口处，通常由_____、_____、_____组成，其作用主要包括_____、_____。

9）查阅资料，补充填写北汽新能源 EV160 空调电动压缩机的性能参数表。

项　　目	参　　数
工作电压范围/V	
额定输入电压/V	
额定输入功率/W	
控制电源电压范围/V	
控制电源最大输入电流/mA	
电机类型	
额定转速/(r/min)	
最小转速/(r/min)	
转速误差	
排量/(mL/r)	
制冷剂	
冷冻油	
制冷量	

10）传统汽车空调制热主要利用的是_____的余热，电动汽车则主要由_____提供加热。

11）暖风系统的作用是在寒冷的季节为车内提供_____；在车内外因温差较大结霜或起雾时去除_____上的霜或雾。

12）蒸发器的作用与_____相反，它是将经过_____后的液态制冷剂在蒸发器内蒸发汽化，吸收周围空气的热量使之降温，_____将冷风吹到车室内，达到降温的目的。

13）在空调系统结构图中补充填写部件名称。

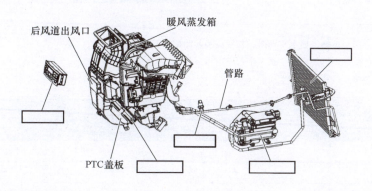

14）汽车空调的制冷工作过程主要包括_____、放热过程、_____、_____和吸热过程。

15）PTC 加热器制热工作原理：当 PTC 加热器_____接收到加热请求后，控制 PTC 加热器接通高压电，因为 PTC 具有_____特性，所以能够在温度较低时，提供大功率制热，在较短时间提供大量制热能量。同时，空调 ECU 控制_____工作，向 PTC 加热器输送空气，当空气吹过 PTC 加热器时，空气被加热变为暖气送入车内。

三、制订计划　　　　　　　　　　　　　成绩：

1）根据实训任务要求制订作业计划。

作业计划		
序　号	作业项目	操作要点
计划审核	审核意见：　　　　　　　　　　　　　　　　　　　年　月　日　签字：	

2）根据作业计划完成小组成员任务分工。

操　作　人		记　录　员	
监　护　人		展　示　员	
作业注意事项			

① 实训开始前应摘掉首饰，换上实训服，长发应挽起固定于脑后。
② 实训过程中严禁私自拆解任何空调系统台架内零部件。
③ 插拔线束注意锁止机构，严禁生拉硬拽。

检测设备、工具、材料			
序　号	名　称	数　量	清　点
			□已清点
			□已清点
			□已清点

四、计划实施　　　　　　　　　　　成绩：

1）观察电动空调系统结构展示台架，填写各部件名称。

序号	名称
1	
2	
3	
4	
5	

2）观察空调控制面板，明确各个按键的名称及其功能。

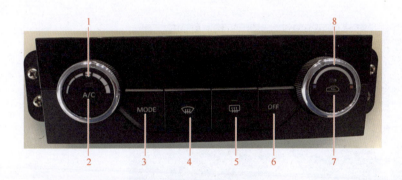

序号	名称	功能
1		
2		
3		
4		
5		
6		
7		
8		

3）观察电动压缩机的铭牌参数和构造，补充完成下列内容。

序号	名称
1	
2	
3	
4	
5	
6	

压缩机的性能参数表

类型		型号		功率/制冷量	
电压		制冷剂		注油量	

4）观察车内空调总成上各个线束插件及执行器，明确其功能。

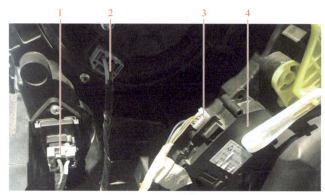

序号	名称
1	
2	
3	
4	
5	
6	
7	
8	
9	

5）观察各部件连接情况，结合空调系统工作原理知识补充完成空调制冷系统原理图绘制。

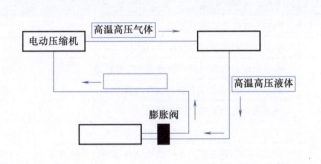

五、质量检查　　　　成绩：

请实训指导教师检查本组作业结果，并针对实训过程出现的问题提出改进措施及建议。

序　号	评价标准	评价结果
1	设备仪器规范使用且有序摆放	
2	作业计划完善且保证安全实施	
3	悉知部件外观及系统工作原理	
4	实训完毕场地及工具恢复原貌	
综合评价	☆ ☆ ☆ ☆ ☆	
综合评语 （作业问题及改进建议）		

六、评价反馈　　　　成绩：

请根据自己在课堂中的实际表现进行自我反思和自我评价。

自我反思：

自我评价：

实训成绩单

项 目	评价标准	分 值	得 分
接收工作任务	明确工作任务及结果要求	5	
信息收集	掌握工作相关知识及操作要点	15	
制订计划	按照该计划可顺利且高效地完成工作任务	10	
计划实施	识别电动汽车空调系统各部件外观	15	
	熟悉空调控制面板的按键功能	10	
	了解电动压缩机的进出口及相关参数	10	
	理清车内空调总成上各个线束插件及执行器的功用	15	
	绘制空调制冷系统工作原理示意图	10	
质量检查	按照要求完成相应任务	5	
评价反馈	经验总结到位,合理评价	5	
得分(满分100)			

项目六 总线系统结构与原理

实　训　快充CAN线路导通测试

学院		专业	
姓名		学号	
小组成员		组长姓名	

一、接收工作任务	成绩：
新能源汽车维修站近期针对新员工组织了一场技术培训，维修技师刘强向新员工详细介绍了车辆CAN通信相关知识内容，以及其发生异常情况可能导致的故障现象，课堂上刘强安排学员进行实车快充CAN线路导通测试实训。	

二、信息收集	成绩：
1）目前，世界主要汽车制造商生产的大多数新能源汽车上均采用了以＿＿＿＿、＿＿＿＿、＿＿＿＿等为代表的网络控制技术，将车辆控制系统简化为＿＿＿＿。 　　2）局域网络是在一个有限区域内连接的＿＿＿＿的网络，通过这个网络可以实现这个系统内的＿＿＿＿和＿＿＿＿。连接到网络上的节点可以是计算机、＿＿＿＿或＿＿＿＿。 　　3）现场总线是在工业过程＿＿＿＿领域发展起来的一种网络体系，是在过程现场安装在控制室先进自动化装置中的一种＿＿＿＿。 　　4）数据总线是模块间运行数据的通道，即所谓的＿＿＿＿。数据总线可以实现在一条数据线上传递的信号能被多个系统（控制单元）＿＿＿＿，从而最大限度地提高系统＿＿＿＿，充分利用有限的资源。 　　5）CAN全称为"Controller Area Network"，即＿＿＿＿，可以进行点对点、＿＿＿＿和＿＿＿＿方式传递信息。 　　6）车载网络系统的功能主要有包括＿＿＿＿、"唤醒"和"休眠"功能、失效保护功能、＿＿＿＿。 　　7）通信协议的三要素包括＿＿＿、＿＿＿和＿＿＿。 　　8）终端电路是将CAN通信电流转换成＿＿＿＿而设置的电路，由＿＿＿和＿＿＿组成。	

47

9）CAN 总线为_____方式工作，总线上的任一个节点均可在任意时刻向网络上的其他节点发送信息，所有节点不分_____，通信方式灵活。

10）车载网络系统按网络拓扑结构可分为_____、_____和_____。

11）车载网络系统按信息传输速率可分为_____类型。其中 A 类对应_____，B 类对应_____，C、D 类对应_____。

12）在动力 CAN 总线系统中，每个连接在 CAN 总线上的节点内部都安装了一个_____、一个_____、两条_____和_____共同组成。

13）CAN 控制器的作用是接收来自_____中的数据，处理数据并传送给_____；同时也接受_____的数据、处理数据并传送给_____。

14）数据总线终端实际是一个_____，作用是避免数据传输终了反射回来，产生反射波使数据遭到破坏。

15）CAN 的数据传递过程主要包括如下过程：

① 数据准备：控制单元向_____提供需要发送的数据。

② 数据发送：_____接收由 CAN 控制器传来的数据，转为_____并发送。

③ 数据接收：CAN 系统中，所有控制单元转为_____。

④ 数据检验：_____检查判断所接收的数据是否为所需要的数据。

⑤ 数据接受：如接收的数据需要，它将被接受并进行处理，否则_____。

16）在高速 CAN 中，只要一条总线线路出现断路或_____等故障则整个总线_____，所有节点_____；而低速 CAN 的两条网线出现同样的问题时还可用剩下的_____进行数据传递，即_____功能。

三、制订计划　　　　　　　　　　　　　　成绩：

1）根据实训任务要求制订作业计划。

作业计划		
序　号	作业项目	操作要点
计划审核	审核意见：	
	年　月　日　签字：	

2）根据作业计划完成小组成员任务分工。

项目六　总线系统结构与原理

操 作 人		记 录 员	
监 护 人		展 示 员	
作业注意事项			

① 实训开始前应摘掉首饰，换上实训服，长发应挽起固定于脑后。
② 严禁进行私自拉接线束、短路连接等违规操作。
③ 举升或降下车辆时应确保没有人站在车辆下方。
④ 爱护工具设备，轻拿轻放，严禁磕碰或违规使用。

检测设备、工具、材料			
序　号	名　称	数　量	清　点
			□已清点
			□已清点
			□已清点
			□已清点
			□已清点

四、计划实施　　　　　　　　　　　成绩：

1）请完成纯电动汽车维修作业前场地布置及车辆防护，并进行整车高压断电操作。

钥匙保管人	姓名：_____
辅助蓄电池负极拆卸工具	
检修开关安全存放位置	
动力蓄电池高压端口绝缘处理方式	

2）在快充口测量 S+ 和 S- 针脚之间的电阻。

快充口开启方式	
测试工具	
测试结果	_____ Ω
正常值范围	_____ Ω

3）拔下动力蓄电池和数据采集终端的低压插件，在端口处分别测量其内部快充 CAN-H 与 CAN-L 之间的电阻值。

	动力蓄电池低压插件快充 CAN-H 对应针脚号	
	动力蓄电池低压插件快充 CAN-L 对应针脚号	
	动力蓄电池内部快充 CAN-H 与 CAN-L 之间的电阻值	_____ Ω
	数据采集终端低压插件快充 CAN-H 对应针脚号	
	数据采集终端低压插件快充 CAN-L 对应针脚号	
	数据采集终端内部快充 CAN-H 与 CAN-L 之间的电阻值	_____ Ω

4）在快充口与动力蓄电池低压插件端之间进行快充 CAN 线路导通测试。

	万用表档位	
	动力蓄电池低压插件端与快充口 CAN-H 线路导通测试	□导通 □不导通
	动力蓄电池低压插件端与快充口 CAN-L 线路导通测试	□导通 □不导通

5）在快充口和数据采集终端低压插件端之间进行快充 CAN 线路导通测试。

	RMS 低压插件端与快充口 CAN-H 线路导通测试	□导通 □不导通
	RMS 低压插件端与快充口 CAN-L 线路导通测试	□导通 □不导通

五、质量检查　　成绩：

请实训指导教师检查本组作业结果,并针对实训过程出现的问题提出改进措施及建议。

序　号	评 价 标 准	评 价 结 果
1	设备仪器规范使用且有序摆放	
2	作业计划完善且保证安全实施	
3	测试记录数据准确且分析合理	
4	实训完毕场地及工具恢复原貌	
综合评价	☆ ☆ ☆ ☆ ☆	
综合评语 (作业问题及改进建议)		

六、评价反馈　　成绩：

请根据自己在课堂中的实际表现进行自我反思和自我评价。

自我反思：_____。

自我评价：_____。

实训成绩单

项　目	评 价 标 准	分　值	得　分
接收工作任务	明确工作任务及结果要求	5	
信息收集	掌握工作相关知识及操作要点	15	
制订计划	按照该计划可顺利且高效地完成工作任务	10	
计划实施	规范完成场地布置及车辆防护	5	
	正确解锁动力蓄电池及数据采集终端插件	10	
	准确测量 BMS 及 RMS 内部快充 CAN 终端电阻值	15	
	规范完成快充口与 BMS 快充 CAN 线路导通测试	15	
	规范完成快充口与 RMS 快充 CAN 线路导通测试	15	
质量检查	按照要求完成相应任务	5	
评价反馈	经验总结到位,合理评价	5	
得分(满分100)			

项目七 电动汽车基础设施

实训 智能充电站扫码充电

学院		专业	
姓名		学号	
小组成员		组长姓名	

一、接收工作任务　　成绩：

张先生从新能源汽车服务站购买了一辆北汽新能源 EV160，销售顾问为其介绍了现在最流行的扫码充电，张先生亲自体验并操作了一下。

二、信息收集　　成绩：

1）广义上的电动汽车充电装置泛指将公共电网或发电装置的电能变为_____动力蓄电池组中的_____的各种形式的转换装置的总称。

2）电动汽车的基础设施主要指与大批量电动汽车_____有关的基本配套设施和_____等。

3）充电设施既可以安装于_____，也可以安装在_____。

4）充电桩一般提供_____充电和_____充电两种充电方式，人们可以使用特定的充电卡在充电桩提供的人机交互操作界面上_____使用，也可以通过_____操作使用。

5）家庭充电设施采用家庭交流电网，使用车载充电机及配套设施对电动汽车进行能量补充，通常由_____、_____、_____等组成。

6）充电桩应具有较高的_____、_____，具备完备的安全防护措施；具有紧急停止功能；具备防止过电压、_____、过热功能；具备短路保护、_____功能；具备_____功能和阻燃功能；具备智能判断插接器_____的功能。

7）直流充电桩可以提供_____电流输出，不受车辆_____的限制，可以满足电动汽车_____的要求。

8）充电站防护安全要求变压器室、配电室、蓄电池室的门应向_____方向开启；当门外为公共走道或其他房间时，该门应采用_____级防火门。配电室中间隔墙上应采用_____材料制作的_____。

9）充电站的电力电缆不应和_____、输送易燃、易爆及可燃气体管道或液体管道敷设在同一管沟内。

10）一个完整的充（换）电站需要_____、_____、_____和_____五个部分。

11）配电室为电动汽车充电站的_____、_____和办公场所等提供交流电源。内部建有变配电变压器、_____、计量装置、_____、相关的控制和补偿设备。

12）中央监控室用于监控整个充电站的_____，由监控主站、监控终端及_____构成，实现对整个充电站的_____、_____和_____。

13）充电区完成动力蓄电池组电能的_____，为电动汽车的动力蓄电池补充充电提供符合技术要求的电源，是整个充电站的_____，配备_____、直流充电桩、_____和动力蓄电池更换设备。

14）电动汽车动力蓄电池更换是指采用_____的方式为电动汽车补充能量的一种充电方式。

15）更换动力蓄电池充电模式具备以下优点：_____、提高车辆_____、提高电池_____、降低_____、提高电动汽车的_____能力。

三、制订计划　　　　　　　　　　　成绩：

1）根据实训任务要求制订作业计划。

作业计划		
序　号	作业项目	操作要点
计划审核	审核意见： 年　月　日　签字：	

2）根据作业计划完成小组成员任务分工。

操 作 人		记 录 员	
监 护 人		展 示 员	
作业注意事项			

（续）

① 出行前要做好表单整理，工具、车辆要准备齐全。
② 注意安全，行动要有秩序，不可私自行动。
③ 记录信息时要避免拥挤，顺序记录。
④ 注意保管实训车辆及工具，勿遗失或损坏。

检测设备、工具、材料			
序号	名称	数量	清点
			□已清点
			□已清点
			□已清点
			□已清点
			□已清点

四、计划实施	成绩：

1）使用手机 APP 寻找附近装有充电桩的可充电公共场所。

使用 APP 名称	□星星充电　□特来电 □e 充网　□电桩　□其他_____
充电桩类型	□公共充电桩　□私营充电桩
是否有导航功能	□有　□没有

2）整理车辆，前往充电桩。

	车辆外观检查
车身漆面	□光滑，无划痕 □有划痕，位置为： _____
胎压	左前：____ MPa 左后：____ MPa 右前：____ MPa 右后：____ MPa
家用充电是否正常	□正常　□不正常

3）用充电线将充电桩和车辆充电口（慢充）连接。

连接充电口为	☐快充口　☐慢充口
充电口位置为	☐车辆前方中网格栅处 ☐车辆左后方
充电线使用情况	☐充电桩自带充电线 ☐车辆行李箱内配备的充电线

4）使用 APP 进行扫码充电。

终端号（数字）	
收费标准	电费：_____元/度 服务费：_____元/度
红色按钮名称及作用	名称：_____ 作用：_____

5）记录充电过程中手机 APP、车辆仪表等信息。

仪表充电信息	充电电压	_____V
	充电电流	_____A
	充电指示灯	☐点亮　☐熄灭
手机 APP 界面	充电电压	_____V
	充电电流	_____A
	充电电量	_____度
	充电金额	_____元
	SOC	_____%
充电时，充电桩指示灯点亮情况		☐电源　☐连接 ☐运行　☐故障

6）使用APP停止充电，拔掉充电枪。

充电金额	_____元
返回金额	_____元
充电电量	_____度
充电时长	_____min

五、质量检查　　　　　　　　成绩：

请实训指导教师检查本组作业结果，并针对实训过程出现的问题提出改进措施及建议。

序　号	评 价 标 准	评 价 结 果
1	APP安装及操作是否顺利	
2	充电线连接是否操作得当	
3	充电控制操作及信息记录是否正确	
4	各部件功能、名称	
综合评价		☆　☆　☆　☆
综合评语 （作业问题及改进建议）		

六、评价反馈　　　　　　　　成绩：

请根据自己在课堂中的实际表现进行自我反思和自我评价。

自我反思：

自我评价：

实训成绩单

项　　目	评价标准	分　　值	得　　分
接收工作任务	明确工作任务及结果要求	5	
信息收集	掌握工作相关知识及操作要点	15	
制订计划	按照该计划可顺利且高效地完成工作任务	10	
计划实施	使用手机 APP 寻找附近装有充电桩的可充电公共场所	10	
	整理车辆，前往充电桩	5	
	用充电线将充电桩和车辆充电口（慢充）连接	5	
	使用 APP 进行扫码充电	15	
	记录充电过程中手机 APP、车辆仪表等信息	20	
	使用 APP 停止充电，拔掉充电枪	5	
质量检查	按照要求完成相应任务	5	
评价反馈	经验总结到位，合理评价	5	
得分（满分 100）			